Autor _ Robert Kurz
Título _ Razão sangrenta

Copyright _ Hedra 2010

Tradução⁰ _ Fernando R. de Moraes Barros

Título original _ Blutige Vernunft

Corpo editorial _ Adriano Scatolin,
Alexandre B. de Souza,
Bruno Costa, Caio Gagliardi,
Fábio Mantegari, Felipe C. Pedro,
Iuri Pereira, Jorge Sallum,
Oliver Tolle, Ricardo Musse,
Ricardo Valle

Dados _

Dados Internacionais de Catalogação na Publicação (CIP)

K97   Kurz, Robert

Razão sangrenta. Ensaios sobre a crítica
emancipatória da modernidade capitalista e
seus valores ocidentais / Robert Kurz.
Tradução de Fernando R. de Moraes Barros.
Introdução de Ricardo Pagliuso Regatieri. –
São Paulo: Hedra, 2010. 298 p.

ISBN 978-85-7715-209-4

1. Sistema Econômico. 2. Capitalismo.
3. Sistema Político. 4. Marxismo. 5. Crítica do
Valor. 6. Crítica da Modernidade. I. Título.
II. 20 teses contra o assim chamado
esclarecimento e os "valores ocidentais".
III. Ontologia negativa. IV. Tábula rasa.
V. Dominação sem sujeito. Barros, Fernando
R. de Moraes, Tradutor.

CDU 323.381
CDD 330.122

Elaborado por Wanda Lucia Schmidt CRB-8-1922

Direitos reservados em língua
portuguesa somente para o Brasil

EDITORA HEDRA LTDA.

Endereço _

R. Fradique Coutinho, 1139 (subsolo)
05416-011 São Paulo SP Brasil

Telefone/Fax _ +55 11 3097 8304

E-mail _ editora@hedra.com.br

Site _ www.hedra.com.br

Foi feito o depósito legal.

Autor _ ROBERT KURZ

Título _ RAZÃO SANGRENTA

Tradução _ FERNANDO R. DE MORAES BARROS

Introdução _ RICARDO PAGLIUSO REGATIERI

São Paulo _ 2010

hedra

– **Robert Kurz** (Nuremberg, Alemanha 1943–) é crítico social, jornalista e autor de textos nas áreas de cultura e economia. Na década de 1960 estudou filosofia, história e pedagogia. Nos anos 1970 participou de um grupo comunista alemão (*Kommunistischer Arbeiterbund Deutschlands* — KABD). Na década de 1980, foi um dos fundadores e editores da *Krisis*, uma revista que começou a ser publicada em 1986 em Nuremberg, inicialmente com o título de *Marxistische Kritik* (Crítica Marxista). Kurz integrou a revista *Krisis* até 2004, quando houve uma divisão interna, surgindo com isso dois grupos; enquanto *Krisis* continuou a ser publicada, Robert Kurz e outros criaram a revista EXIT!. Seja no período em que foi membro da *Krisis* ou, atualmente, como integrante da EXIT!, Kurz tem publicado prolificamente: ensaios nessas revistas, livros, pequenos artigos para diversos órgãos de comunicação. Os temas por ele tratados abrangem um escopo amplo e as análises trespassam a economia, a filosofia, a sociologia e a crítica cultural. No Brasil, foram publicados os seguintes livros do autor: *O colapso da modernização: da derrocada do socialismo de caserna à crise da economia mundial* (Paz e Terra, 1992), *O retorno de Potemkin: capitalismo de fachada e conflito distributivo na Alemanha* (Paz e Terra, 1993), as coletâneas *Os últimos combates* (Vozes, 1997) e *Com todo vapor ao colapso* (Editora UFJF/Pazulin, 2004), bem como a obra coletiva *Manifesto contra o trabalho* (LABUR/Depto. de Geografia/FFLCH/USP, Cadernos do LABUR nº 2, jul. 1999 — e, também, Conrad do Brasil, 2003), do antigo grupo Krisis.

Razão sangrenta (Blutige Vernunft) foi lançado na Alemanha em 2004 e consiste numa reunião de quatro ensaios de Robert Kurz, originalmente publicados, respectivamente, nos números 25, 26, 27 e 13 da revista alemã *Krisis*: "Vinte teses contra o assim chamado Esclarecimento e os 'valores ocidentais'" (2002), "Ontologia negativa" (2003), "Tábula Rasa" (2003) e "Dominação sem sujeito" (1993). Apesar do intervalo temporal que poderia dar a impressão de um certo distanciamento entre os três primeiros e o último dos textos, eles se encontram intimamente ligados e o laço comum que os une é a crítica ao Esclarecimento ou Iluminismo. O acirramento das posições acerca do alcance da crítica ao Esclarecimento já vinha se fermentando no interior da *Krisis* e, ao que tudo indica, teve com o número 27 e o ensaio "Tábula Rasa" o estopim desencadeador da separação e da criação da EXIT!. A crítica do Esclarecimento de Kurz, que se encontra no presente livro, pode ser remontada à crítica do trabalho conduzida pelo grupo da revista *Krisis*, consubstanciada, por exemplo, no *Manifesto contra o trabalho*, de 1999. Ulteriormente desenvolvida, a crítica do trabalho se ampliou, especialmente nestes três ensaios de Kurz, no sentido de uma crítica do Esclarecimento. Kurz passa a elaborar então uma crítica da ontologia burguesa da história, da ontologia do progresso, do próprio pensamento iluminista enquanto expressão teórica da abstração prática do valor. A esses três artigos, Kurz considerou pertinente agregar um outro mais antigo, "Dominação sem sujeito", que, dirigindo-se a um dos pilares da construção teórica iluminista, o sujeito, já contém elementos de uma crítica dos fundamentos da modernidade e se relaciona estreitamente com os demais.

Fernando de Moraes Barros é doutor em filosofia pela Universidade de São Paulo (USP) e professor da Universidade Federal do Ceará (UFC). É tradutor de *A filosofia na era trágica dos gregos* (Hedra, 2008) e *Sobre verdade e mentira* (Hedra, 2007), ambos de Nietzsche. É autor de *A maldição transvalorada – o problema da civilização em* O anticristo *de Nietzsche* (Discurso/Unijuí, 2002) e *O pensamento musical de Nietzsche* (Perspectiva, 2007).

Ricardo Pagliuso Regatieri é graduado em Ciências Sociais e mestre em Sociologia pela Universidade de São Paulo (USP), com dissertação intitulada *Negatividade e ruptura: configurações da crítica de Robert Kurz*. Atualmente, inicia seu doutorado em Sociologia na mesma instituição, com pesquisa sobre a crítica da dominação na *Dialética do Esclarecimento*.

SUMÁRIO

Introdução, por Ricardo Pagliuso Regatieri 9

RAZÃO SANGRENTA 25

Prefácio 27

Razão sangrenta: vinte teses contra o assim chamado
Esclarecimento e os "valores ocidentais" 37

Ontologia negativa: os obscurantistas do Esclarecimento
e a moderna metafísica da história 83

Tábula rasa: quão longe deve, necessita e pode ir
a crítica ao Esclarecimento? 129

Dominação sem sujeito: acerca da superação
de uma crítica social limitada 213

INTRODUÇÃO

GENEALOGIA E ARQUITETURA DE RAZÃO SANGRENTA

O livro que a Editora Hedra agora traz ao público brasileiro é composto de textos que Robert Kurz publicou na revista alemã *Krisis*. Dedicada a debates a um só tempo teóricos e políticos, e publicada desde 1986 em Nuremberg, inicialmente com o título de *Marxistische Kritik* (Crítica Marxista), *Krisis* contou com Robert Kurz, Roswitha Scholz, Norbert Trenkle e Ernst Lohoff como alguns de seus principais colaboradores. Kurz chegou a ser editor da revista e integrou o grupo Krisis até abril de 2004, quando o projeto se cindiu em dois, surgindo dessa divisão a revista EXIT!, que desde então vem sendo publicada, sem que, entretanto, a *Krisis* tenha deixado de existir. Do núcleo dos membros mais destacados da *Krisis*, Robert Kurz e Roswitha Scholz se desligaram àquela altura da antiga revista e foram dois dos fundadores da EXIT!. Lançado na Alemanha em 2004, *Razão Sangrenta: ensaios sobre a crítica emancipatória da modernidade capitalista e seus valores ocidentais* se constitui de uma reunião de quatro ensaios efetuada por Kurz: "Vinte teses contra o assim chamado Esclarecimento e os 'valores ocidentais'" (2002), "Ontologia negativa" (2003), "Tábula rasa" (2003) e "Dominação sem sujeito" (1993), que originalmente apareceram, respectivamente, nos números 25, 26, 27 e 13 da *Krisis*.

Apesar do intervalo temporal que poderia dar a impressão de um certo distanciamento entre os três primeiros e o último dos textos, um ponto central, que cabe aqui frisar, é que eles se encontram intimamente ligados e, se resumidamente pudesse ser distinguido o laço comum que os une, esse liame é a crítica ao Esclarecimento ou Iluminismo. Essa crítica do Esclarecimento, como uma tal empreitada não poderia deixar

INTRODUÇÃO

de ser, corresponde a uma crítica da própria modernidade, da sociedade capitalista baseada na abstração das qualidades sensíveis e propensa à destruição do mundo, ou seja, da sociedade assentada no valor. A crítica do Esclarecimento de Kurz, que se encontra no presente livro, pode ser remontada à crítica do trabalho conduzida pelo grupo Krisis, consubstanciada, por exemplo, no *Manifesto contra o trabalho*, de 1999. A crítica do *Manifesto contra o trabalho* tinha como alvo uma certa reificação do conceito de trabalho, tanto por parte da sociedade do trabalho capitalista, quanto por parte de autores do campo do marxismo. Tratava-se da crítica à ontologia do trabalho, isto é, a um tipo de abordagem que o encara como um fenômeno transistórico: no caso dos apologistas capitalistas do trabalho, como um componente irrefutável e positivo da natureza humana e, no caso dos marxistas tradicionais, como algo apenas submetido pelo capitalismo, cabendo liberá-lo das amarras dessa formação social para permitir a realização de potencialidades humanas tolhidas (assim tomado, o trabalho se constitui, para o marxismo tradicional, em ponto de partida para a crítica ao capitalismo).

Em linhas gerais, a crítica do trabalho conduzida pelo grupo Krisis argumenta que a subsunção de atividades diversas sob a rubrica de trabalho é um procedimento que só emerge com o capitalismo e é da abstração *trabalho* que na verdade se trata, ao se referir a trabalho simplesmente.[1] A fonte dessa crítica

[1] "Trabalho não é, de modo algum, idêntico ao fato de que os homens transformam a natureza e se relacionam através de suas atividades. Enquanto houver homens, eles construirão casas, produzirão vestimentas, alimentos, tanto quanto outras coisas, criarão filhos, escreverão livros, discutirão, cultivarão hortas, farão música etc. Isto é banal e se entende por si mesmo. O que não é óbvio é que a atividade humana em si, o puro 'gasto de força de trabalho', sem levar em consideração qualquer conteúdo e independente das necessidades e da vontade dos envolvidos, torne-se um princípio abstrato que domina as relações sociais. [...] Somente o moderno sistema produtor de mercadorias criou, com seu fim em si mesmo da transformação permanente de energia humana em dinheiro, uma esfera particular, 'dissociada' de todas as outras relações e abstraída de qualquer conteúdo, a esfera do assim chamado trabalho — uma esfera da atividade dependente

são pistas que dá Marx nesse sentido, quando escreve sobre a "indiferença em relação ao gênero de trabalho determinado" nos Estados Unidos de sua época, onde "a abstração da categoria 'trabalho', 'trabalho em geral', trabalho *sans phrase* (sem rodeios), ponto de partida da economia moderna, torna-se pela primeira vez praticamente verdadeira".[2] Ulteriormente desenvolvida, a crítica da ontologia do trabalho se ampliou, nos textos de Kurz, no sentido de uma crítica do Esclarecimento. Kurz passa a elaborar então uma crítica da ontologia burguesa da história, da ontologia do progresso, do próprio pensamento iluminista enquanto expressão teórica da abstração prática do valor.

Os três primeiros textos desta coletânea foram publicados em um curto espaço de tempo entre 2002 e 2003, em números sequenciais da *Krisis*. A divisão ocorrida no grupo Krisis e a criação da revista EXIT! se deram após a publicação do último deles. O acirramento das posições acerca do alcance da crítica ao Esclarecimento vinha já se fermentando no interior da *Krisis* e, ao que tudo indica, teve, com o número 27 e o ensaio "Tábula Rasa", o estopim desencadeador da separação e da criação da EXIT!. A esses três artigos, Kurz considerou pertinente agregar um outro mais antigo, "Dominação sem sujeito", que, dirigindo-se a um dos pilares da construção teórica iluminista, o sujeito, contém já elementos de uma crítica dos fundamentos da modernidade e se relaciona estreitamente com os demais.

CRÍTICA DO ESCLARECIMENTO

Isso posto, é impossível não lembrar de uma tentativa pioneira feita no sentido da crítica do Esclarecimento, aquela de Adorno e Horkheimer, corporificada em meados da década de

---

incondicional, desconectada e robótica, separada do restante do contexto social e obedecendo a uma abstrata racionalidade funcional de 'economia empresarial', para além das necessidades." Grupo Krisis. *Manifesto contra o trabalho*. São Paulo: LABUR/Depto. de Geografia/FFLCH/USP, Cadernos do LABUR nº 2, jul. 1999 (tradução de Heinz Dieter Heidemann), pp. 27–28.

[2]Karl Marx. *Para a crítica da economia política* [1859]. São Paulo: Nova Cultural, 1999, pp. 42–43.

INTRODUÇÃO

1940 na *Dialética do Esclarecimento*.[3] Mas, como o leitor verá nas referências e tomadas de posição de Kurz em relação a essa obra, pioneirismo decerto não implica, *per se*, que daí decorra tão só mera continuidade. Antes do livro de Adorno e Horkheimer, porém, podem-se divisar autores e obras que estão na raiz de *Razão sangrenta*. O círculo da *Krisis* desenvolveu sua crítica do trabalho e seus debates acerca da crítica ao Esclarecimento no âmbito do específico desdobramento que o grupo levou a cabo, desde a década de 1980, da crítica do valor. Tendo por base a obra tardia de Marx — especialmente *O capital*[4] —, há que se destacar algumas fontes que informaram a construção teórica de Kurz e do grupo Krisis. No campo da leitura e da interpretação de Marx, entre os que se debruçaram sobre os aspectos da crítica categorial do capitalismo, devem ser aqui mencionados Rubin e seu tratamento da teoria marxiana do valor,[5] Lukács e sua problematização inovadora acerca da questão da reificação[6] e Rosdolsky com sua reconstrução e análise da evolução da obra do Marx maduro.[7]

A formulação clássica de Marx sobre o valor o descreve como uma "gelatina de trabalho humano"[8] indiferenciado.

Alfaiataria e tecelagem, apesar de serem atividades produtivas qualitativamente diferentes, são ambas dispêndio produtivo de cérebro, músculos, nervos, mãos etc. humanos, e nesse sentido são ambas trabalho humano. São apenas duas formas diferentes de despender força humana de trabalho. [...] O valor da mercadoria representa

---

[3]Max Horkheimer e Theodor W. Adorno. *Dialética do Esclarecimento* [1947]. Rio de Janeiro: Jorge Zahar, 1997.

[4]Karl Marx. *O capital* [1867 a 1894] (5 volumes). São Paulo, Nova Cultural, 1988. Nesta edição brasileira, os três livros que compõem a obra original encontram-se publicados em cinco volumes.

[5]Isaak Illich Rubin. *A teoria marxista do valor* [1924]. São Paulo: Editora Polis, 1987.

[6]Georg Lukács. *História e consciência de classe: estudos sobre a dialética marxista* [1923]. São Paulo: Martins Fontes, 2003.

[7]Roman Rosdolsky. *Gênese e estrutura de O capital de Karl Marx* [1968]. Rio de Janeiro: EDUERJ/Contraponto, 2001.

[8]Karl Marx. *O capital*, Livro primeiro, vol. I. São Paulo: Nova Cultural, 1988, p. 56.

simplesmente trabalho humano, dispêndio de trabalho humano sobretudo.[9]

É essa indiferenciação, ou melhor, desdiferenciação, que marca o valor. Trata-se da quantificação da qualidade, da abstração da concretude. Desde Marx, os efeitos destrutivos de uma sociedade movida pela lógica da abstração do valor têm sido postos em relevo e por isso sua teoria do valor é ao mesmo tempo uma crítica do valor. A crítica do valor de Marx, passando por um arco de teóricos que vai de Rubin a Adorno, é o alicerce sobre o qual se assentam os ensaios que integram o presente livro. Essa crítica do valor, por sua vez, se presta, nas mãos de Kurz, à edificação de sua crítica do Esclarecimento. Para o autor, o pensamento iluminista e a constituição social ligada ao Esclarecimento são expressões da abstração do valor. Já no início do livro, Kurz escreve:

A pretensão de uma nova e macro teoria negativo-emancipatória já se acha formulada, pois, sob o título de "crítica do valor", enquanto crítica categorial do sistema produtor de mercadorias, mas não com a clareza suficiente e tampouco com a hostilidade emancipatória em relação ao Esclarecimento, cuja ontologia ideológico-burguesa encontra-se, todavia, positivamente presente como "dimensão silenciosa" até na crítica aparentemente mais radical, sendo, de vez em quando, invocada em termos axiomáticos e sem conteúdo mediante suplicantes frases de efeito.[10]

O livro tenciona, a partir dessa crítica categorial negativa e emancipatória, a crítica do valor, formular uma crítica da modernidade que englobe, especialmente, aquilo que Kurz entende que até então ficou de fora do esforço crítico ou não foi criticado até o fim em críticas precedentes. A crítica é negativa porque não projeta um mundo novo em substituição ao existente, nem propõe um programa prático de ação (como o fizeram em grande medida aqueles que beberam na fonte de Marx), mas apenas se limita a criticar um estado de coisas pautado pelo sofrimento. Negatividade aqui se refere a não

[9]Ibidem, p. 56.
[10]Robert Kurz. "Razão sangrenta".

oferecer um caminho de antemão e a pôr em relevo os aspectos de opressão. Não está em causa para Kurz a "positividade abstrata e destrutiva própria a um mundo novo", e sim a "abolição dos sofrimentos desnecessários e daqueles engendrados socialmente, do tratamento condizente com os conteúdos naturais, bem como histórico-sociais". É emancipatória pois justamente visa a abolição dos sofrimentos causados pela sociedade do valor, ou seja, tem como alvo a supressão do capitalismo. Não se encontrarão, nas páginas que seguem, explicações acerca da trajetória a ser percorrida para esse fim, já que, definitivamente, fórmulas passam longe do tipo de pensamento do autor.

HISTÓRIA DAS RELAÇÕES DE FETICHE

Tendo o sofrimento como "ponto de partida concreto" e "padrão de medida negativo da crítica", a crítica do valor como crítica do Esclarecimento promove uma expansão do conceito marxiano de fetichismo. Para Marx, o fetichismo provém do fato de que, devido às condições capitalistas de produção, as mercadorias são produzidas pelo trabalho dos homens, mas se apresentam a eles como coisas estranhas, dotadas de vida própria. Assim como Marx mostrou, em *O capital*, que esse fenômeno de inconsciência social objetiva está ligado à formação social capitalista devido ao "caráter social peculiar do trabalho que produz mercadorias",[11] também Lukács mais tarde ressaltou, em *História e consciência de classe*, que a questão do fetichismo, enquanto associada à produção capitalista de mercadorias, "é *específica* da nossa época, do capitalismo *moderno*".[12] Marx e Lukács tratam, portanto, do fetichismo da mercadoria, da reificação das relações sociais, num ambiente em que estas se efetuam através de coisas. O fetichismo da mercadoria tem por fundamento a forma valor do mundo das mercadorias. A abstração social do valor é o processo que engendra a fantasmagoria da mercadoria, seu caráter fetichista. Partindo do

[11] Karl Marx. *O capital*, vol. I., p. 71.
[12] Georg Lukács. Op. cit., p. 194.

conceito marxiano de fetichismo, Kurz desenvolve uma abordagem que o amplia. A ressignificação desse conceito de Marx por Kurz se dá pela ampliação do fetichismo da mercadoria, como trabalho humano ocultado ao se contemplar o produto pronto, para a ideia da existência contínua de matrizes sociais não tematizadas, que permitem entender a história humana até hoje como uma história da submissão dos homens a formas diversas de fetiche.

Para Kurz, o totemismo primitivo, os ídolos e ícones, as diversas formas religiosas e, por fim, com a destruição iluminista do panteão mágico-religioso, a forma do valor, estabeleceram para os indivíduos de diversas épocas uma determinação não consciente e escravizante de suas vidas, que serviram sempre a propósitos alheios. Seja na forma do culto, da reverência a imagens ou na forma moderna despersonalizada — e que não permite de si qualquer imagem ou objetualidade além da mistificação do dinheiro — que o valor propugna, os indivíduos estiveram subsumidos a formas alheias, as quais, se foram socialmente criadas pelos homens, ganharam vida própria e passaram a dominar sua existência conforme uma lógica própria, uma lógica heterônoma. A história até hoje decorrida pode, então, sob essa perspectiva, ser encarada como uma história das relações de fetiche. Em vez de se considerar, conforme a célebre fórmula do *Manifesto comunista*,[13] a história como história de luta de classes, dever-se-ia, antes, considerá-la como história de relações de fetiche. Assim, entendendo a história

não mais numa chave sociologicamente abreviada como a "história das lutas de classes", senão que, refletida em termos formais, como a "história das relações de fetiche", torna-se então reconhecível, num determinado nível de abstração, um elemento englobante e negativamente comum às sociedades modernas e pré-modernas. Sob esse prisma, também nas ditas "sociedades primitivas", trata-se evidentemente de constituições de fetiche e relações de domínio, haja vista

---

[13]"A história de todas as sociedades até hoje existentes é a história das lutas de classes." Karl Marx e Friedrich Engels. *Manifesto comunista* [1848]. São Paulo: Boitempo Editorial, 1998, p. 40.

INTRODUÇÃO

que o conceito de dominação não se acha mais simplesmente atrelado a relações exteriores de submissão entre certas pessoas, mas à sujeição comum a relações formais alienadas e autônomas (como, por exemplo, totemismo, culto aos antepassados e assim por diante).[14]

Nessa construção de Kurz ressoam as teses sobre a história de Benjamin,[15] nas quais é utilizada a imagem de "fazer explodir o *continuum* da história"[16] no sentido da interrupção da história de dominação e sofrimento que até hoje teve lugar: "Neste sentido, poder-se-ia falar, com Walter Benjamin, que se trata de 'explodir o *continuum* da história' ". Tratar-se-ia de romper com um contínuo de dominação. Benjamin não tematiza nas teses, é verdade, a dominação como submissão a fetichismos. Isso não impede Kurz de fazer uma aproximação com Benjamin quando discute a história das relações de fetiche. Pois essa aproximação se dá, tendo em conta o diagnóstico, que a ambos é comum, de que até hoje vigorou uma história de sofrimento e de que é preciso proceder a uma ruptura com ela. Enquanto em Benjamin a ruptura traz a marca do messiânico, em Kurz a ideia de ruptura remete à desfetichização. Mas a necessidade de ruptura tem por substrato, tanto em Benjamin quanto em Kurz, o fato de para ambos a história se apresentar como um "cortejo triunfal", no qual os "despojos são carregados".[17] Uma história em que os diversos momentos têm pelo menos um traço em comum, o sofrimento humano. A frase muito conhecida de Benjamin: "Nunca houve um monumento de cultura que não fosse também um monumento de barbárie",[18] alude a esse traço. Assim como para Benjamin, para Kurz também é fundamental "escovar a história a contrapelo",[19] com vistas a iluminar esses sofrimentos reiteradamente impingidos.

[14]Robert Kurz."Ontologia negativa".

[15]Walter Benjamin. "Sobre o conceito da História" [1940]. In: *Magia e técnica, arte e política, Obras Escolhidas, volume 1*. São Paulo: Brasiliense, 1985.

[16]Ibidem, p. 230.

[17]Ibidem, p. 225.

[18]Ibidem.

[19]Ibidem.

A abordagem das relações de fetiche, em vez de acentuar as disputas entre grupos dentro de determinadas formações sociais, enfoca matrizes socialmente construídas que oprimem todos os participantes das relações. Com isso, confere uma outra significação ao conceito de indivíduo.

A ser assim, a individualidade não significa outra coisa que a tensão entre os seres humanos reais, individuais e sensíveis e a forma social neles gravada a ferro e fogo, como a "lacuna" penosamente vivida, a retenção das necessidades e sensações no interior de tal invólucro coercitivo. Mediante diversas formações sempre há de transparecer novamente o elemento agonizante, doloroso e abusivo ínsito a essa contradição, enquanto a sociedade for guiada por cegas formas de fetiche, nas quais os indivíduos não se põem de acordo enquanto tais em relação a uma sociabilidade autoconsciente, senão que agem irracional e destrutivamente, tal como, por assim dizer, numa espécie de transe da objetivação por eles mesmos criada, no sentido de suas próprias necessidades e possibilidades.[20]

A relação entre indivíduo e sociedade é marcada por esse desencontro entre os "indivíduos sensível-sociais" e sua "forma negativa das constituições do fetiche". A crítica ampliada do fetichismo chega à conclusão de que aparentemente nunca houve sociedades sem formas de fetiche, as quais implicam necessariamente em sofrimento. Para a crítica das constituições de fetiche, enquanto o desencontro entre indivíduo e sociedade, numa formação social dirigida pela religião, se dá por meio da vida heterônoma, guiada pelo *corpus* de crenças, rituais e interdições produzido pelos homens, mas autonomizado no desenrolar do processo social, no capitalismo o "invólucro coercitivo" ao qual há que dolorosamente se amoldar é o valor, a presente configuração de fetiche em que o indivíduo está subsumido.

Os textos da presente coletânea que tratam da história de relações de fetiche frisam a negatividade dessa construção. Trata--se de um "todo de relações, negativo e em si mesmo fragmentado", no qual os processos sociais se desenvolvem "de maneira

[20]Robert Kurz. "Ontologia negativa".

variada do ponto de vista histórico". O procedimento crítico busca revelar, levando em conta as diferenças e as particularidades das condições que engloba, o traço comum que as une, ou seja, o sofrimento provocado pela dominação por *constructos* heterônomos dos quais não se tem consciência. Tal procedimento se pauta pela negatividade que opera no plano teórico e visa expor os sofrimentos, os estados alienados e as coerções que constituem impedimentos da livre fruição da vida sensível. O negativo, aqui, diz respeito a reunir num mesmo todo condições diversas apenas para delas extrair e pôr em relevo seu aspecto opressivo. O sofrimento humano, como fundamento negativo para uma abordagem abrangente que constrói um todo negativo, leva Kurz a sustentar que esse aspecto de sua teoria constitui sim uma ontologia, mas uma ontologia negativa. Ao contrário da ontologia do trabalho ou da ontologia burguesa do Esclarecimento, a ontologia negativa resultante da história das relações de fetiche não é afirmativa. A ontologia negativa é uma teoria negativa da história.

O pensamento crítico de Kurz tem como traço principal uma atitude de não concessão ao capitalismo e sua categoria de base, o valor. A partir de uma crítica ao presente histórico, em que vige a dominação da abstração do valor, Kurz avança em direção à ideia de constituições de fetiche que sucessivamente impuseram sofrimentos. As distintas formações sociais implicam em diferentes modos de viver, mas, essa é a tese de Kurz, a segunda natureza, o âmbito do social, conteve sempre uma zona obscura não tematizada. Essa zona corresponde ao fetichismo que, como componente da socialização de cada um desde o nascimento, pré-forma as consciências e, justamente por isso, não é consciente. Frente à constatação da presença de constituições de fetiche e dos correspondentes sofrimentos por elas impostos, Kurz aposta numa ruptura com esse estado de coisas — como na *Unterbrechung* (interrupção) benjaminiana, uma tal ruptura ao mesmo tempo explode o contínuo da história —, a qual implicaria em tematizar o não tematizado, tomar consciência no que diz respeito à zona sombria que faz parte da segunda natureza. Essa ruptura significa, para Kurz, a desfetichização da sociedade. Como o mundo em que hoje nos encontramos é o mundo capitalista da valorização do valor, o rompimento atual é com o fetiche do valor — é, pois, esse o significado contemporâneo da desfetichização. "Em sua negatividade, o rompimento é muito mais módico, mas, por isso mesmo, também mais eficaz: não alberga nada mais que a desfetichização e, com esta, a desformalização da consciência social."

OCASO DO SUJEITO

O último ensaio do livro examina o estatuto do sujeito na teoria social. Se a crítica do sujeito está presente nos três textos que o antecedem, "Dominação sem sujeito" se detém mais demorada e especificamente nessa questão. Kurz frisa em seu prefácio que esse texto, mais antigo que os outros, ainda não levou adiante todas as implicações de uma crítica do sujeito. A despeito disso, pode-se afirmar que é peça fundamental no desenvolvimento da crítica de Kurz. O texto constata que várias teorias, já desde pelo menos a virada para o século xx (e, em especial, a partir dos anos 1920), declararam o fim ou a morte do sujeito. Kurz se lança a um diálogo crítico com Weber, Adorno e Horkheimer, Foucault e Luhmann, entre outros. Figura central do pensamento ocidental, de Descartes a Habermas, o sujeito como livre agente é posto em questão pelos teóricos abordados por Kurz. A análise de Weber sobre o fenômeno da burocratização mostra a ascensão de um aparato que ganha vida própria, passa a dominar os homens e se torna imprescindível. Para a teoria crítica de Adorno e Horkheimer, elaborada na década de 1940, a exponenciação do poder do mecanismo social espraiou uma dominação de tal maneira vigorosa que anulou o sujeito. A teoria de Foucault, a despeito das mudanças sofridas ao longo do tempo, constitui uma abordagem que, ao invés de partir da ideia de subjetividade, põe o acento na sujeição a normas, regras, discursos, instituições. Em sua teoria de sistemas, Luhmann afirma que o sujeito consiste numa concepção transcendental advinda da tradição humanista e que implica uma indeterminação de sua posição no mundo, estando, mais exatamente, por cima do mundo ou fora dele.

Se, como apontado acima, indivíduo, para Kurz, corresponde à tensão entre as vidas reais e sensíveis dos homens e à formação social à qual se encontram submetidos, sujeito, conforme sua crítica, é a forma na qual vivem e agem os indivíduos na matriz da constituição de fetiche capitalista. Ou seja, o sujeito é a forma do embate entre o indivíduo e o presente "invólucro coercitivo", a sociedade do valor. O indivíduo sob o fetichismo do valor constitui a forma do sujeito moderno. Essa é a razão de sua teoria não considerar indivíduo e sujeito como sinônimos, pois aponta que a noção de sujeito, tal como construída pela filosofia iluminista na aurora da modernidade, significa já a individualidade abstrata do sistema produtor de mercadorias. Na forma do sujeito moderno se move, portanto, a tensão entre indivíduo e sociedade num contexto de prevalência da lógica do valor. Tanto sob o valor quanto sob outras relações de fetiche, Kurz julga que o indivíduo não cabe no "invólucro" em que vive. Desde logo, a crítica da forma sujeito contém em si também a crítica de todas as relações de fetiche anteriores.

Reconhecendo os conteúdos de verdade do resultado a que chegam Foucault e Luhmann, ou seja, a ausência sistemática de sujeito, os caminhos que a crítica de Kurz segue, não obstante, se distinguem sobremaneira do pensamento foucaultiano e da teoria de sistemas. Como elemento central de sua crítica figura o desenvolvimento do conceito de fetichismo de Marx, desenvolvimento que, não obstante, envereda por caminhos diferentes daquele que realizou a teoria crítica, apesar da indelével ligação de Kurz com essa última. Assim, Kurz, por um lado, não acompanha nem a desconstrução foucaultiana nem a teoria dos sistemas e, por outro, não tem como ponto de partida a subjetividade *a priori* acompanhada da crítica a seu desaparecimento presente em Weber e na teoria de Adorno e Horkheimer. Para Kurz, o conceito de fetichismo permite pensar a conexão entre a primeira natureza e a segunda natureza. Enquanto a primeira natureza diz respeito ao substrato biológico do homem e ao mundo físico circundante, a segunda natureza se refere aos "sistemas simbólicos" socialmente produzidos. Essa distinção faz uma analogia entre esses dois planos com o intuito de apontar que a natureza de segunda ordem, apesar de não ser natural, tem em comum com a primeira natureza o fato de aquela, tanto quanto esta, ser algo externo, alheio e dotado de leis próprias. A analogia, porém, contém já intrinsecamente uma distinção, pois a própria constituição de uma natureza de segunda ordem implica, em certa medida, uma libertação face à primeira natureza.

Na ótica de Kurz, a liberação da primeira natureza se dá por meio da oposição do homem a esta como sujeito, sim, mas como um sujeito social. Este sujeito social é "constituído sem sujeito, como constituição de segunda ordem destituída de sujeito". A consciência como "subjetividade contraposta à primeira natureza", que permite diferenciar o pior mestre de obras da melhor abelha, é já a de um ser socializado em sistemas socioculturais de referência. O conceito de fetichismo assim interpretado indica que a formação da segunda natureza segue uma lógica cega: se os sujeitos individuais ganham progressivamente consciência face à primeira natureza, a segunda natureza, o plano dos sistemas simbólicos, permanece uma zona não tematizada. Os "conceitos de fetiche e de segunda natureza" permitem apontar que "há algo [...] que, por si mesmo, não é nem sujeito nem objeto, senão que constitui essa própria relação". Esse algo, a forma social plasmada irrefletidamente no íntimo dos homens, é a própria dominação em processo: a "inexistência de sujeito não é, de seu lado, um sujeito que se poderia 'dominar', senão que constitui dominação, determinando-se, paradoxalmente, como algo a um só tempo próprio e estranho, interno e externo".

Uma das grandes inovações da *Wertkritik* de Kurz é que ela se configura como uma *Wert-Abspaltungskritik* (crítica do valor e da cisão). "Um sujeito é um ator estruturalmente determinado como sujeito masculino", sustenta Kurz. Primeiramente posto por Roswitha Scholz, o tema já aparece em "Dominação sem sujeito". Nos ensaios dos anos 2000, a questão é retomada por Kurz cada vez com mais ênfase e, ao menos na versão dos integrantes que deixaram o grupo da revista *Krisis* e criaram a EXIT!, a dissonância acerca desse ponto é tida como um dos principais motivos que levou à divisão. Conforme Kurz, na sociedade do valor, "o homem tomou historicamente sobre si o papel de sujeito".[21] À mulher coube o papel de ser a responsável pelos "momentos do âmbito sensível" — atividades domésticas, criação dos filhos, conforto emocional e afetivo. Essa relação de cisão sexual implica em que se separa o que é ou não passível de conversão à forma mercadoria, o que está ou não dentro do círculo de fogo do valor.

Pode falar-se de um "reverso obscuro" da valorização, ou seja, de uma enorme zona de sombra sem a qual não existiria a luz daquilo que vale como "produção". [...] Apesar do seu caráter abstrato, o valor não é "neutro" no plano do sexo, porque se baseia numa "cisão": tudo o que é suscetível de criar valor é "masculino". As atividades que em caso algum podem tomar a forma do trabalho abstrato, e sobretudo a criação de um espaço protegido onde o trabalhador possa repousar das suas fadigas, são estruturalmente "femininas" e não são pagas.[22]

O paradoxo constitutivo da sociedade do valor é que a lógica da valorização expele de si esses momentos "femininos",

---

[21] "'O valor é o homem', não o homem como ser biológico, mas o homem como depositário histórico da objetivação valorativa. Foram quase exclusivamente os homens que se comportaram como autores e executores da socialização pelo valor. Eles puseram em movimento, embora sem o saber, mecanismos fetichistas que começaram a levar vida própria, cada vez mais independentes, por trás de suas costas (e obviamente por trás das costas das mulheres). Como nesse processo a mulher foi posta como o antípoda objetivo do 'trabalhador' abstrato — antípoda obrigado a lhe dar sustentação feminina, em posição oculta ou inferior —, a constituição valorativa do fetiche já é sexualmente assimétrica em sua própria base e assim permanecerá até cair por terra." Roswitha Scholz. "O valor é o homem: teses sobre a socialização pelo valor e a relação entre os sexos" [1992]. In: *Novos Estudos* CEBRAP. São Paulo: nº 45, julho de 1996, p. 33.

[22] Anselm Jappe. *As aventuras da mercadoria: para uma nova crítica do valor* [2003]. Lisboa: Antígona, 2006, p. 153.

sem entretanto poder continuar a reproduzir-se sem eles, pois a relação de cisão sexual é "que possibilita, em geral, qualquer relação de valor". Para Kurz, a "crítica da cisão, a crítica do sujeito e a crítica do Esclarecimento formam uma unidade indivisível, de sorte que nenhum destes momentos seria possível sem o outro".

RAZÃO SANGRENTA
ENSAIOS SOBRE A CRÍTICA
EMANCIPATÓRIA DA MODERNIDADE
CAPITALISTA E DE SEUS VALORES
OCIDENTAIS

PREFÁCIO

BOA PARTE deste livro é uma polêmica, um panfleto teórico.
Ou seja, precisamente aquilo que, no mundo inteiro, causa
repugnância ao academicismo passivo, monótono, asfixiante
em seus insinceros agradecimentos e em suas maliciosas cor-
tesias, acostumado a embotar todo conteúdo até o ponto de
desfigurá-lo. Enquanto na França o tom panfletário é tradicionalmente aceito, ao menos como forma literária do modo de
pensar político e filosófico próprio ao *boulevard*, nos países de
língua alemã até mesmo o folhetim termina por interiorizar as
cerimônias palacianas que acompanham a empresa científica
antiquada e oficial. Uma consciência socializada segundo os
critérios das redações ginasiais ainda propõe tratar as questões
existenciais da humanidade ao modo burguês das formas de
intercâmbio e dos bons costumes à mesa. A burguesia educada
alemã, há no mínimo duzentos anos, borra-se nas calças.

Hoje, porém, o que está em jogo não é apenas a forma de
exposição e tampouco se trata de saber se ela seria, por exemplo,
indecorosa ou até mesmo ilegal. Em verdade, praticamente não
existe nenhum debate teórico que faça jus a esse nome. Pois,
se já não há qualquer reflexão conceitual, então esta tampouco
pode, todavia, agudizar-se do ponto de vista polêmico. Isso
não constitui mais, entretanto, uma especialidade teutônica,
senão que é uma situação que se estende mundo afora. E esta
última se acha presente não somente nas esferas oficiais da
ciência e do espírito, mas até mesmo no âmbito que designa
a esquerda radical. Enquanto se reivindica, superficialmente,
mútuo respeito, acaba-se por aceitar, em realidade, um modo
de pensar deficitário e conceitualmente esvaziado, o qual, em
geral, não deveria ser respeitado. O objetivo desse tipo de manifestação ideológica não é o reconhecimento pessoal e um
convívio mutuamente solidário, mas o ofuscamento de conteú-

PREFÁCIO

dos desagradáveis. As contradições devem, aqui, permanecer inexplicadas, sem virem à luz numa formulação radicalizada.

Tais tendências caminham de mãos dadas com uma personalização dos conteúdos e das discussões em todos os âmbitos sociais. A palavra de ordem de 1968, segundo a qual a instância privada seria política, aparece de cabeça para baixo; o âmbito político é, então, inversamente, privatizado. Não são mais posições que se acham no centro do debate, senão que figuras e suas imagens maquiadas ("os promovidos e os rebaixados da semana"). De uma maneira crescente, isso também vale para a esfera teórica. Os filósofos entram em cena conforme o modelo dado pelos astros do futebol e pilotos de corrida. As crises são percebidas como um fracasso pessoal. Não por acaso, até mesmo as bem conhecidas cisões no interior das esquerdas, à diferença do passado, são sustentadas cada vez menos com base em diferenças de conteúdo francamente expostas. Em vez disso, os protagonistas ultimamente colocam problemas mais e mais pessoais; o conflito de relacionamento e a intriga não transparente acham-se na ordem do dia.

O pano de fundo da personalização é idêntico àquele da individualização e da dessolidarização[1] universal, a saber, a dissolução de todo pensar e agir na subjetividade da autovaloração. A crítica converteu-se numa mercadoria, e, com isso, num objeto da concorrência, seja a aberta, seja a velada. A esse processo de uma reprodução do *Homo economicus* e do indivíduo abstrato à base da autoafirmação corresponde, ao mesmo tempo, uma paralisia da reflexão crítica, a qual termina por ser substituída pelo voluntarismo e pela declamação vazia; como, por exemplo, no caso de Hardt/Negri, cujo livro sobre o "Império" logrou ascender ao estatuto de *cult* justamente mediante tal paralisia. Do ponto de vista conceitual, já não se trata de nada novo, porque já não deve tratar de mais nada. O desejo de emancipação dá-se a conhecer numa bela frase. O objeto perigoso é redimensionado sob a forma de emoções fúteis,

---

[1]No original, *Entsolidarisierung*. [N. do T.]

sendo que a emoção rebelde é transformada em objetividade fútil.

O impulso crítico trazido à tona paralisa-se. Ele se achava vinculado à história de imposição do moderno sistema produtor de mercadorias. Tudo o que corresponde ao processo de modernização devia e tinha de ser criticado: a capitalização geral do mundo obstaculizava o caminho. O conceito de crítica foi, em grande parte, absorvido por essa história; ele mesmo não podia voltar-se com a radicalidade necessária contra a força impulsiva da moderna dinâmica social. Hoje, a palavra mágica da modernização perdeu sua luminosidade; tornou-se um termo ofensivo da degradação social, da administração repressiva da crise e, em geral, da devastação global. O objetivo foi atingido, isto é, o sistema produtor de mercadorias da "valorização do valor" (Marx) e da "riqueza abstrata" (Marx) transmudou-se num sistema mundial imediato e unitário. Mas, ao final desse percurso, a humanidade reencontra-se numa paisagem de ruínas da barbarização global. A crise mundial consoante à terceira revolução industrial revela-se como um novo tipo de crise. Já não se trata de uma crise de imposição, de uma ruptura estrutural em meio ao processo de modernização, senão que de seu limite histórico. Frente a essa limitação, a crítica da razão até hoje empreendida vê-se obrigada a falhar e espatifar-se, já que ela mesma constituía o portador do desenvolvimento histórico que agora chega ao fim.

Também a esquerda, à sua maneira, foi um motor de tal história. Sua crítica ao capitalismo remeteu-se, invariavelmente, ao respectivo modo da socialização capitalista ainda inacabada, e nunca às determinações categoriais essenciais da relação do capital. A esquerda viveu, digamos, sob o invólucro das categorias burguesas de valor (valorização), mercadoria, dinheiro, economia empresarial, "trabalho abstrato" (Marx), mercado, Estado, nação, democracia, política e relação burguesa de gênero; tencionava redefinir e moderar de uma outra maneira tais categorias reais da socialização capitalista, mas não superá-las enquanto tais. Daí, então, ela terminar de mãos vazias ao final catastrófico da modernização. Sua crítica tornou-se tão

PREFÁCIO

embotada quanto a autolegitimação burguesa em face ao "subdesenvolvimento". Enquanto suposto processo civilizatório, a "revalorização"[2] global denega-se a si mesma.

O embotamento da crítica e da ideologia do progresso é uma necessidade; esta última, porém, é convertida numa virtude. Em vez de visar à crítica contra a essência do próprio capital como algo incômodo, agudizando-a, desse modo, em termos categoriais, a fleuma democrática foi elevada à condição de ideal. O periodicamente proclamado "despertar da primavera" vive apenas de palavras-chave da moda, as quais, em pouco tempo, caem novamente no esquecimento. Dentre elas, encontram-se a consciência burguesa vulgar e seus derivados da esquerda radical. Se um presidente conservador exige que se deva dar um "empurrão" na sociedade, se os ideólogos econômicos se entusiasmam com a "saída na autorresponsabilidade", se a esquerda, sem quaisquer mediações, descobre a "apropriação" e declara possível um "outro mundo", tais palavras de ordem sempre se assemelham, desesperadamente, àquelas contidas nas campanhas publicitárias, já que as determinações permanecem arbitrárias e sem nexo. São criados meros "estados de espírito" incapazes de se manter por muito tempo. A redução fenomenológica do pensamento que a isso se liga marca, por assim dizer, a carta de capitulação de uma crítica que desistiu de si mesma do ponto de vista conceitual.

A benevolência democrática global, juntamente com sua retórica de respeito e reconhecimento, é flagrantemente contrariada pela hostilidade da concorrência universal da crise, e isso até mesmo nas saídas emancipatórias entrevistas pela esquerda simuladora que restou. Ao mesmo tempo, a razão burguesa precipita-se num maniqueísmo que termina por colocar, no lugar da reflexão crítica, a definição mesma do "mal", o qual é apreendido no terrorismo de "culturas estrangeiras". Desde o 11 de Setembro, o Ocidente demonstra sua pacificidade mercantil-econômica, bem como sua cultura jurídica democrática, mediante a policialesca chuva de bombas sobre os seres

---

[2]No original, *Inwertsetzung*. [N. do T.]

justos e injustos que vivem nas zonas de colapso, perigosamente próximas, do mercado mundial.

E, por meio dessa raivosa militância da crise, a qual se apresenta precisamente sob a máscara da civilidade, adquire validade um conteúdo ideológico que, a título de pensamento legitimatório, flanqueou o inteiro processo de modernização: a saber, a filosofia do Esclarecimento, a base de todas as teorias modernas. Aqui, o muito evocado conflito entre a última superpotência capitalista, os EUA, e a velha Europa gira apenas em torno da questão de saber quem faz valer melhor e de maneira mais adequada os "valores ocidentais", na linha de frente contra os fantasmas da queda, tal como estes últimos foram engendrados pela própria dinâmica do capitalismo mundial. É a ignorância esclarecida que conta declarar, com vistas ao seu triunfo, o declínio da ontologia capitalista. Em meio às ruínas de uma sociedade mundial desfalecente, em 2004, o ano de Kant, o Ocidente festeja juntamente com o pensador da razão burguesa sua prepotente dominação mundial, a qual, no entanto, vê-se obrigada a perder o próprio controle. Ao fim e ao cabo, no elevado nível de um desenvolvimento cego, o início repete-se; a colonização interna e externa ressurge numa administração planetária e sem perspectiva da crise.

O irrecuperável anticapitalismo da esquerda cai no vazio, porque, na já consumada história da modernização, seus campos de referência lhes são extraviados (movimento dos trabalhadores, socialismo realista, movimentos nacionais de libertação). Essa referência ainda se achava sob o domínio enfeitiçador do pensamento esclarecido burguês, o qual, agora, vem à tona nas esquerdas pela última vez e com força total. Esqueçam a "Dialética do Esclarecimento" (Adorno/Horkheimer), esqueçam a crítica ao eurocentrismo; de qualquer modo, há apenas instituições incompletas e desencorajadas em relação a uma evasão da fatalidade ocasionada pela pseudorracionalidade capitalista. Desta feita, estaria em voga uma destruição radical, ou seja, levada às últimas consequências, do pensamento à base do Esclarecimento e de sua linguagem orwelliana, já que a crítica à razão burguesa e aos seus resultados mediante os meios da própria razão burguesa tornou-se completamente impossível.

Em vez disso, uma parte da esquerda evade-se da própria razão burguesa, fugindo rumo a um palavrório pseudoemancipatório, o qual apenas mastiga, uma vez mais, os conceitos tornados insípidos do decaído marxismo consoante ao movimento dos trabalhadores, ou, então, limita-se a enriquecê-los com potencializadores pós-modernos de sabor; o culto à ambivalência pode converter-se, então, num álibi do desarmamento conceitual para não se ter de postular a exigência da ruptura categorial. Uma outra parte da esquerda prefere, antes do mais, enterrar-se a si mesma junto com os ideólogos democráticos oficiais na última linha de defesa da razão modernizadora. Aos berros, uma suposta "promessa burguesa de felicidade" é reclamada por muitos ex-críticos, enquanto a globalização do capital impera sobre todas as relações, destruindo os fundamentos da vida.

Salta aos olhos que a questão acerca de uma crítica radical do Esclarecimento conduz ao verdadeiro e inconcusso limite da modernidade. Tal limite também é assegurado na medida em que toda crítica coerente ao Esclarecimento, apta a denunciar o contraesclarecimento reacionário e a antimodernidade culturalmente pessimista, é violentamente rebatida, ainda que ela se trate, em verdade, de um produto do próprio Esclarecimento. Uma antimodernidade emancipatória deve aparecer, pois, como algo inconcebível; no entanto, a atual tarefa histórica consiste justamente em pensar nessa suposta impossibilidade. É a forma do sujeito capitalisticamente constituída que representa o denominador comum do Esclarecimento burguês, bem como do contraesclarecimento burguês; e a esquerda até hoje atuante se acha, também ela, trancafiada em tal forma. O inconcusso limite só pode ser rompido quando o impulso emancipatório tiver ido longe o bastante para colocar em mira essa forma universal do sujeito à base do moderno sistema produtor de mercadorias.

A crítica categorial às determinações essenciais da modernidade capitalista já adquiriu, sob o nome de "crítica do valor", uma certa força de radiação na esfera que designa a reflexão teórica. A crítica do valor remete-se à forma do valor consoante à mercadoria enquanto forma de socialização da modernidade. Mas, aqui, não se trata em absoluto de uma mera determinação econômica no sentido estrito. Senão que o conceito de valor e/ou de valorização constitui, antes do mais, um conceito negativo e totalizador da relação do capital ou da "socialização do valor". Nação, Estado e política não são imediatamente subsumidos à economia empírica, mas pertencem eles mesmos à totalidade fetichista imposta pelo valor. Por isso, a forma política tampouco pode ser uma forma de emancipação, e menos ainda a assim chamada nação. O mesmo vale para a ontologia capitalista do "trabalho". Também o conceito abstrato de trabalho é incapaz de constituir uma alavanca da emancipação, deixando-se compreender, quando muito, de uma maneira trans-histórica.

Nos países de língua alemã, a crítica do valor, a qual começou a ser elaborada a partir do marxismo tradicional e imanente ao valor, foi empreendida há mais de uma década pela revista teórica *Krisis*. Mas, mesmo no interior desse contexto atinente a uma construção teórica crítica do valor, o inconcusso limite da modernidade torna-se, em última análise, igualmente patente. Assim que a crítica ao trabalho e à política se desenvolveu posteriormente numa crítica à forma do sujeito, depois de ter passado pelos conceitos da crítica da economia política e da forma burguesa do direito, as contradições de tal sujeito começaram a se fazer valer de modo destrutivo, a despeito da exigência de uma crítica radical. Nessa medida, os ensaios aqui apresentados já percorreram, por assim dizer, um certo destino. O fato de eles terem vindo a lume em três edições subsequentes da revista *Krisis* (em 2002 e 2003) deveu-se a um momento de acirrado conflito. De início, a impressão do texto "Razão sangrenta" deveria ser evitada, tornando-se possível apenas depois de uma forte resistência; o ensaio "Tábula rasa" ainda provocava reflexos de defesa, causando "intrigas" inclusive.

Um aspecto de tal conflito consistia em aceitar de que a crítica ao Esclarecimento e ao sujeito desenvolvida, aqui, de um

PREFÁCIO

modo rudimentar, já não se restringe ao horizonte do universalismo androcêntrico, o qual decerto caracteriza o pensamento do Esclarecimento, estruturalmente masculino. Ao indivíduo abstrato da modernidade subjaz a forma do sujeito ocidental branco-masculina (OBM). Justamente a inclusão da relação de gênero no nível de abstração do essencial conceito capitalista estabelece, de modo decisivo, um limite entre essa crítica emancipatória do Esclarecimento e o contraesclarecimento burguês, o qual sempre foi determinado de uma maneira profundamente antropocêntrica, e, precisamente por isso, manteve-se visceralmente ligado ao Esclarecimento. Assim como o conceito de "cisão" sexual, desenvolvido por Roswitha Scholz (*Das Geschlecht des Kapitalismus* [*O sexo do capitalismo*], Bad Honnef, 2000), foi sistematicamente integrado à crítica do Esclarecimento, as tentativas de refreá-la no projeto de crítica do valor da revista *Krisis* tornaram-se patentes de um modo cada vez mais intenso. As fúrias do falso universalismo androcêntrico foram desacorrentadas, o que se anunciou à medida que a teoria da cisão, até então tolerada qual uma espécie de corpo estranho (e, em caso de dúvida, banida do plano conceitual para o âmbito histórico-empírico) ameaçou explodir a compreensão da crítica do valor, ela mesma ainda universal-abstrata.

Foi sintomático que a defesa dessa determinação rigorosa da crítica ao Esclarecimento e ao sujeito não tivesse sido, num primeiro momento, formulada abertamente como um dissenso do ponto de vista do conteúdo, vindo à baila, ao contrário, como acusação contra a "agudização" e como tentativa de fazer uma denúncia pessoal. Esse tipo de condução de conflito se encaixa na linha majoritária[3] da privatização esquerdista e vulgarmente burguesa de problemas sociais ou de conteúdo. Uma crítica do valor que tenha medo de empreender a última e decisiva ruptura com a forma moderna do sujeito e com a sua autolegitimação esclarecida está, obrigatoriamente, destinada a decair na ontologia burguesa. Com o gesto mimético do equilíbrio, que imita a seriedade formal, ainda é possível,

[3] Em inglês, no original, *Mainstream*. [N. do T.]

talvez, por algum período de tempo, fanfarronear no discurso cênico junto com uma esquerda que não se interessa, em absoluto, por explicações teóricas, mas já não é dado levar a crítica adiante. Enquanto um discurso crítico preso ao universalismo androcêntrico ainda tencionava incorporar os elementos próprios a uma crítica do Esclarecimento, ele só poderia servir-se dos pensadores do contraesclarecimento burguês, sendo-lhe facultado, com isso, apenas desautorizar-se definitivamente a si mesmo do ponto de vista teórico.

O contexto atinente à formação teórica inicial da revista *Krisis* não existe mais; aquilo que continuou a se firmar sob o mesmo rótulo não é outra coisa senão uma etiqueta falsa, desde que a maior parte da redação e dos autores essenciais foram varridos, mediante expedientes jurídico-formais, pelos defensores de uma vulgarização da crítica do valor, os quais permaneciam enraizados no solo do universalismo abstrato. Depois que a revista *Krisis* se tornou, dessa maneira inglória, coisa do passado, a formação da Teoria Crítica do valor e da cisão passou a ser empreendida pela nova revista teórica intitulada EXIT!. Os ensaios aqui presentes marcam a linha de ruptura e o ponto de virada rumo a uma crítica emancipatória, "agudizada" e que visa a seguir adiante, do Esclarecimento, bem como da forma do sujeito ocidental branco-masculina.

Para os leitores que constituem um público mais amplo, os quais não percebem esses textos como documentos de um conflito interno à formação da Teoria Crítica do valor, eles podem servir diretamente como porta de acesso a um discurso revolucionário, o qual se recusa a acatar as falsas alternativas da modernidade produtora de mercadorias. Jamais houve um progresso burguês ao qual se pudesse associar a emancipação social da humanidade. Ao final da história da modernização, o *pathos* necessário da libertação deve tornar-se, de uma vez por todas e de uma maneira coerente, antiontológico. Nem Adorno nem os teóricos pós-modernos foram capazes de suportar a consequência antiontológica. Para conquistar tal perspectiva é necessário, inclusive, no contexto da crítica ao sujeito e ao Esclarecimento, reabilitar uma vez mais o marxismo.

É evidente que essa tarefa não pode ser lograda mediante um punhado de textos. Sob uma forma tética e ensaística, trata-se aqui, antes de mais nada, de fornecer uma visão panorâmica e inicial sobre a tarefa a ser cumprida, bem como tornar clara a sua intenção polêmica face ao preexistente conceito de crítica da razão burguesa. Que esses textos tenham surgido em meio ao burburinho e à fumaça de pólvora emitida pelas discussões que se estendiam através de todos os setores da sociedade após o 11 de Setembro, eis algo que apenas sublinha tal caráter. Com isso, a exigência teórica não é, em absoluto, denegada, mas ao contrário: a formação teórica crítica não é, de modo algum, possível de outra forma senão por meio dos conflitos da época.

Anexado aos três novos ensaios-de-conflito a propósito da crítica ao Esclarecimento, há o texto "Dominação sem sujeito" de 1993, o qual, à época, veio igualmente a lume numa edição, entrementes atacada, da antiga *Krisis*. Ali, o tema da crítica ao sujeito já é abordado, mas apreendido de uma maneira mais estreita e focalizado na elaboração feita a partir da história marxista da teoria, ainda não apetrechada com todas as implicações da crítica ao Esclarecimento. Tal texto, o qual também possui a sua importância própria, pode possivelmente ajudar a seguir o itinerário reflexivo que leva à ruptura com a ontologia moderna; justamente porque ele mesmo ainda encerra em si determinados momentos de uma ontologização (sobretudo, no que se refere ao conceito de sujeito). Que se note igualmente o fato de que, em "Dominação sem sujeito", o conceito hegeliano de "supressão" vem à tona como algo evidente, o qual, porém, na crítica posterior, é expressamente rechaçado.

Nuremberg, em julho de 2004
Robert Kurz

RAZÃO SANGRENTA

Vinte teses contra o assim chamado Esclarecimento e os «valores ocidentais»

I

TANTO DO PONTO de vista material quanto em termos ideais, o capitalismo aniquila-se a si mesmo ao se fazer triunfante. Quão mais brutalmente essa forma de reprodução convertida em sociedade global devasta o mundo, tanto mais inflige ferimentos a si própria, soterrando sua própria existência. E disso também faz parte o coletivo declínio intelectual das ideologias da modernização rumo a um novo tipo de ignorância e vazio conceitual: direita e esquerda, progresso e reação, liberdade e repressão, justiça e injustiça entram imediatamente em colapso, porque o pensar chegou ao seu fim nas formas atinentes ao sistema produtor de mercadorias. Quanto mais estúpida se torna a representatividade espiritual do sujeito do mercado e do dinheiro, tanto mais fantasmagórico é o modo como ele reproduz, com papagaíce, as desgastadas virtudes burguesas e os valores ocidentais. Não existe nenhuma paisagem do planeta, marcada pela miséria e por massacres, sobre a qual as lágrimas de crocodilo da democrática humanidade policialesca não sejam derramadas torrencialmente; nenhuma vítima mutilada por tortura que não dê ensejo à amplificação das alegrias da individualidade burguesa. Todo folhetinista defensor do Estado, no esforço para obter algumas linhas, evoca a democracia ateniense; qualquer vigarista ambicioso em coisas da ciência e da política espera bronzear-se na luz do Esclarecimento.

Aquilo que agora ainda pretende ser chamado de crítica radical só pode apartar-se com ira e asco do inteiro lixo intelectual do Ocidente. É demasiadamente limitado o alcance daquela figura de pensamento, assaz conhecida, que tenciona defender o Esclarecimento enquanto tal contra os seus atuais monopolizadores burgueses uniformizados, exigindo, de uma maneira quase aburguesadamente culta, um elevado nível de reflexão de outrora contra a plebe intelectual e o populacho ocidental do século XXI. Esse populacho é o próprio Esclarecimento que adveio a si mesmo. A assim chamada modernidade deve ser medida a partir de seus resultados desastrosos: sem subterfúgios, sem uma crispada dialética de justificações e relativizações.

A crítica não pode, porém, deixar-se levar apenas pelo "ódio visceral";[1] deve legitimar-se novamente em seus fundamentos e do ponto de vista intelectual. Mesmo quando se serve do conceito teórico, isso não significa nenhum vínculo retrogressivo com os padrões do próprio Esclarecimento, senão que, inversamente, atende apenas à necessidade de destruir sua autolegitimação intelectual. Não se trata de dar, à maneira esclarecida e em nome de uma abstrata razão repressiva (ou seja, em oposição ao bem-estar do indivíduo), rédeas curtas aos afetos, mas, ao contrário, de rebentar a legitimação intelectual dessa moderna autodomesticação do ser humano. Nesse sentido, faz-se necessário uma antimodernidade radicalmente emancipatória, a qual não segue o modelo assaz conhecido do contraesclarecimento ou da contramodernidade meramente "reacionária", que é, ela mesma, burguês-ocidental, evadindo-se na idealização de algum passado ou de "outras culturas", mas a qual rompe com a história que vigorou até agora, enquanto uma história de relações de fetiche e dominação.

No sentido do dito marxiano que concebe a superação do moderno fetichismo como o "fim da pré-história", coloca-se na ordem do dia, em todos os níveis da reflexão e em todas as esferas de vida, um macroprojeto abrangente e revolucionário,

---

[1] No original, *Wut im Bauch*; literalmente, "raiva na barriga". [N. do T.]

o qual abarca tanto as mais abstratas categorias quanto as formas simbólico-culturais e o próprio dia a dia; uma mega teoria negativa capaz de fincar a alavanca da crítica radical de modo essencialmente mais profundo do que seus predecessores nos séculos XIX e XX. Isso também não deve ser confundido com um desenvolvimento posterior da pretensão esclarecida mediante outros meios. Uma abordagem qualitativamente nova e amplamente teórica desse tipo resulta, antes do mais, apenas da necessidade de examinar negativamente o construto de legitimação, já de si teoricamente portentoso e positivo, da modernidade produtora de mercadorias, mas a fim de rompê-lo em vez de querer simplesmente iludir-se a seu respeito. Por isso mesmo, tem de se tratar de uma macroteoria negativa, apta a superar-se a si mesma e tornar-se supérflua, e não mais da implantação legitimadora de um novo princípio positivo (análogo à abstração capitalista do valor), em conformidade com o qual tudo mais deve ser moldado.

II

A pretensão de uma nova e macroteoria negativo--emancipatória já se acha formulada, pois, sob o título de "crítica do valor", enquanto crítica categorial do sistema produtor de mercadorias, mas não com a clareza suficiente e tampouco com a hostilidade emancipatória em relação ao Esclarecimento, cuja ontologia ideológico-burguesa encontra-se, todavia, positivamente presente como "dimensão silenciosa" até na crítica aparentemente mais radical, sendo, de vez em quando, invocada em termos axiomáticos e sem conteúdo mediante suplicantes frases de efeito.

Em vista da miséria produzida incessante e renovadamente, bem como dos crescentes processos de destruição na história da modernização, formou-se também, já no passado, e paralelamente à contramodernidade reacionária, uma crítica ao Esclarecimento de "esquerda", acintosamente emancipatória e já de si "modernista" no mais amplo sentido. Tais tentativas permaneceram, porém, continuamente estagnadas junto às meras relativizações, porque só puderam compreender-se a si mesmas enquanto uma suposta "autocrítica" do Esclarecimento. Um procedimento assim ineficaz, ligado, antes do mais, de modo amigável ao objeto da suposta crítica, implicava de antemão a ideia de não colocar em questão o núcleo substancial da ideologia esclarecida (a forma do sujeito burguesa e da circulação). Por isso, o último passo ainda está por ser dado, o qual tratará de separar a crítica, em definitivo, da ontologia burguesa; o rubicão ainda não foi cruzado.

A determinação negativa do rompimento tornou-se, então, algo decisório, ao passo que a crítica empreendida até então era sempre uma mera componente, em última análise afirmativa, de seu objeto, e, por conseguinte, via-se obrigada a enfatizar a continuidade em vez do rompimento; não raro, travestida na fórmula beata de uma "herança" positiva a ser cultivada. Contudo, no início do século XXI, já não é mais possível qualquer via positiva de pensamento e ação nas formas dadas pelo moderno sistema produtor de mercadorias. Todo apelo à forma do sujeito e à legitimadora história das ideias da modernidade, negativamente socializada sobre a efetiva abstração do valor, só pode expor-se ao ridículo enquanto crítica, mesmo que sob uma forma desarmada ou redimensionada.

Tornou-se necessária, portanto, a nova crítica aos fundamentos da constituição burguesa e sua história. As ruínas inabitáveis da subjetividade ocidental precisam, não da arquiteta de interiores intelectual e de bom gosto, mas do motorista de escavadeira com a bola de demolição. Isso diz respeito, essencialmente, ao alicerce e à referência retrospectiva legitimadora de todas as formações teóricas modernas dos séculos XIX e XX, ou seja, justamente à filosofia do Esclarecimento. Em oposição às teorias posteriores, tratava-se, aqui, de uma reflexão que não pressupunha, de antemão, o sujeito burguês e plenamente formado da modernidade, senão que, em certa medida, trazia-o ao mundo; o assim chamado Esclarecimento foi, sob esse aspecto, uma "ideologia de imposição" do moderno sistema produtor de mercadorias, só que num sentido muito mais enfático do que as reflexões que sob ele se erigiram ou que dele supostamente se afastaram na posterior história de imposição da socialização do valor.

O pensamento esclarecido, que à sua época ainda se passava por um modo de pensar inaudito e distinto, em parte de difícil compreensão inclusive, converteu-se, em geral, não apenas na precondição de todo pensamento teórico ulterior, mas terminou por adentrar na consciência social universal, tornando-se igualmente, como um tipo inconsciente de sedimentação, uma maneira não reflexiva de pensar do senso comum burguês. E, mesmo como tal, cumpre destruí-lo desde sua base.

III

A esse propósito, porém, são necessárias algumas observações. Toda história possui, afinal, sua própria história, e, por isso, o pensamento esclarecido também não se acha, naturalmente, livre de pressupostos; nem no sentido de uma "história do espírito" e nem no sentido dos desenvolvimentos sociais objetivados. A pré-história ou a constituição social primordial da modernidade poderia ser datada, enquanto "economia política das armas de fogo", a partir dos séculos XV e XVI, quando a "revolução militar" (Geoffrey Parker) engendrou uma nova forma de organização da sociedade, repressiva de uma maneira inovadora, a qual, passando pelos primevos déspotas militares, acabou por conduzir ao Estado moderno, bem como ao desencadeamento do processo capitalista de valorização ("economia financeira" como fim irracional em si mesma).

Sobrepunha-se a tal processo um movimento de pensamento que tivera um início independente e ajudava a sair da assim chamada "Idade Média" (que, diga-se de passagem, é ela mesma uma classificação haurida do pensamento esclarecido), mas que, hoje, aparece sob o conceito epocal de "Renascença". Possivelmente, por ocasião de uma reformulação da história e da teoria da história à luz da crítica do valor, tornar-se-á necessário empreender igualmente uma outra classificação histórica. Em todo caso, o pensamento renascentista, a começar com a sua redescoberta dos antigos clássicos e da sociedade a eles pertencente, ainda estava relativamente aberto a desenvolvimentos e vias de pensamento alternativos, ao menos numa determinada fase eivada de crises e prenhe de transformações — tem-se em mente, aqui, os levantes populares no despertar dos tempos modernos.

Mas, depois da passagem pelo absolutismo, o qual constituiu, em termos políticos e econômicos, o processo primário e sistemático de formação do modo de produção capitalista, a possibilidade de uma outra trilha de desenvolvimento foi cortada, ainda que a resistência dos movimentos sociais a tais processos estendesse-se até o início do século XIX. A moderna socialização do valor começou a desenvolver-se, pois, a partir de seus próprios fundamentos, ao passo que o pensamento esclarecido passou a acompanhar, como ideologia de adaptação a um só tempo militante e afirmativa, essa segunda fase de arrancada,[2] a qual desaguou na industrialização em forma do valor.

A subjetividade da circulação fundada na concorrência, posta em marcha pela economia-dos-canhões[3] no início da modernidade, bem como por seus protagonistas sociais, obteve então um esmeril para os seus ideais, passando, ao mesmo tempo, por um processo de eclosão que só sacudiu a capa absolutista no intuito de liberar mundo afora, para além de suas formas cruamente embrionárias, o puro e moderno sujeito do dinheiro e do Estado, bem como para fundamentá-lo do ponto de vista ontológico. Que este pensamento, o qual pela primeira vez formulou explicitamente a forma valor enquanto uma exigência totalitária feita ao homem e à natureza, tenha legitimado-se mediante um paradoxal e repressivo conceito de liberdade e de progresso, eis o que se converteu numa cilada para o desejo de emancipação social. Com isso, precisamente, a crítica foi instrumentalizada sempre apenas com vistas à imposição subsequente da destrutiva forma do valor, assim como da subjetividade que lhe é inerente.

[2]No original, *Start-up-Phase*. [N. do T.]
[3]No original, *Kanonen-Ökonomie*. [N. do T.]

ROBERT KURZ

A eterna e positiva referência retrospectiva ao sistema conceitual e aos assim chamados "ideais" do Esclarecimento forma, pois, o contexto ofuscante de um pensamento crítico-social que, até hoje, acorrenta-se a si mesmo às categorias do sistema dominante de destruição universal. Enquanto esses grilhões do pensamento esclarecido não forem explodidos, a crítica continuará sendo uma simples serva de seu objeto, ou, então, ver-se-á obrigada a se extinguir junto com sua capacidade mais ampla de desenvolvimento.

IV

Um ponto central do mal-entendido crítico-social a propósito do Esclarecimento é, pois, a interpretação arraigada conforme a qual se trataria, no caso, de uma promessa emancipatória, inclusive da promessa de uma liberdade da busca humana de felicidade (*pursuit of happiness*). Com uma intenção da própria razão e da ideia de "crítica permanente", tal promessa entrou em curto-circuito perante o tribunal desta mesma razão, levando a crer, desse modo, que o pensamento esclarecido poderia e deveria seguir sempre em frente, ultrapassando até mesmo seus criadores e protagonistas originais, até que fosse "efetivado". Justamente por meio disso foi possível ao mal-entendido fundamental conservar-se, de acordo com o qual o Esclarecimento seria algo distinto de uma autorreflexão positiva do capitalismo, ou, então, diferente da lógica do sistema produtor de mercadorias; que lhe seria dado, para além de si mesmo e em sua entidade burguesa, conservar momentos transcendentes de emancipação.

Embora o cambiante e opaco conceito de razão do pensamento esclarecido tenha sido constantemente tematizado, a crítica nele contida permaneceu, no entanto, ela mesma borrada, já que sempre se furtou a uma determinação precisa do reduzido conteúdo normativo presente no conceito esclarecido de razão. Mas, no fundo, essa compreensão da razão não continha outra coisa senão a afirmação militante da forma metafísica, ou seja, da forma do valor própria ao moderno sistema produtor de mercadorias, ou, então, da forma irracionalmente emancipada do "sujeito automático" (Marx); uma denominação que remete ao caráter absurdo do movimento de valorização do capital, reaproveitado como fim em si mesmo, e, com isso, ao mesmo tempo, à correspondente absurdidade de sua forma do sujeito, tal como esta caracteriza o pensar e o agir dos indivíduos sociais presos a essa roda. Esse conceito destrutivo de razão foi, essencialmente, desenvolvido no próprio pensamento esclarecido, à luz do qual o pensar reflexivo foi esculpido e sob o influxo do qual todos os demais níveis de reflexão foram eliminados, até que, com a crescente imposição do sistema capitalista da socialização do valor, o "poder do fático"[4] lograsse alcançar o pensamento enquanto positivismo de tal razão "realizada", de sorte que a reflexão em geral pode, a fogo lento, ser reduzida a pó. Por conseguinte, a aurora esclarecida da razão constituiu, ao mesmo tempo, o ocaso da razão, promovido pelo banimento da faculdade humana de pensar na forma totalmente irracional da socialização do valor.

Por isso, tampouco se pode falar, aqui, de uma permanência transcendente da intenção esclarecida da crítica. Em todos os seus níveis de desenvolvimento e variações, o Esclarecimento sempre submeteu tais situações e fenômenos apenas a uma crítica que, de algum modo, obstaculizava a roda triturante do movimento de valorização. Precisamente por conta disso, a sua crítica às condições pré-modernas só constituía uma crítica à dominação na medida em que as formas preexistentes de domínio eram rechaçadas por sua eficiência precária e pela sua parca capacidade de intervenção na alma dos indivíduos. Desde o começo, o Esclarecimento constituiu uma iluminação dos pontos fracos da dominação com o propósito de fixá-la numa forma nova e concretizada, a qual foi, ao mesmo tempo, ideologizada como uma intransponível forma natural. Portanto, o início da crítica esclarecida foi, simultaneamente, o fim de toda crítica, seu desaparecimento na forma autorreferencial da subjetividade burguesa. O Esclarecimento tencionou não

---

[4]No original, *Macht des Faktischen*. [N. do T.]

ROBERT KURZ

apenas refutar uma crítica básica a essa forma, senão torná-la | 45
efetivamente impensável.

Por isso, como fundamentação dos valores ocidentais, a
filosofia esclarecida não era, também segundo sua própria natureza, nenhuma promessa, mas, em verdade, era uma ameaça;
ou, dito mais precisamente: a ameaça assumiu ardilosamente a
forma de uma promessa. O que se prometia não era a felicidade,
senão que unicamente o esforço para alcançá-la sob a forma de
relações assassinas de concorrência, o que desmente, ao mesmo
tempo, o conceito de felicidade. O conceito de felicidade, em
si mesmo obscuro e arbitrário, jamais significou outra coisa
senão que o êxito junto à concorrência, o que sempre pressupõe
os objetos da felicidade numa forma capitalista, para além da
qual não deve haver nenhuma outra forma. A pressão para
que os indivíduos busquem sua felicidade em meio às pressões
do movimento de valorização é, nessa medida, idêntica a uma
monstruosa ameaça, porque, em primeiro lugar, predetermina
a história da felicidade como a história do sofrimento e do
abuso, e, em segundo lugar, porque, mesmo no interior do
sofrimento e do abuso, admite o completo fracasso e a perda
da existência social, inclusive psíquica, não somente a título de
uma possibilidade, senão que os pressupõe, de antemão, aos
necessários perdedores.

Decifrada como uma ameaça fundamental, a promessa esclarecida de uma liberdade para buscar a felicidade também
não pode mais ser compreendida enquanto um ideal positivo
(em todo caso, anódino, sem conteúdo, análogo à falta de conteúdo da forma do valor). Assim, não se trata, digamos, de
traçar uma diferença entre o ideal burguês e a efetiva realidade
burguesa: seja para reivindicar o ideal contra a realidade efetiva
e querer produzir, com isso, uma efetividade burguesa ideal (a
variante ingênua); seja para, a partir da aparente crítica dessa
ingenuidade, querer realizar o ideal burguês supostamente para
além das relações burguesas. A tarefa da crítica radical consiste, antes do mais, em trazer à plena luz o caráter negativo e
destrutivo do próprio ideal esclarecido-burguês, e, com isso, a
identidade factual entre ideal e efetividade justamente na his-

tória do sofrimento e do abuso da modernidade. Junto com a forma moderna de felicidade, a qual resulta numa verdadeira infelicidade, também cumpre criticar, desde sua base, a moderna forma da riqueza. Para tanto, faz-se necessária, como precondição, uma crítica igualmente basilar das conceitualizações esclarecidas de razão, sujeito e história.

V

Nada instilou a ideologia esclarecida em nossas mentes com mais tenacidade do que sua metafísica da história. A metafísica realista do trabalho e do valor é, do ponto de vista histórico, enclausurada no construto teleológico do "progresso". À ontologia burguesa do trabalho, a qual define a abstração realista do "trabalho" (segundo Marx, a "substância" da forma valor) como a eterna condição da humanidade, e à metafísica do trabalho que dela resulta, como uma suposta libertação do trabalho (e libertação mediante o trabalho), corresponde a ontologia burguesa e a metafísica do sujeito: o moderno sujeito produtor de mercadorias, isto é, o sujeito do trabalho, da circulação, do conhecimento e do Estado passa a vigorar como "o ser humano" por excelência, sendo que a isso se liga a promessa metafísica de uma "autonomia e autorresponsabilidade" mediante a forma burguesa de agir e pensar. A esse construto ideológico do sujeito corresponde, uma vez mais, a ontologia burguesa do progresso, a qual compreende toda a história até agora transcorrida como ascensão de uma forma mais baixa rumo a uma outra mais elevada, bem como a metafísica do progresso que sobre ela se erige e que entrevê, na moderna socialização do valor, o coroamento e o fim da história.

No pensamento esclarecido original, tratava-se, antes de mais nada, da suposta progressão do "erro" rumo à "verdade", formulado de modo clássico por Condorcet. A humanidade até então vigente, tal como afirma Kant em todas suas obras principais, teria incorrido em erros sistemáticos em seu agir e pensar; teria, enfim, consagrado-se à irracionalidade e à inclinação erradas, enquanto que, apenas a partir de agora, com a modernidade burguesa, a era da "razão" teria irrompido.

Hegel criticou esse construto, mas tão somente para vertê-lo numa interpretação[5] mais refinada: de acordo com sua versão, as condições sociais e intelectuais pré-modernas não devem ser compreendidas pura e simplesmente como equívocos, mas como "formas necessárias de desenvolvimento" e estágios passageiros do "espírito universal" que se reencontraria consigo mesmo na história humana. A história constitui, portanto, a história do desenvolvimento, a qual, aliás, é tida como necessária. O direito dessa necessidade é concedido a todas as formações anteriores, mas, quanto mais longe se encontrarem no passado, tanto menor ele será. Na equiparação metafórica entre ontogênese e filogênese histórico-social, elas aparecem como etapas de um processo de amadurecimento da humanidade que parte de condições pré e semi-humanas ou semianimais para, a partir da infância e da juventude, atingir o glorioso *status* do adulto finalmente "racional" (masculino e branco). Como legítimo herdeiro do Esclarecimento, o positivismo vulgarizou, popularizou e politizou esse esquema desde Comte, tal como, por exemplo, nas legitimadoras teorias de colonização e nas posteriores teorias político-econômicas de "desenvolvimento".

VI

A forma do sujeito que se volta a si mesma no interior desse construto histórico é, por um lado, universal-abstrata ("igualdade"), e, nessa medida, assexuada. Mas, por outro lado, os momentos de reprodução social, formas humanas de expressão etc. que não se deixam apreender pelo processo de valorização são, então, delegados "à mulher" (como ser biológico sexual e materno) e desagregados da "verdadeira" forma subjetiva do valor. A relação de valor apresenta-se, por conseguinte, apenas superficialmente como sendo abrangente-universal, na medida em que se sugere como uma totalidade que não é e nem pode ser. Na sociedade moderna, para além de um conceito positivo

[5] No original, *Fassung*; por razões estilísticas, guardamos-nos de traduzir aqui o termo por "versão" — o que seria preferível —, haja vista que, logo a seguir, o autor utilizará o equivalente latino *Version*. [N. do T.]

de totalidade, o que está efetivamente em jogo é uma metarrelação ofuscada nas categorias de valor, a saber, a "relação de cisão" (Roswitha Scholz) sexualmente determinada desde sua base.

Essa relação, que denega justamente a suposta universalidade, por um lado, desaparece no mundo conceitual burguês--esclarecido; por outro lado, em suas formas de aparência práticas e cotidianas, onde tem de ser nomeada, tais fenômenos só se deixam expôr traiçoeiramente nas categorias burguesas como "desigualdade objetiva (natural)". A igualdade abstrata refere-se, por conseguinte, única e exclusivamente ao universo interno da forma do valor, sendo válida para a mulher desde que esta atue no interior de tal forma (como consumidora e vendedora de mercadorias ou de força de trabalho), enquanto os momentos cindidos deste universo aparentemente autossuficiente permanecem ofuscados.

O universalismo do sistema produtor de mercadorias é, a ser assim, não apenas (realmente) abstrato e destrutivo, mas também ilusório, porque carece de uma universalidade factualmente social. Como essência cindida, a "feminilidade" social é colocada fora do universalismo, ao passo que as mulheres empíricas terminam, justamente com isso, por cindir-se em si mesmas: como sujeito-outrossim-do-dinheiro,[6] elas estão "dentro", mas, como portadoras de momentos e âmbitos vitais cindidos, permanecem "de fora".

Como paradoxal relação global da socialização do valor, a relação de cisão implica, pois, a universalidade falsa e formal no interior da esfera do valor, e, ao mesmo tempo, a determinação sexual dos momentos cindidos e excluídos, de sorte que, ao fim e ao cabo, o efetivo e pleno sujeito da forma do valor é definido como sujeito masculino. Por conseguinte, o sujeito da história, ou seja, o portador do "progresso histórico" e da ontologia que se volta "para si mesma", também é, em princípio, masculino, enquanto o momento do não sujeito, que permanece forçosamente natural e, portanto, privado de história, é em geral

---

[6] No original, *als Auch-Geldsubjekt*. [N. do T.]

tido por feminino, devido a uma determinação supostamente biológica.

VII

Na relação de gênero formada como relação de cisão, os momentos da reprodução material, cultural e psíquica, socialmente necessários, mas que não se deixam expôr sob a forma do valor, são excluídos da igualdade e da universalidade ínsitas à socialização do valor, razão pela qual são levados a assumir uma forma mutilada na qual prolongam vegetativamente uma existência muda, como sombras da forma do valor. E justamente porque não se deixam exibir do ponto de vista objetivo e sob a forma do valor, resulta igualmente inútil querer reivindicar a inclusão dos momentos cindidos na abstrata universalidade, delineada pela forma do valor. A falsa e negativa universalidade baseia-se precisamente na cisão, sem a qual não pode existir e tampouco ser pensada. Inversamente, o que é cindido não constitui, de sua parte, nenhuma "autenticidade" social, cultural e psíquica, na qual o universalismo abstrato pudesse ser positivamente dissolvido. Enquanto aquilo que se cindiu, o cindido é, antes do mais, reduzido e mutilado; a superação da relação de cisão, e, com esta, da própria relação de valor, só é possível como uma superação de ambos os lados.

A relação de cisão forma, aqui, a lógica geral da modernidade, a qual não deve ser confundida com a existência empírica e imediata das relações de gênero. A atribuição sexual tanto do universalismo do valor quanto da cisão não constitui, com efeito, uma objetividade efetivamente natural, senão que um construto social; não se trata, por certo, de um construto acidental e arbitrário, mas historicamente objetivado, que só pode ser rompido conjuntamente com a constituição formal do valor (do movimento de valorização do capital). Nessa medida, constitui igualmente um momento empírico e indemonstrável na identidade dos indivíduos, sem que entretanto estes fossem totalmente absorvidos por ele.

Por isso, em termos empíricos, é plenamente possível, por exemplo, que as mulheres não atuem apenas de um modo meramente parcial no interior da esfera abstrato-universalista do universo do valor, senão que também consigam fundir-se a ele, fazendo carreira etc. Nessa medida, são "sujeitos", isto é, estruturalmente quase "masculinos", ainda que, na maior parte das vezes, sejam-no sob formas identitárias paradoxalmente fraturadas. A relação de segregação enquanto tal, em sua lógica, não é todavia afetada com isso. As mulheres que fazem carreira, por exemplo, não desmentem essa relação, mas a representam como sujeitos diante das demais mulheres (e, de certo modo, perante a si mesmas). Enquanto perdurar a relação do valor, a cisão enquanto tal continuará a existir igualmente num sem-número de formas partidas e fragmentadas.

VIII

O caráter abstrato, repressivo, segregante e excludente do universalismo ocidental, constituído pela relação de valor, torna-se atuante não apenas em seus níveis sexuais basais, mas também para além deles. Esse universalismo, que se relaciona única e exclusivamente com o mundo interno da forma do valor, constitui, sob vários aspectos, um sistema e mecanismos de exclusão. A definição de "ser humano" enquanto sujeito do valor, não somente reduz o "feminino" cindido a um nível semi-humano, senão que, de acordo com sua natureza, exclui socialmente da humanidade todos os indivíduos que, efêmera ou duradouramente, não podem (ou não podem mais) agir dentro dos limites do automovimento do "sujeito automático", de cujo ponto de vista, convertido no ponto de vista da repro-dução social em geral, devem ser tidos como "supérfluos", e, portanto, em princípio, como não humanos. O direito humano esclarecido encerra em si a desumanização temporária ou total dos indivíduos capitalisticamente não reproduzíveis, porque, de antemão, remete-se ao ser humano apenas enquanto sujeito da valorização.

Em virtude da definição mesma de universalismo, a desu-manização do ser humano acha-se objetivamente estabelecida como delimitação do universo interno à metafísica do valor; mas, esse resultado só é executado mediante o processo de concorrência. Esta última decide quando, onde e quem deve ser excluído da categoria de ser humano. Por isso, fiando-se na autodefinição ocidental de Esclarecimento, a concorrência possui, *a priori*, uma acepção racista e antissemita (como *ultima ratio* da concorrência nas crises). Racismo e antissemitismo não formam, portanto, em princípio, uma oposição ao universalismo esclarecido, mas constituem, ao contrário, enquanto uma consequência necessária da delimitação da forma do valor, e, desse modo, da concorrência, sua componente integral. O sujeito é, pois, conforme o seu conceito, não apenas masculino, mas também branco.

Justamente por intermédio do universalismo ocidental, aquilo que vale para a relação basal de cisão, vale igualmente para a dupla lógica de desumanização social e de exclusão racial: trata-se de uma lógica que, atuando como construto objetivado, não coincide imediatamente com as relações empíricas, mas, apesar de tudo, termina por estruturá-las. Aos indivíduos não brancos aplica-se, pois, algo semelhante àquilo que se aplica aos indivíduos "femininos": como consequência da globalização, podem ascender minoritariamente (e, com frequência, em meio às regiões globais em colapso) no universalismo abstrato do valor; mas, como sujeitos, são sempre apenas "brancos não brancos". Assim como a relação de cisão não é denegada mediante a elevação das mulheres ao *status* de sujeito do universo do valor, o universalismo ocidental, enquanto relação de exclusão social e racista, tampouco é refutado por meio da ascensão análoga por parte dos indivíduos não brancos. E, do mesmo modo, é um disparate querer universalizar, uma vez mais, o universalismo ocidental de forma secundária, porque, enquanto concorrência, ele se baseia justamente nessa exclusão. A emancipação social e antirracista pode invocar o universalismo do Esclarecimento tão pouco quanto a emancipação sexual.

IX

De acordo com sua lógica inerente, o sujeito do valor e da história, esclarecido e branco-masculino, contém em si mesmo uma aporia insolúvel no terreno do valor: por um lado, é definido como o sujeito autárquico da "vontade livre" burguesa, a qual cria para si um mundo de objetos dos quais, ao mesmo tempo, acha-se separada como que através de uma divisória impenetrável, a perdurar eternamente em sua forma autorreferencial: exposta afirmativamente na problemática kantiana da coisa em si; e, em Hegel, como movimento de alienação da vontade livre em direção aos objetos, nos quais, não obstante, de acordo com a exigência de autossuficiência e autorreferencialidade, ela se conserva como outro de si, para voltar-se sobre si mesma — a exposição lógico-filosófica do processo de valorização e seu movimento subjetivo.

Mas, por outro lado, essa forma de "vontade livre" é, ela própria, essencial e inalienavelmente objetiva, de sorte que não cabe à "liberdade" a escolha de uma alternativa. É apenas a "livre escolha" no interior do universo das mercadorias conforme a capacidade jurídica e financeira do indivíduo, o qual, do ponto de vista social, não existe de modo algum como ser humano para além de tais critérios. Por conseguinte, o livre sujeito do valor é, ele mesmo, um objeto, o qual se objetiva a si próprio como ser empírico e é conceitualizado na ética kantiana como uma autoviolação verdadeiramente monstruosa do indivíduo real, de acordo com a forma vazia de uma "lei em geral".

Essa mesma filosofia kantiana, complementada e amparada pelo Esclarecimento escocês (anglo-saxão), de cunho capital-economicista, leva a relação aporética ao seu vértice, seja do ponto de vista epistêmico, seja do ponto de vista prático-teórico ("ético"): o sujeito enquanto sujeito, conjuntamente com sua "liberdade", não pertence a este mundo, achando-se, de acordo com sua essência, separado de toda sensualidade, materialidade prática e necessidade social; é um mero fantasma da forma vazia e fetichista do valor. E, mesmo que esse sujeito-fantasma termine por se referir ao mundo efetivo, resta que continuará "necessariamente dependente em termos naturais", porque só lhe é dado conhecer e agir conforme às "leis da natureza" físicas (mecânicas) e sociais, as quais, paradoxalmente, e para

ROBERT KURZ

dificultar as coisas ainda mais, não são, segundo Kant, as leis | 53
imanentes da existência, mas tão somente a forma de conhecimento relativa à sua própria relação alienada com o mundo sensível (que se lhe aparece como algo estranho). A liberdade é vazia e ultramundana, sendo que a vida efetiva transcorre ao sabor da impiedosa "lei natural" do capital e de seu interminável processo de valorização.

O conceito de sensualidade é, ele mesmo, introduzido abstratamente enquanto a "sensibilidade em geral", justamente porque a efetiva referência sensível permanece indiferente à abstração do valor. Dá-se, com isso, uma inversão paradoxal nos conceitos de sensualidade e natureza: por um lado, nega-se que o "processo metabólico com a natureza" (Marx) é, ele mesmo, sempre culturalmente construído e, de modo algum, algo imediato; que a própria sensualidade se apresenta, pois, histórica e culturalmente de maneira distinta, inclusive a compreensão de tempo e espaço. Em vez disso, a sensualidade aparece a-historicamente, tal como a sempre abstrata e indiferente relação de valor. Por outro lado, como nenhuma outra formação histórica que lhe antecedeu, a socialização do valor "trabalha" com o poder no intuito de igualar a inteira natureza e o mundo sensível, inclusive a sexualidade humana, factual e completamente ao seu próprio conceito; ou seja, para transmutar a própria natureza numa condição a-histórica totalmente compatível com a abstração do valor e a fim de nivelar toda diferença entre a natureza e a sociedade capitalista (um empreendimento necessariamente condenado ao fracasso).

Na medida em que objetiva, assim, a inteira natureza, e, com ela, a sensualidade dos indivíduos enquanto abstração do valor, a socialização do valor desintegra-se como um todo, bem como cada um de seus sujeitos, numa polaridade entre sujeito e objeto; a sociedade torna-se uma objetividade cega, a qual se contrapõe aos sujeitos que nela foram formados (estruturalmente masculinos e brancos) como um poder estranho (segunda natureza), enquanto os momentos que não se incorporam a essa lógica têm de ser cindidos e, com isso, "irracionalizados". A autodominação e a "incondicionalidade" da vontade livre totalmente descarnada e, em linhas gerais, irrealizada transforma-se, então, no oposto exato de um objetivismo igualmente incondicional.

Assim como a metafísica do sujeito, a metafísica da história também deve ter, pois, uma natureza aporética: ao sujeito masculino e branco da história corresponderá a objetiva "legalidade natural" da história, enquanto esta constituir a efetiva história da sociedade; quanto mais livre, mais necessário. Hegel conceitualizou essa aporia com sua famigerada declaração: "A liberdade é a compreensão da necessidade". No desenvolvimento capitalista, esse conceito repressivo de liberdade acha-se presente de fio a pavio como máxima norteadora da ação, tal como o demonstrou, no verão de 2004, o primeiro-ministro social-democrata alemão Schröder ao citar a sentença de Hegel, em tom evocatório e diante das coxias prussianas do palácio de Neuhardenberg, para justificar suas contrarreformas antissociais. Essencialmente, o Esclarecimento é, pois, uma ideologia da autoviolação e da autossubmissão dos indivíduos sob a égide do imperativo objetivado da "segunda natureza" e de acordo com os critérios do automovimento da forma do valor (valorização do valor), que se tornou independente em relação a eles.

Assim, na medida em que mulheres e não brancos se alçam empiricamente ao *status* subjetivo da metafísica do valor, eles de fato não se emancipam, mas apenas trocam a redução à condição de cisão e exclusão pela outra redução à condição de auto-objetivação.

X

Em virtude de sua estrutura aporética, o "livre" sujeito branco-masculino da história, que é "livre" precisamente como executor do movimento do valor determinado e voltado para si, deve não apenas cindir os momentos de emocionalidade, sensualidade etc., senão que também se vê obrigado a cindir-se numa contradição interna entre pensar e agir: de um lado, surgem os "homens de ação" (econômicos e políticos), as amplas e irrefletidas elites funcionais (situadas, em todo caso, no metanível das formas sociais); de outro, há os teóricos majoritariamente contemplativos, que não agem imediatamente do ponto de vista social e têm de apresentar-se a si próprios como meros observadores "externos"; atuando, em certa medida, como o cérebro a boiar numa solução nutritiva em Marte, o qual, de fora, através da forma apriorística de pensar e mediante utensílios técnicos (ou faculdade teórica de abstração), observa a borbulhante vida dos objetos da sociedade terrena e que, somente assim, torna-se "objetivo". O conceito burguês de objetividade corresponde à objetivação do mundo e à auto-objetivação dos sujeitos, tanto dos cientistas e/ou teóricos contemplativos como dos "homens de ação" políticos e econômicos.

A cisão sistemática entre teoria e prática é, realmente, uma parte integrante da constituição do valor, vindo à tona, ao mesmo tempo, na ideologia histórico-metafísica do sujeito que a ela pertence. Os homens de ação põem em marcha a objetividade, enquanto os teóricos contemplativos demonstram que tudo tem sua razão de ser e que não pode, em absoluto, existir de outro modo.

XI

O subjetivismo aparentemente contrário a isso é um mero subproduto que surge periodicamente, como um efeito secundário dessa lógica social; ou seja, a hipóstase do outro polo, da subjetividade supostamente pura, mas sem o abandono da constituição burguesa da forma. Razão pela qual ele também falha constantemente, sendo reconduzido à objetividade do sujeito e da história. Todavia, no decorrer da história burguesa do espírito, esse subjetivismo solidificou-se e adquiriu independência própria como atitude de uma falsa imediatez, a qual apaga o contexto de constituição histórico e lógico do sujeito determinado pela forma do valor do sistema produtor de mercadorias, pressupondo-o positivisticamente em seu irrefletido vir a ser.

O resultado é a mistificação ou a estetização (ou ambas) da subjetividade moderna, em sua existência banal e lamentável, como agente e "canal" do movimento de valorização desprovido de subjetividade. Desde o romantismo, dos supostamente solitários Kierkegaard, Schopenhauer e Nietzsche, até a assim chamada filosofia da vida, incluindo o existencialismo de Heidegger e companhia, à ideologia nazi socialmente atuante e a ele ligada, e aos movimentos de pensamento que se alimentaram dessas raízes na segunda metade do século XX, estende-se toda uma cadeia de formas de aparência dessa falsa imediatez ideológica do sujeito do valor; o qual se vivencia dolorosamente como que "lançado" num mundo estranho e pregado à cruz de sua objetividade, para, aí então, no mesmo instante, heroicizar-se a si próprio nessa existência negativa, em vez de se sublevar contra esse estado de coisas, dele se emancipando.

XII

A forma de pensar e conhecer tanto dos "homens de ação" quanto dos teóricos contemplativos é a lógica da identidade. Do ponto de vista prático, o mundo e a natureza, bem como a sociedade e todos seus objetos, são, aqui, absorvidos pela abstração do valor, tornados compatíveis com o valor e, nessa medida, a ele igualados. Esse enfoque, destrutivo desde o início, cria em certa medida uma "intenção objetiva"; isto é, uma inversão que remete, uma vez mais, ao paradoxo basal da relação social, na medida em que os objetivos dos indivíduos e das instituições acham-se, antes de toda manifestação "subjetiva" da vontade, pré-formados mediante sua própria forma de agir e perceber. No processo de valoração reconectado a si mesmo (processo de trabalho e circulação, retorno sobre si mesmo do capital financeiro multiplicado e da "política" a ele relacionada), o sujeito do valor estica as qualidades irregulares sobre a cama de Procrusto da abstração do valor. Toda e qualquer coisa, desde a mais rude matéria até os movimentos da alma, dobra-se a esse processo de identificação prática, segundo o único e distintivo traço dessa abstração realista.

O resultado é uma sempre crescente economização[7] e uma

---

[7] No original, *Ökonomisierung*. [N. do T.]

adaptação do mundo, decorrentes do processo de abstração do valor, que é apenas flanqueado, e, sob muitos aspectos, inclusive forçado, pelas ideologias subjetivistas aparentemente opositoras da mistificação e da estetização. Na medida em que o mundo e a sociedade são de tal modo adaptados, o supostamente concreto passa a ser tão só a forma de aparência e de expressão do que é abstrato (da forma valor), de sorte que só pode ser invocado no mal sentido ideológico contra o universal vazio e negativo, cujo conteúdo existencial em realidade o constitui. Mesmo o processo de consumição,[8] como reprodução material da vida, deve submeter-se tanto quanto possível e igualar-se a essa forma, enquanto que os momentos que nunca se assimilam a ela e que sempre figuram como o avesso da forma, e que de modo algum constituem um mero "resto", permanecem destinados à cisão (com acepção sexual). Mas o sujeito social e historicamente "feminino" da cisão, as mulheres das ruínas[9] da história, a coluna de reparos da socialização do valor e seus respectivos estragos, não pode, enquanto representante de "virtudes femininas", nem impedir o desastre da forma do valor nem superar seus imperativos, e isso justamente porque compõe, ele mesmo, a figura negativamente idêntica e invertida do sujeito "masculino" do valor, sendo, de resto, constituído juntamente com ele.

O mesmo vale, uma vez mais, para as culturas pré-modernas e segregadas de modo racista, ou, então, para suas assombrações ideológicas. O "bom selvagem", que desde Rousseau perambula pelo pensamento esclarecido, sendo ele mesmo um fantasma projetivo do pressentimento dos conteúdos destrutivos da filosofia do Esclarecimento, oferece menos ainda algum potencial à superação emancipatória da modernidade produtora de mercadorias. As reais relações pré-modernas de fetiche não eram nem melhores do que as modernas, nem podem dar a mínima indicação sobre como o

---

[8] No original, *Konsumtionsprozess*. [N. do T.]

[9] No original, *Trümmerfrauen*; mulheres que, após a Segunda Grande Guerra, ajudaram a limpar e a reconstruir as cidades alemãs (e austríacas) intensivamente bombardeadas. [N. do T.]

RAZÃO SANGRENTA

desenfreio de impulsos assassinos[10] da socialização do valor poderia ser refreado. E muito menos seria dado encontrar um potencial emancipatório na construção meramente ideológica de um passado transfigurado ou de "culturas" extraeuropeias, as quais, após séculos de história da imposição capitalista, só poderiam ser caricaturas da socialização do valor e de sua subjetividade.

XIII

Enquanto processo histórico, o ímpeto interno do movimento de valorização consiste em tentar lograr a absoluta autossuficiência da vazia abstração da forma: preparando, pois, os objetos do mundo até o momento em que terminam por desaparecer no vazio dessa forma — ou seja, mediante a aniquilação do mundo. Com isso, estabelece-se o impulso à morte do sujeito esclarecido e de sua razão cindida, lógico-identitária, a ser desenvolvido ao longo da história da modernização. Esse impulso à morte volta-se igualmente contra o princípio do cindido, de conotação "feminina", apesar de, ou justamente pelo fato de este último formar a condição de conservação negativa do sistema. Já que a pretensão totalitária da forma do valor só pode ser exibida às expensas da cisão, isto é, da (inconfessa) "incompletude" e deficitária autossuficiência no mundo físico e social, o ímpeto totalitário vê-se obrigado, em última análise, a dirigir-se contra a capacidade reprodutiva do próprio sistema. A impossibilidade lógica da forma total do valor, da completa ausência de sensualidade e de socialidade, converte-se, na prática, na aniquilação do mundo e de si mesmo.

Ao economismo prático e totalitário da forma vazia corresponde a política; primeiro, como sua enfática forma de imposição (forçada desde a Revolução Francesa), que se petrifica na forma administrativa própria à relação do valor (administração de seres humanos e de crises); e, por fim, enquanto forma

---

[10]No original, *Amoklauf*; do malaio *meng-âmok*, "matar com ira cega". *Amok* designa uma espécie curiosa de síndrome, a qual resulta num ataque súbito e homicida, mas aparentemente não provocado. [N. do T.]

de consciência do moderno impulso à morte, como forma de aniquilação e autoaniquilação nos processos de desagregação do sistema produtor de mercadorias.

A mesma forma de pensar e conhecer reproduz-se na reflexão teórica e contemplativa como lógica da identidade, conceitual e reflexionante. Assim como os "homens de ação" do Esclarecimento burguês, estruturalmente brancos e masculinos, tencionam adaptar o mundo em termos práticos e de modo totalitário, os teóricos contemplativos a eles análogos tentam compreendê-lo conceitualmente de uma maneira igualmente totalitária. Tal como se dá na prática, também no pensamento reflexivo tudo aquilo que não se incorpora ao conceito identificador (abstrato tal como o valor) é rasurado ou cindido. Enquanto sujeito reflexivo do valor, o teórico contemplativo reflete-se narcísica e autisticamente no mundo, em cujos objetos ele sempre volta a reconhecer e adorar somente a si mesmo, em sua existência abstratizante e permanentemente desagregadora.

O mundo precisa ser plenamente absorvido e passível de ser apresentado pela totalidade do valor, ou, então, tem de declinar. Daí, a exigência da absoluta e positiva univocidade conceitual e da "dedutibilidade" (pensar sistemático e positivo). À lógica de identidade prática e teórica corresponde a tendência à falta de efetivos relacionamentos (tanto sociais quanto eróticos) e à incapacidade de estabelecer relações, como reflexo da tendência abstrativa do valor à autossuficiência na forma vazia. Aqui, é claro, mesmo o mais tenaz teórico contemplativo e lógico-identitário não consegue fundir-se realmente à sua pele de valor, tal como qualquer outro indivíduo. É justamente da administração dos dilemas que aí intervêm que se encarregam aquelas ideologias de mistificação e estetização consoantes ao subjetivismo, rumo às quais pode fugir o sujeito cognoscente do valor, branco, "masculino" e lógico-identitário, entregando-se à sua auto-heroização.

XIV

No romantismo, na filosofia da vida, no existencialismo e em seus múltiplos derivados, a irracionalidade repressiva e destruidora da relação do valor e da cisão torna-se manifesta, de modo imediato, igualmente para o sujeito do valor, conforme, é claro, formas que lhe são correspondentes. Enquanto os momentos cindidos da sensualidade e da emocionalidade, do "cuidado e do afeto" — que, por falta de uma apresentabilidade na forma do valor, só se tornam economizáveis às expensas de fricções catastróficas —, bem como dos âmbitos reprodutivos a eles ligados etc., que não são assimiláveis à forma valor, surgem como irracionalidade "feminina", natural e conceitualmente inapreensível (e, em última análise, a ser eliminada), em contraposição ao encouraçado sujeito do valor — consoante à racionalidade estabelecida pelo valor mesmo e que se naturaliza e se irracionaliza nas próprias ideologias subjetivistas; mas de um modo meramente compensatório, tal como ele é: a racionalidade abstrata transmuda-se, sem mais nem menos, numa irracionalidade igualmente abstrata, tornando clara a identidade entre a razão burguesa e o delírio objetivo.

O sujeito branco-masculino do valor não se denega com a adoção romântico-existencialista da irracionalidade; logicamente, descobre em si o lado "feminino" (sensível) apenas como uma fantasia de morte e carnificina, tal como esta havia emergido, já a partir das origens da "revolução militar" do início da era moderna, no "culto dos canhões", e desenvolvido a ligação com o mundo sensível enquanto uma lógica abstrata de aniquilação, a qual se objetivou no impulso à morte da forma subjetiva determinada pelo valor. O culto romântico do fragmentário é o culto às ruínas do mundo devastado pelo valor, isto é, não em oposição ao totalitarismo lógico-identitário, mas como seu reflexo no mundo sensível. O esclarecido sujeito do valor só é "sensual" na medida em que despedaça literal ou imageticamente o mundo, terminando, pois, por patinar em sangue. Essa sensibilidade negativa é, ela mesma, abstrata, sendo que, periodicamente, como que em degraus cada vez mais elevados, nela aparece de imediato o impulso à morte do sujeito do valor, o qual gostaria de dissolver o mundo na forma vazia de sua abstração prática.

O romântico amor masculino encontra seu objeto, de preferência, sob a forma do cadáver n'água (Ofélia); das mais artificiais formas de expressão até aquelas que circulam nas ditas mesas de bar ("musgosa estava a barriga; meus caros, um brinde e viva!").[11] No início dos anos 90, a historiadora da literatura Elisabeth Bronfen defendeu uma abrangente monografia a esse respeito (*"Só por cima de seu cadáver": morte, feminilidade e estética*). Nas ideologias de sangue e solo, essa irracionalidade adquire a forma do conceito de razão; sendo que, nos campos de batalha da história da modernização, essa sensualidade negativa e abstrata do "sangue" reencontra-se a si mesma; no amoroso abraço masculino entre os homens[12] dos sujeitos do valor, os quais perfuram uns aos outros com baionetas, bem como na romantização dos delírios homicidas nas grandes guerras industrializadas do século xx (Ernst Jünger).

Assim como a cisão dos momentos da reprodução definidos como "femininos" — indispensáveis, mas reiterada e brutalmente ignorados, sufocados ou diretamente aniquilados — não coloca em questão o sujeito destrutivo do valor, mas, ao contrário, possibilita-o enquanto o impulso à morte ainda não tiver se consumado, a irracional ideologia da existência e a sangrenta sensualidade negativa da romantizada masculinidade do Esclarecimento tampouco superam efetivamente esse sujeito, senão que trazem à plena luz sua natureza globalmente aniquiladora.

É no próprio ataque periódico de febre dos homens de ação, esclarecidos e racionais, bem como dos teóricos contemplativos, igualmente esclarecidos e racionais, que se revela a irracionalidade dessa *ratio*. É, pois, Kant em estado de sensualidade, quer dizer, a destruição de todo vivente ao qual não é facultado incorporar-se à abstração do valor. Nisso se torna patente a identidade polar e negativa entre a modernidade burguesa e a

[11]No original, *Der Bauch, der war bemoost; meinen Herren, Prost!* [N. do T.]

[12]No original, *mann-männlichen*. [N. do T.]

(aparentemente) contramodernidade burguesa. E é somente nessa identidade imediata entre a razão em forma de valor e a aniquilação, que o homem de ação pode, pois, coincidir com o pensador. A unidade burguesa entre teoria e prática é o campo de extermínio, a explosão atômica, o bombardeamento em massa. É nisso que consiste o velado denominador comum entre Kant, Hitler e Habermas, entre a ideologia alemã e o pragmatismo americano, a impositiva liberdade dos liberais e o autoritarismo totalitário. A despeito de todo antagonismo histórico contido na história da imposição da socialização do valor, tal denominador comum torna-se visível nas grandes crises, e, em especial, nos limites do sistema. E, sob esse aspecto, cumpre pensar como um todo aquilo que se pertence mutuamente.

XV

Sob diversos ângulos de visão, o marxismo não representa a superação da destrutiva e esclarecida metafísica do valor do sujeito e da história, mas apenas o seu desenvolvimento posterior e sua ampliação. Como se sabe, o próprio Marx e ainda mais o assim chamado marxismo herdaram, em termos essenciais, a versão hegeliana ampliada da ontologia esclarecida do progresso, bem como da metafísica do progresso, para colocá-la supostamente de cabeça para baixo à simples maneira "materialista": a "necessária história do desenvolvimento" transmudou-se na história político-econômica dos "meios de produção" com os seus correspondentes modos de pensar (materialismo histórico). À reinterpretação materialista correspondia um prolongamento do construto do Esclarecimento: assim como a história necessária do desenvolvimento do espírito universal reconciliado consigo mesmo se transformou numa necessária história das forças produtivas e das relações de produção, o glorioso encerramento tinha de ocorrer, não na sociedade burguesa, senão que no "socialismo dos trabalhadores".

O marxismo postulava, a ser assim, tão só um "estágio objetivamente necessário de desenvolvimento", ulterior e adicional, o qual ainda deveria voltar-se ao estágio burguês, revelando-se como um mero apêndice vermiforme da metafísica esclarecida da história. É bem verdade que, vez ou outra, Marx caracterizou o socialismo/comunismo, não como o encerramento da história, mas, de modo justamente inverso, como aquele "fim da pré-história", cujo conceito pode fornecer o primeiro ponto de partida para uma crítica para além da ideologia esclarecida do progresso; mas, em Marx, tal formulação não corresponde exatamente aos momentos compatíveis com o pensamento esclarecido de sua teoria, os quais (sobretudo na forma do conceito de fetiche), por isso, tampouco são compatíveis com o materialismo histórico. Na forma fetichista do valor enquanto tal, em geral, não há nada de "material". Por isso, há que se falar de um "duplo Marx": um Marx "marxista" e "outro" para além do horizonte da filosofia burguesa do Esclarecimento.

À luz desse "duplo Marx", o materialismo histórico pertence, pois, inteiramente à tradição burguês-esclarecida, ao Marx consoante à modernização e ao movimento dos trabalhadores; e o mesmo vale, por conseguinte, para o conceito materialisticamente transformado de "progresso", o qual, no processo capitalista de modernização, serviu essencialmente apenas à função trabalhista-marxista de vanguarda (formulação da subjetividade jurídica e da cidadania universais).

Isso resultou, consequentemente, no parcialismo categorial do marxismo também em relação aos outros momentos da ontologia e da metafísica capitalistas; não somente no que diz respeito às objetivadas formas sociais de mediação do trabalho e do valor, mas igualmente no que tange à forma burguesa do sujeito, cujo acesso e decorrente reconhecimento social constituíram a verdadeira aspiração histórica do movimento dos trabalhadores. À guinada materialista da metafísica esclarecida da história correspondia, necessariamente, uma guinada materialista da metafísica esclarecida do sujeito (a saber, na forma da ideologia sociologista de classes), mas sem conseguir pensar a superação da forma histórico-social à sua base.

Logicamente, o marxismo só pôde debater a relação de gênero dentro dos quadros impostos pela forma burguesa do sujeito, para aí então dar cumprimento às "tarefas" já colocadas, mas não solucionadas, pela ideologia do Esclarecimento, isto é, como uma abstrata "questão de equiparação" jurídico--civil (análoga à lógica correspondente dos sujeitos assalariados masculinos), ao passo que, simultaneamente, a delegação dos momentos cindidos na "mulher" (a proletária enquanto "parturiente" de "soldados do trabalho") foi igualmente herdada da ideologia esclarecida, sob a forma de um materialismo biologista da relação de cisão por ela mesma encubado.

De uma maneira bastante similar se apresentava, pois, a relação marxista com o racismo e o colonialismo: também sob esse aspecto, o movimento dos trabalhadores herdou amplamente a ideia esclarecida da supremacia branca e da "missão civilizatória" do capital, meramente amenizada pela leve crítica aos "exageros" do horror colonialista. Assim, enquanto suposto coroamento da história humana do progresso, o sujeito do progresso histórico-metafísico rumo ao socialismo também só podia novamente ser, em princípio, um sujeito masculino e branco-ocidental.

À afeição pelas categorias capitalistas realistas, bem como dos fundamentos da ideologia esclarecida e da relação de cisão, tinha de corresponder uma afeição análoga pelas formas da reflexão teórica. Em sua crítica à economia política, Marx expôs com clareza o nexo categorial e o processo de reprodução do capital, mas, em primeiro lugar, limitando-se ao núcleo da relação do valor, sem levar em conta a dimensão da relação de cisão e sem o registro sistemático da forma política (no primeiro caso, por falta de compreensão, e, no segundo, por falta de oportunidade de elaboração). A exposição marxiana do colonialismo viu-se então obrigada a permanecer igualmente restrita, e, por isso, contraditória, já que incrustada na metafísica esclarecida do progresso.

Em segundo lugar, por isso mesmo, a forma de exposição é tal que pode ser lida, em termos positivos e lógico--identitários, simplesmente como uma totalitária teoria de sistema no sentido hegeliano, transformada materialística e político-economicamente, ao passo que a teoria negativa acerca da constituição do fetiche aparece, em certa medida, como uma espécie de "tiro pela culatra" (que, desde sempre, gera alguma estranheza ao pensamento dedutivo masculino-lógico-identitário). Com o desaparecimento desse corpo estranho, o marxismo atinente ao movimento dos trabalhadores pôde, por isso, acolher positivamente a teoria marxiana como código de conduta dentro do invólucro da forma valor, bem como da forma burguesa do sujeito.

Sob esse ângulo de visão, o marxismo mostrou-se, de modo particularmente coerente, um mero apêndice vermiforme da ideologia do Esclarecimento, na medida em que, enquanto sua "herança", colocou-se consequentemente sempre do lado da racionalidade sob a forma do valor ("razão"), e, justamente, de seu "progresso". Assim, a irracionalidade dessa relação esteve sempre fadada a ser uma irracionalidade cujas formas de pensar foram, externa e hostilmente, confundidas, em vez de se reconhecer o caráter plenamente imanente das ideologias subjetivístico-irracionalistas e suas consequências destrutivas. Na redução ao "racionalismo de interesses" supostamente sociológico na forma do valor, o pensamento marxista demonstrou-se, no que se refere ao conceito de razão esclarecido-capitalista, mais papal do que o Papa, haja vista que sempre intencionou "efetivar" os ideais burgueses e abstrato-universalistas (e, precisamente como tais, ilusórios, já que são segregantes e excludentes) em contraposição à irracionalidade ideologicamente alienada, visando compreender os movimentos de pensamento e as formas destrutivas de ação, análogos a essa desrazão objetivada da razão burguesa, como "traição" do mundo burguês em sua própria razão, em vez compreendê-los como sua consequência interna necessária (exemplarmente em Lukács, em seu escrito trivial sobre a suposta "destruição da razão").

O marxismo atinente ao movimento dos trabalhadores converteu-se, precisamente com isso, num marca-passo da ulterior história capitalista da modernização, já que parecia representar a pura forma lógico-identitária de agir e pensar da razão burguesa idealizada contra sua própria irracionalidade transbordante. Isso constituía sua força epocal enquanto a socialização do valor ainda se achava em ascensão histórica;

daí, porém, a sua caducidade ao final desse desenvolvimento imanente da relação do valor.

Tal como na ideologia esclarecida e, em geral, no efetivo processo do moderno sistema produtor de mercadorias, o movimento dos trabalhadores viu-se, pois, obrigado a reproduzir igualmente a cisão burguesa entre teoria e prática no modo de reflexão de um marxismo positivista. Seus representantes (em sua maioria, é claro, também empiricamente brancos e masculinos) cindiram-se, uma vez mais, em "homens de ação" e teóricos contemplativos. Os primeiros, conforme o modelo burguês e a lógica identificante do valor, dividiram a prática social em atuação econômica (sindicatos análogos à gestão empresarial,[13] convertidos, entretanto, numa de suas componentes) e atuação política (partidos atuando, de início, como aspirantes, e, por fim, também como parte integrante da classe política); os últimos desenvolveram e cultivaram um aparato conceitual marxista lógico-identitário no sentido da abstração do valor (sociologicamente reduzido e, por isso, mal percebido do ponto de vista imanente).

XVI

No decorrer do século xx, a concepção esclarecida da metafísica do sujeito e da história tornou-se cada vez mais frágil e quebradiça, mas sem se tornar positivamente solucionável a partir do terreno da socialização do valor e sua relação de cisão. Apenas a passagem rumo à crítica do valor permite que a superação dessa moderna forma de sociedade seja possivelmente pensada. Sob essa perspectiva, uma teoria de transição ou de charneira é formada, em especial, pela Teoria Crítica de Adorno. Sua reflexão coloca fundamentalmente em questão a forma burguesa do sujeito (para além da teoria de classes do marxismo consoante ao movimento dos trabalhadores, sociologicamente limitada) em dois momentos: por um lado, como forma de circulação da troca de mercadorias; por outro, como forma de pensar própria à lógica da identidade — pensada a

---

[13]Em inglês, no original, *Management*. [N. do T.]

partir de seu nexo com a primeira forma — na qual o mundo, reduzido abstratamente ao mesmo denominador e, portanto, violentado, é ao fim e ao cabo destruído.

Todavia, a crítica de Adorno à metafísica esclarecida do sujeito permanece a meio caminho, e isso sob três aspectos. Em primeiro lugar, essa forma de crítica é incompleta, porque se limita à forma primária de circulação (troca de mercadorias), sem analisar, conjuntamente e de modo sistemático, a forma de produção (trabalho) e a forma secundária de circulação (subjetividade jurídica, política), entendendo, assim, a forma negativa da totalidade do valor apenas no nível da circulação. Em segundo lugar, a crítica é igualmente incompleta, porque Adorno, apesar de todas indicações e enfoques dispersos, avança tão pouco quanto Marx em direção à forma superior da relação de cisão. Em terceiro lugar, por fim, ele chega inclusive a revogar sua crítica ao declarar justamente a mesma forma do sujeito de circulação, o qual, a seu ver, é o portador da destrutiva lógica da identidade, ao mesmo tempo como indispensável portador positivo da emancipação, o que, é claro, só pode representar uma ampliação e uma exageração da aporética ideologia do Esclarecimento, a qual se assenta, por sua vez, sobre a aporética estrutura realista do valor.

Da mesma maneira como em Adorno a abolição da metafísica esclarecida do sujeito permanece incompleta, e, no final das contas, malograda, assim também se dá, em sua teoria, com a metafísica esclarecida da história. Adorno não dissolve o construto histórico-metafísico, senão que o leva simplesmente adiante com sinais trocados: em substituição ao otimismo esclarecido da história, surge o correspondente pessimismo histórico. A história do progresso transforma-se, então, numa história do declínio, justamente porque a abolição da forma burguesa do sujeito não é lograda.

Isso ocorre em dois níveis, os quais cumprem ser claramente diferenciados e que permitem reconhecer o duplo parcialismo de Adorno, ainda não resolvido de modo consequente, tanto em relação à filosofia do Esclarecimento quanto no que tange ao marxismo do movimento dos trabalhadores. A saber, de um lado, no metanível da ontologia supra-histórica e antropológica; aqui, a abolição do ser humano da "primeira natureza", de conotação tradicionalmente feminina, aparece malograda em seus fundamentos, na medida em que se transmuda na "segunda natureza" das relações de dominação (controle destrutivo sobre a natureza e domínio do ser humano sobre os seres humanos). Com isso, a história converte-se, em geral, numa história da fatalidade, a qual ameaça terminar com uma recaída na "primeira natureza". Isso também poderia ser lido, no entanto, com a ênfase de que o sujeito "masculino" e abstrato-universal do valor acaba por resvalar, tanto quanto possível, no "feminino" apego à natureza, surgindo, portanto, como terror do sujeito burguês do valor face às suas próprias consequências.

Por outro lado, Adorno também pensa essa mesma história do declínio no nível da ontologia capitalista histórica. Aqui, a "realização da filosofia" parece-lhe malograda, o que não significa outra coisa senão que os potenciais supostamente emancipatórios (e, em certa medida, alucinados) da ideologia do Esclarecimento — à qual, a despeito de todas as suas provas contrárias, ele mesmo se agarra — teriam, infelizmente, fracassado do ponto de vista prático, podendo ser apenas melancolicamente lembrados ("rememoração").[14]

Paradoxalmente, no que concerne à teoria (em contraposição à equivocada, maquiada e, por isso mesmo, desesperada e aparente solução de Adorno), foi justamente a maneira de refletir completamente lógico-identitária do Esclarecimento e do marxismo — a qual não tinha, por assim dizer, de "realizar-se" enquanto "filosofia" e que, portanto, estaria fadada ao fracasso — que, de fato, "realizou-se" real e destrutivamente como processo de imposição da socialização do valor e como relação de cisão, ou seja, de modo negativo.

No que diz respeito à qualidade de portador dessa emancipação supostamente perdida, segundo Adorno, teria sido o movimento dos trabalhadores o "verdadeiramente" convocado

---

[14]No original, *Eingedenken*. [N. do T.]

com vistas a isso, isto é, a fim salvar e "realizar" os conteúdos hipoteticamente libertadores do sujeito burguês da circulação (que, de fato, são o contrário da libertação) mediante sua generalização transcendente; ele teria, entretanto, falhado neste seu ofício, de sorte que a possibilidade histórica se viu, no fundo, desperdiçada. Mas, em verdade, o movimento dos trabalhadores realizou sua ocupação vocacional, limitada à socialização do valor, e, justamente por conta disso, terminou por se extinguir.

Assim, tanto sob a ótica do Esclarecimento quanto em termos do movimento marxista dos trabalhadores, Adorno permanece atado à metafísica da história, mantida apenas negativa e pessimisticamente às avessas. Pois, na história da "fatalidade" consoante a uma abolição malograda da "primeira natureza", à qual ele reduz, no fundo, a inteira história pré-moderna da humanidade, teria sido apenas o nascimento precisamente do sujeito do valor, do sujeito lógico-identitário da circulação (cujo *alter ego* do sujeito do trabalho permanece implicitamente pressuposto na inconfessa ontologização) que teria oferecido uma possibilidade para deter o curso de tal fatalidade — enquanto que tal nascimento, em realidade, acabou por acelerá-lo e levá-lo ao seu ponto culminante, mesmo do ponto de vista imanente, isto é, no sentido do construto histórico de Adorno.

E, na medida em que ele mal compreende, do ponto de vista ideológico, a luta do movimento dos trabalhadores por reconhecimento na forma burguesa do sujeito, como esse próprio movimento, enquanto possível transformação emancipatória, visa a algo para além da socialização do valor, a sua eclosão tal como efetivamente se deu (ainda assim, rudimentarmente refletida), deve ter sido, a seu ver, uma recaída no curso já traçado da fatalidade. Esclarecimento, sujeito burguês da circulação e movimento dos trabalhadores teriam sido, pois, em certa medida, apenas uma pausa ou uma indeterminabilidade temporária em tal curso. Uma "ortodoxa" comunidade de adornianos que permanece assentada nesse patamar reflexivo já não pode, logicamente, pensar no futuro e tampouco livrar-se efetivamente do marxismo consoante ao movimento dos trabalhadores, mas apenas continuar tramando-o negativamente às avessas, para, enfim, nos limites históricos da relação do valor (e face aos processos forçados de destruição a ela ligados), incidir uma vez mais e de imediato na ideologia do Esclarecimento, colocando-se, com isso, aquém do patamar reflexivo do próprio Adorno.

XVII

Paralelamente à reflexão de Adorno, desenvolveram-se duas ramificações da formação de teoria que buscaram transformar a obsolescência da metafísica da história e do sujeito, de uma maneira, sem dúvida, essencialmente mais afirmativa que a daquele. O estruturalismo (Lévi-Strauss, Barthès, Lacan etc., e, na versão marxista, Althusser) e a teoria dos sistemas (Luhmann) liquidaram a ilusão consoante ao sujeito do pensamento esclarecido, mas apenas no intuito de reformular e dar continuidade à objetividade cega da socialização sob a forma do valor, quer dizer, o outro polo da mesma forma de agir e pensar. O próprio pensamento do Esclarecimento havia circunscrito a autonomia do sujeito, e, com ela, sua potencialidade histórica, estritamente nos quadros, duros como aço, de uma objetividade irrefletida, a qual fora, sem mais, igualada à "natureza" e à legalidade natural. Justamente aí se revela a aporia desse pensamento, a conversão imediata da autonomia em heteronomia, da liberdade em imposição da necessidade. As supostas liberdade e autonomia eclodem, pois, como instinto latente de uma "segunda natureza" irracional, de uma pseudonatureza da forma social ontologizada, a qual, por sua vez, é ideologizada como parte integrante da primeira natureza.

O estruturalismo e a teoria dos sistemas, esta última, inclusive, remetendo diretamente à biologia teorética (H. Maturana), levam adiante esse naturalismo equivocado do histórico-social de uma maneira forçada. O pensamento esclarecido não é superado, senão que sua aporia é meramente ofuscada mediante um unilateralismo objetivístico. O ilusório sujeito autônomo é destronado tão somente com o propósito de celebrar a objetividade quase naturalística, dada e concebida desde o início, numa apoteose mais árida, impiedosa e "liberta" das emoções ideológicas da história de imposição — mas, isso já seria dizer mais do que o necessário, pois meros contadores[15] de uma facticidade ciberneticamente atuante não podem enaltecer mais nada, senão que, no melhor dos casos, tal como Luhmann, exibir uma certa lucidez sardônica.

A aporia entre sujeito e objeto atinente ao pensamento esclarecido é totalmente reenviada ao objeto, o qual, a contrapelo do naturalismo abstrato do Esclarecimento, refina-se em certa medida num movimento estrutural e sistemático que termina por ocupar o lugar do sujeito da história até então existente. O suposto triunfo estruturalista e teórico-sistemático sobre a metafísica e a ideologia subjetiva do "antigo pensamento europeu" revela-se um mero acabamento da história de sua vulgarização positivista, na qual ele se reencontra consigo mesmo.

O até então enfático sujeito masculino da história deixa de lado as bandeiras e emblemas apodrecidos de sua liberdade, para contemplar, como uma espécie de analista social autômato, sua própria miséria nos "processos de informação" das máquinas sociais. Com isso, Althusser remete involuntariamente o conceito de luta de classes ao seu conceito imanente, enquanto mero processo estrutural apetrechado com atores-de-execução mecânicos. E, acerca do movimento de 1968, Lacan deve ter dito: "Foram as estruturas que saíram à rua".

Com esse autodesmanche do sujeito branco-masculino do Esclarecimento, tanto na sua forma de teórico contemplativo quanto na figura do homem de ação (os imperativos do sistema, cibernéticos e privados de sujeito, devem ser, por um lado, apenas constatados, e, por outro, levados a efeito), a subjacente relação de cisão sexual não é, por exemplo, denegada, mas, ao contrário, tal como a forma do valor, é definitivamente apagada enquanto objeto específico: dissolve-se no nexo abstrato de relações do sistema como uma estrutura em meio a outras estruturas. Sob esse aspecto, todos os gatos são pardos e todas as contradições emergentes são sempre niveladas na mesma afirmativa lógica cibernética; levada à perfeição por

---

[15] No original, *Buchhalter*. [N. do T.]

Luhmann enquanto tratamento sucessivo e completo dos "âmbitos" da mesma conceitualidade árida e tautológica: o casal de namorados e, em geral, as relações de gênero concebidas como "sistema" e "subsistema", tal como "a economia", "a cultura", "a religião" etc.

Junto com o enfático conceito de sujeito autônomo, também desaparece, necessariamente, aquele que diz respeito à história. A historiografia[16] dissolve-se na atemporalidade de uma lógica abstrata e englobante do sistema e da estrutura, a qual dirige a natureza e a sociedade de acordo com uma legalidade eterna. As mudanças já não se apresentam como história feita pelos seres humanos, mas como a assim chamada "diferenciação" das lógicas estruturais, ou, melhor dizendo, da "autopoiesis" das conexões do sistema. As crises não são percebidas como limites de uma formação histórica, mas enquanto "disfunções" e "curtos-circuitos" nos processos de diferenciação, podendo os indivíduos vivenciá-las somente como um tipo social de paramécio.

No lugar da crítica que se legitima historicamente, surge o dar de ombros do cibernético socioteórico. Com isso, chega-se ao estágio final do teórico contemplativo, bem como do homem de ação. O rastro é eliminado, sendo que o conceito criticável do valor ou do movimento capitalista de valorização desaparece, ao final de sua história de imposição, no nirvana a-histórico da forma de um "sistema em geral" e de sua "estruturalidade em geral".

XVIII

Essa penúltima forma de declínio do pensamento esclarecido é de tal maneira insatisfatória e reveladora, que se viu obrigada a engendrar uma última forma subsequente na figura das assim chamadas teorias pós-modernas ou do "pós-estruturalismo", nas quais a desesperação da modernidade produtora de mercadorias é aparentemente solucionada com tranquilidade, ainda que se trate, em certa medida, de uma

---

[16]No original, *Historie*. [N. do T.]

tranquilidade precária. Uma vez mais, foram antes de mais nada teóricos franceses (seguindo crítica e imanentemente o estruturalismo), tais como Lyotard, Derrida e, em especial, Foucault, que tentaram superar, com distintas acentuações e mediante materiais históricos e contemporâneos amplamente variegados, a monotonia e a esterilidade estruturalistas, sem entretanto recorrer à relação subjacente da forma social do valor e da cisão, e, desse modo, sem reformular a questão acerca da crítica radical. Ao contrário, a pós-modernidade e o pós--estruturalismo pressupõem positivamente o desaparecimento sistemático-teórico-estruturalista da determinação especificamente histórica da forma e do sujeito, para se reposicionarem diante desse pano de fundo, e, de certa maneira, para se tornarem supostamente atuantes, uma vez mais, sobre esse solo afirmativamente pré-demarcado.

Justamente nisso consiste o ponto de convergência desses pensamentos, o qual, na maioria das vezes, é contestado pelos seus receptores, porque não percebem, em absoluto, o sistema comum de referência enquanto tal — de tão massiva que foi, em geral, a eliminação da colocação mesma do problema. Junto com o marxismo consoante ao movimento dos trabalhadores, sociologicamente restrito às classes, a crítica marxiana da forma e do fetiche, totalmente incompreendida, também foi há tempos encoberta e erroneamente jogada na mesma panela. A reflexão sistemática e teórico-estrutural acha-se, a ser assim, no mesmo nível de abstração que o "outro" Marx, mas de uma maneira historicamente esvaziada, formalmente acrítica e, portanto, afirmativa.

Ainda mais que a mais ordinária ideologia arquiburguesa, o inteiro "pós"-pensamento pressupõe as categorias do sistema produtor de mercadorias como um fundamento natural da existência; no entanto, não mais de maneira explícita, porque já se acha para além da história reflexiva e impositiva, senão que apenas de modo implícito. O estruturalismo e a teoria dos sistemas já haviam trabalhado justamente nesse sentido. O sujeito é então "recuperado"[17] numa forma reduzida e mutilada, mas o mesmo não se aplica à história.

Depois que a forma social, e, com ela, toda crítica e análise da formação social, desapareceu da reflexão, sobrevive como substrato a-histórico uma ontologia positivista do "poder" (Foucault), ou, então, uma ontologia igualmente positivista do "texto" (Derrida), cujo caráter ontológico já não é mais percebido por seus protagonistas enquanto tal, porque é estabelecido infundadamente como axioma, e, a ser assim, sem constituição (precisamente: de modo a-histórico). Liberta de sua determinabilidade restritiva, os conceitos de poder, de texto, ou, ainda, de "intertextualidade" (Julia Kristeva) transformam-se em sinônimos da totalidade indeterminada da realidade social.

Esses construtos de poder e texto, que na recepção se esvaem um no outro, permanecem, enquanto construtos a-históricos, explicitamente limitados do ponto de vista fenomenológico. Sua determinação indeterminada forma apenas uma nomenclatura geral, com vistas a um caleidoscópio de aparências, cuja essência não deve mais ser nomeada. Se o estruturalismo e a teoria dos sistemas ainda se viam obrigados a insistir no problema da forma, à época já esvaziado em termos históricos, quando então ruminavam afirmativamente a legalidade lógica supostamente intransponível dos contextos privados de sujeito, os "pós"-teoremas simplesmente rechaçam esse ominoso nível do problema, na medida em que denunciam a própria colocação do problema como "universalismo" e "essencialismo" improcedente ("macroteórico").

Seu olhar volta-se, em vez disso, para o tumulto interno aos limites sociais, que já não são percebidos enquanto tais. Por isso, a falsa crítica pós-moderna ao universalismo não atinge, em absoluto, a exigência totalitária da forma do valor, a qual penetra, antes do mais, cegamente em seus pressupostos (apenas as teorias universalistas são criticadas, mas não o objetivado e negativo universalismo realista consoante à forma capitalista

---

[17]No original, *zurückgeholt*. [N. do T.]

de troca e reprodução, que subjaz a todas teorias modernas); 75
a interpretação culturalmente limitada deve explicar as meras
aparências no interior da forma vazia (sistematicamente ofuscada) a partir de sua própria essência, simulando, com isso,
uma variedade de cores da vida democrática sobre o cinzento
pátio do quartel e nos porões de tortura do terror econômico.

Essas tendências nitidamente afirmativas, e há muito pre-
dominantes no pós-modernismo, ao flanquearem a ideologia
neoliberal da globalização capitalista, abandonam, com efeito,
as intenções originais da posição pós-moderna, mas, apesar
disso, são consequentes. Pois, enquanto em Foucault, Kristeva
etc. empreende-se uma análise do racismo e da construção
da alteridade, tal empreendimento, embora torne visíveis os
mecanismos superficiais da exclusão, é incapaz, por falta de
um conceito crítico da totalidade formal, de relacioná-los com
seu fundamento social, o qual permanece sistematicamente
ofuscado.

Poder e texto formam, pois, a objetividade fluídica, constituindo, digamos, o eterno fluido ou éter de todas relações
sociais, um meio ou complexo de meios não determinável, no
qual se sucedem constelações em permanente mudança. Mas,
conforme seu próprio conceito, esse texto-poder remete, ao
mesmo tempo, à subjetividade; constitui, em certo sentido, o
par sujeito-objeto — pertencente, não mais a uma história (tal
como o proletariado, em Lukács), mas a uma "facticidade"[18],
na qual os indivíduos tecem o poder e reescrevem o texto sem
serem, eles mesmos, poder e texto. O fetichismo da modernidade, junto com seu terror econômico e sua forma política
de administração humana, converteu-se de objeto criticável
na eterna água da vida em que nada o sujeito. E o faz como
sujeito desarmado e reduzido, porque, agora, na qualidade de
razão, já não vigora como um empreendedor da forma, e, por
conseguinte, da história, senão que como um ser que apenas
recorta e cola as constelações da facticidade a-histórica. E é
somente nesse contexto da redução e do desarmamento teórico

[18]No original, *Jeweiligkeit*. [N. do T.]

que se encontra, pois (e cada vez menos), uma análise crítica do sexismo, do racismo e assim por diante.

Há, aqui, um certo ponto de contato entre as teorias pós-modernas, pós-estruturalistas e Adorno, ainda que isso não represente, nem de longe, uma harmonia. Também Adorno não havia evocado o sujeito do valor em sua ênfase originária, senão que o havia conservado enquanto portador da emancipação a fim de denunciá-lo, ao mesmo tempo, como portador da destruição lógico-identitária global. De certa maneira, esse sujeito burguês, certamente podado, assemelha-se ao sujeito pós-moderno, de sorte que o Foucault da maturidade podia, não sem razão, referir-se positivamente à teoria de Adorno. Mas, neste último, a aporia de tal sujeito surge com toda sua dolorosa agudeza, de modo que os animadores pós-modernos e pós-estruturalistas do sujeito tencionam, por assim dizer, escapar furtivamente a essa aporia em termos pragmáticos.

Não por acaso, nesse contexto, estabeleceu-se o conceito de "jogo". O "jogo dos sinais" constitui, a um só tempo, o "jogo dos sujeitos"; mas que já não existem como tais; isto é, trata-se, antes do mais, de um "jogo com o subjetivo" que já não é compreendido como uma abrangente autoconsciência social. Mas, justamente por isso, tal conceito de jogo não contém nada de emancipatório a contrapelo da seriedade burguesa própria à relação de valor e cisão, ainda que esta seja cegamente pressuposta, senão que apenas revela o modo como o sujeito burguês, ressurgindo indefesa e reduzidamente, é vitimado pela senilidade, tornando-se infantil. Precisamente por não mais querer e ser incapaz de pensar a seriedade da forma do fetiche e de seus imperativos repressivos, termina por admitir sua própria falta de seriedade. O jogo no texto eterno e com o eterno poder, o qual não possui mais nome histórico, restringe-se à fenomenologia das coisas, ao *habitus* da pessoa como máscara do valor. A máscara do sujeito do valor, que se converteu em história, dança um baile de máscaras secundário, no qual, piscando os olhos, finge possuir a soberania presunçosa que possuía outrora, mas sempre flertando, de fato, com o comércio.

Não é, de modo algum, acidental o fato de as "pós"-

-teorias recorrerem, em sua totalidade, ao ramo romântico-
-irracionalista e existencialista das teorias burguesas da história,
e, em especial, a Nietzsche e a Heidegger. O momento subjetivista já não é mais aparente e exteriormente contraposto
ao momento objetivista, mas, de antemão, a ele mesclado. A
superioridade da objetividade enquanto "sistema" e "estrutura"
é, desde logo, reconhecida e pressuposta, sendo que o subjetivismo burguês só pode retornar de modo mais reduzido. Por
isso, suprime-se igualmente a heroização da própria miséria da
forma (a qual é tomada mais e mais por algo intransponível);
o que resta é a sua estetização (pós-moderna). Desgarrada da
mistificação e da auto-heroização das épocas da história da
imposição, essa autoestetização do sujeito do valor só pode, ao
final de seu desenvolvimento, constituir uma autoestilização
superficial, a qual se caracteriza, de igual modo, pelo tédio e
pelo medo.

Nesse "jogo", o que há de lúdico é apenas a falta de independência em relação ao cego movimento do objeto, pois, para
além disso, aqueles que jogam com o sujeito acabam sendo
atraídos por uma obstinação crescente, a qual não mais condiz,
em absoluto, com suas atividades suicidas típicas de lemingue;[19]
quanto mais irreais forem o sujeito e sua vontade, ainda mais
obstinados eles serão. Aquilo que o jogo dos bailes de máscaras ainda pode conter em termos de possibilidade social de
acesso e mudança parece ser um tanto insignificante, mesmo
na terminologia dos "pós"-teoremas: aqui, fala-se apenas de
um "deslocamento" dos alicerces do texto e das constelações
do poder, ao passo que o todo social tornado conceitualmente
vazio permanece tabuizado. Mas, mesmo a ideia demasiadamente modesta de "deslocamento" dos blocos de construção
no "jogo" das estruturas constituídas pelo valor deve aparecer,
devido às "possibilidades de configuração" efetivamente restantes, como exagerada e realmente prepotente. Quanto mais

[19]No original, *lemmingartig*. Neologismo referente aos lemingues, roe-
dores que habitam as pradarias árticas e que, segundo a lenda, suicidam-se
coletivamente como parte de um mecanismo natural de autorregulagem.
[N. do T.]

os "pós"-teoremas palavreiam acerca de um sistema aberto e anárquico, tanto mais desesperadamente o totalitarismo da forma do valor encerra-se numa crise.

O feminismo, seguindo fiel e bravamente o trilho do mundo acadêmico da ciência e da teoria, oficialmente masculino, participou em grande parte do desenvolvimento do estruturalismo rumo ao pós-estruturalismo. Já que também não lhe foi dado lograr, por falta de um conceito crítico da relação do valor ou do sistema produtor de mercadorias, uma concepção satisfatória da relação de cisão, a análise teórica do sexo social, tal como todas as outras problematizações, limita-se igualmente ao nível de aparência empírico-sociológico (e a cisão, por seu turno, ao nível estrutural e semiológico); exposta na falsa e a-histórica ontologia do poder e do texto, na qual a causa efetivamente lógico-histórica da assimetria entre os sexos na modernidade permanece fatalmente ofuscada.

A mera desconstrução do gênero no nível semiológico, que ocupou o lugar da emancipação da opressão sexual, termina por aderir, assim, à arbitrariedade geral do "jogo" pós-moderno sob a capa tabuizada da relação do valor e da cisão; a habitual superficialidade das pretensões por parte de um "deslocamento" das constelações no interior do texto-poder aparece literalmente, e justamente nesse sentido, como baile de máscaras dos signos sexuais (como, por exemplo, na afamada teoria de Judith Butler). Exatamente porque a relação de cisão forma a relação global e abrangente da socialização do valor, o reduzido caráter decadente do sujeito "ressurgido" na ideologia pós-moderna, o qual não se leva mais a sério, torna-se particularmente claro no tratamento das questões de gênero.

XIX

Com o pós-estruturalismo, a história burguesa-marxista da teoria, emergente da ideologia do Esclarecimento, esgotou-se em definitivo; assim como a capacidade social de reprodução do moderno sistema de produção de mercadorias e as formas, nele incluídas, de subjetividade do trabalho, da circulação e do direito. Os pensadores contemplativos já não podem seguir pensando, porque os homens de ação não podem mais continuar agindo. Aquilo que ainda pode incorporar-se ao secundário e pós-moderno baile de máscaras formado pelos disfarces característicos do valor, literalmente encarnados, já não constitui nenhuma reflexão conceitual promissora. É impossível, mesmo incorporando positivamente essa história da teoria, repensar e acompanhar efetivamente aquilo que se desprende da lógica da identidade, o que não é absorvido por sua conceitualidade.

Aquilo que, como grito de guerra de Lyotard, parecia evocar uma vez mais a sombra da emancipação ("guerra ao todo, ativemos as diferenças" e assim por adiante), viu-se obrigado a terminar numa lastimosa capitulação, diante do pano de fundo formado por uma teoria ontológica cuja estrutura é plenamente esvaziada em termos conceituais, históricos e subjetivos. Quando nem mesmo o nome do todo pode ser denominado, como um fruto do devir histórico, a palavra de ordem "guerra ao todo" não passa de embuste. Com isso, não se atinge o efetivo princípio repressivo da forma fetichista do valor nem se descobre e se considera, nas coisas e nas relações, aquilo que não é absorvido pelo totalitarismo ínsito a tal forma. Em vez disso, ativam-se apenas aquelas "diferenças", as quais não passam de um sem-número de aparências do todo negativo, do "Uno" secularizado da ontologia capitalista. Aquilo que é então ativado, a despeito de toda intenção criticamente contrária à dominação, ascende, em última análise, rapidamente à condição de vestimenta culturalizada da concorrência aniquiladora e promotora de crises.

Do ponto de vista teórico, o que temos em mãos é apenas um desenvolvimento posterior, sem energia e imaginação, das "pós"-teorias nos diversos campos informacionais e acadêmicos da escrita folhetinística, da sociologia, da ciência política e assim por diante. Para além da moderna história da teoria, o jornalismo e a ciência acadêmica já não podem formular nenhuma pretensão própria, mas apenas se servir ecleticamente das ruínas do enorme e demolido edifício formado pelos trezentos anos de história ocidental do espírito, para com elas restaurarem emergencialmente seus lastimosos refúgios intelectuais, na derradeira e glacial era do pensamento moderno. Fórmulas vazias e tautológicas, tais como, por exemplo, a "modernização da modernidade" (Ulrich Beck), ou, então, a "democratização da democracia" (Helmut Dubiel) falam sobre uma ausência insuperável de conteúdo, tal como aquela que há muito atingiu, igualmente, a assim chamada política. Nos insípidos e entediantes discursos sobre uma "ética pragmática" completamente inconsequente (comunitarismo, sociedade civil etc.), que se arrastam como produtos estragados do positivismo, o esvaziado conceito burguês de razão é absurdamente revolvido de um lado para o outro.

No lugar da reflexão aparece mais e mais a "ajuda de vida" intelectual ao sujeito dessubjetivizado do valor, que se aniquila na concorrência universal. E, depois que a opositora forma imanente e romântico-existencialista do pensamento dominado pela constituição moderna do fetiche dissolveu-se na arbitrariedade pós-moderna, ela se transforma num esoterismo vulgar igualmente eclético. Porque tudo resulta, de qualquer modo, numa só e mesma coisa; os desapetitosos produtos finais da razão e da contrarrazão acham-se pacificamente uns ao lado dos outros nas prateleiras do hipermercado intelectual. O pragmatismo racional do valor e a vidência supersticiosa crescem juntos, porque pertencem um ao outro.

Sempre que o secundário analfabetismo intelectual — o qual, balbuciando, elogia a eternidade e a inevitabilidade do mercado mundial — remete-se ao Esclarecimento, isso se dá com toda razão de ser, porque ele mesmo constitui, de fato, o atual estado do Esclarecimento e, ao mesmo tempo, seu derradeiro estado. Por um lado, essa invocação assume traços nostálgicos, quando, por exemplo, um pensador estadunidense, que se faz notar apenas em função de uma loquacidade peculiar, reivindica "o segundo Esclarecimento" (Neil Postman) no intuito de curar, a partir de sua própria raiz, a atual e ainda constatada idiotia mundial burguesa. Por outro lado, em vista das crescentes e catastróficas ondas de crise, a frase esclarecida é depurada de todo conteúdo e convertida numa adoração suplicante do aparato democrático de dominação; a ponto de tornar-se um debate "racionalmente" reflexivo sobre a tortura. Assim, por fim, um fanatismo regressivo e autista termina por substituir a curandice espiritual dos ecléticos, tardios e pós--esclarecidos falastrões e milagreiros.

A vulgaridade da algazarra ocidental em torno do valor torna-se militante. Assim é, por exemplo, que um bombástico e democrático filósofo francês reivindica a "guerra em nome do Esclarecimento" (Bernard-Henri Lévy) e estabelece, com isso, o modelo para toda *intelligentsia* preexistente da esquerda, a qual se sufoca, por assim dizer, com as casacas vazias das palavras de sua história do espírito, para então cuspi-las como uma aniquiladora chuva de fogo sobre o mundo. Na "guerra santa", na cruzada contra seus próprios desvarios, num mundo por ele mesmo devastado e barbarizado mediante o terror econômico, o espírito destruidor do Esclarecimento só pode assumir a forma dos aviões de combate norte-americanos.

XX

A cada novo tranco da crise capitalista mundial, que já não pode contar com qualquer estabilização mediante um novo modelo de regulação, senão que deixa o sistema global desabar em plena queda livre no século XXI, as manifestações teóricas, informacionais, políticas, sociais etc. tornam-se cada vez mais monótonas e monossilábicas. No sucessivo ocaso mundial da ontologia capitalista, o secularizado "Uno" metafísico, o divino nada do valor produz uma "*coincidentia oppositorum*": não só esquerda e direita ou progresso e reação coincidem imediatamente entre si, mas, sobretudo, ser e nada, verdade e irracionalidade, crítica e afirmação.

Porque a crítica esclarecida consistia, segundo sua essência, na autoafirmação da forma destrutiva e burguesa do sujeito mediante seu processo de desenvolvimento histórico, ela se extingue factualmente diante de nossos olhos junto com seu objeto. Na mesma medida em que todo e qualquer pensamento se retira em fuga desenfreada rumo às últimas e mais remotas guaritas da filosofia do Esclarecimento, ele deixa de ser, em realidade, pensamento. O espetáculo de um redescobrimento militante dos valores ocidentais, como se a história da reflexão dos últimos 150 anos, refém de seu objeto, sequer tivesse existido, não tem, porém, nada de trágico em si, e nem mesmo algo risível; é pura e simplesmente asqueroso.

Nessa última mutação, a qual dá à luz o monstro violento da autoaniquilação democrática e global, o que se faz valer é apenas a "necessidade ontológica", expressa num gemido inarticulado e maléfico, do próprio sujeito burguês, o qual, depois de sua morte natural, continua a assombrar como zumbi do Esclarecimento — e justamente em supostos críticos da ontologia em geral, adornianos e pós-modernos, na medida em que passaram a integrar a comunidade democrático-ocidental de aniquilação mundial. Se o solo ontológico sobre o qual a falsa crítica da ontologia pôde resistir, sem livrar-se da forma burguesa do sujeito, começa realmente a vacilar, então a reflexão meramente culta evapora-se com os históricos idiotas da modernização. A denunciatória desmesura com que é solicitada a deferência ao cadáver do pensamento esclarecido, o qual já nem fede, dá provas de sua própria falsidade.

Só o que salva, agora, é rechaçar factualmente a falsa ontologia positiva da modernidade e de sua forma subjetiva, e, depois, queimar os navios, haja vista que não pode haver nenhum retorno à terra natal e à segurança ontológica do Esclarecimento. A negatividade da crítica emancipatória só pode completar-se quando essa ilusão for abandonada.

ONTOLOGIA NEGATIVA
Os obscurantistas do Esclarecimento
e a moderna metafísica da história

> Se fosse de algum modo possível, a ontologia seria ironicamente factível como quintessência da negatividade [...]. Caso tencionássemos elaborar uma ontologia e fiar-nos, com isso, no fundamental estado de coisas, cuja repetição o tornaria uma invariante, isso seria o horror [...]; bom, é só isso o que escapou à ontologia.
>
> Theodor W. Adorno, *Dialética negativa*

A LIBERTAÇÃO PRECISA ser repensada. Depois do fim do socialismo e do marxismo consoante ao movimento dos trabalhadores, a maioria dos teóricos e teóricas de esquerda, que ainda se querem enquanto tais, põe-se totalmente de acordo em relação a esse postulado abstrato. Mas, tão logo o novo supostamente em questão deve ser determinado com maior acuidade, este vem à tona, frequentemente, não apenas como o antigo em nova roupagem, senão que, sobretudo, como o que há de mais velho no antigo; a saber, como regresso à filosofia burguesa do Esclarecimento, àquilo que precede o marxismo, em vez de tentar ultrapassá-lo.

Por certo, já o marxismo consoante ao movimento dos trabalhadores em todas as suas variantes, por conta de sua forma do sujeito e dos interesses, ligada ao moderno sistema de produção de mercadorias, permanecera refém do pensamento esclarecido burguês; mas, ao mesmo tempo, havia criticado-o de fio a pavio enquanto pensamento burguês, ainda que de uma maneira reduzida ao ponto de vista sociológico das classes, sem atingir, pois, uma crítica categorial da modernidade. Mediante sua teoria transitória, Adorno chegou a ultrapassar parcialmente essa limitação, na medida em que abandonou o quadro sociológico de referência ("baseado em classes") e criticou o Esclarecimento a partir de seu caráter lógico-identitário e autodestrutivo, sem entretanto conseguir levar essa crítica a bom termo. É justamente isso que por ora se coloca, mas tal é precisamente a tarefa denegada por todos em todas as esferas. Independentemente de qual cocheira da esquerda eles provenham, os portadores da crítica de renome feita até então acovardam-se diante desse problemático obstáculo, tal como cavalos em disparada.

E, em seu pânico equino, galopam todos juntos de volta ao século XVIII, como se a limitada crítica marxista do pensamento esclarecido nunca tivesse existido. De modo febril, as mais antigas frases da constituição capitalista são então balbuciadas, como se tratasse das mais recentes e excitantes descobertas da crítica radical do capitalismo. Há algo de fantasmagórico no modo como a remanescente *intelligentsia* de esquerda rivaliza com os linhas-duras capitalistas, no intuito de descobrir quem pode clamar mais alto os elementos essenciais da ideologia do Esclarecimento, há muito tornados frívolos e insípidos. Em que deverá então consistir a discussão, se de ambos os lados são evocadas as mesmas palavras de ordem? Ao que tudo indica, não se trata mais de algo fundamental, em que pese o fato de que, ao mesmo tempo, a crise mundial do sistema produtor de mercadorias ache-se em ebulição e em chamas.

Em todo caso, a libertação não é repensada nesses termos. Em primeiro lugar, um pensamento que queira fazer jus a essa tarefa precisa, ele mesmo, livrar-se do assim chamado Esclarecimento. Isso não será logrado num único e súbito movimento, mas, para tanto, são necessárias justamente duas, três, enfim, diversas investidas. Em vez de ruminar disparatadamente os conceitos do pensamento esclarecido, sedimentados nos modernos edifícios teóricos, a crítica deve, antes do mais, sacudi-los e jogar seus invólucros vazios, há muito ressecados, na lata de lixo da história do espírito.

ROBERT KURZ

O INDIVÍDUO ABSTRATO NO UNIFORME DA ASSIM CHAMADA SUBJETIVIDADE

O pérfido caráter ofuscante da ideologia esclarecida torna-se atuante justamente ao invocar, de modo permanente, a "autonomia" e a "liberdade" do "indivíduo", reclamando-as exclusivamente para si. Essa apoteose burguesa da individualidade, na qual o próprio Adorno e os posteriores adeptos de uma equivocada ortodoxia adorniana se deixaram enredar, ao menos no sentido de um "ideal" burguês, sempre foi legitimada de uma dupla maneira: por um lado, contra todas as sociedades agrárias, integralmente desqualificadas, que remetem às relações pré-modernas; por outro, contra o absolutismo burguês consoante ao próprio despertar da modernidade, bem como contra os regimes nacional-totalitários da história da imposição do capitalismo no século xx.

Se na ideologia polemicamente agudizada do Esclarecimento as formas pré-modernas do fetiche são, *a priori* e sem qualquer investigação concreta, denunciadas como mero espanto em relação a uma suposta "inclinação à natureza", elas surgem, ao mesmo tempo, como uma bovina estrutura-de-rebanho[1] apática da sociedade, a qual não teria admitido nenhuma espécie de individualidade. Essa caricatura serve única e exclusivamente para desviar o fato de que a própria modernidade produtora de mercadorias constitui uma sociedade fetichizada, aliás, pela primeira vez, uma sociedade totalitária, cuja exigência impõe aos indivíduos, com uma violência maior do que nunca, uma forma unitária: o "uniforme" do sujeito do trabalho, do dinheiro e da concorrência.

A individualidade existiu em todas as sociedades históricas, haja vista que, com a segunda natureza, uma relação do ser humano particular com uma dada forma social é, em si e de antemão, estabelecida, coincidindo, portanto, com o próprio tornar-se humano.[2] Por isso, o ser humano particular também

[1] No original, *Viehherden-Struktur*. [N. do T.]
[2] No original, *Menschwerdung*. [N. do T.]

ONTOLOGIA NEGATIVA

tinha de ser percebido enquanto tal e possuía, pois, suas respectivas margens de manobra, ainda que tal individualidade se manifestasse de maneiras distintas conforme a mediação com as diferentes relações de fetiche da constituição social. A tensão entre indivíduo e sociedade deixa-se demonstrar, por isso, em todas as partes, a partir de sua expressão cultural. O próprio conceito de "indivíduo" origina-se, com efeito, na Antiguidade (e de modo algum surge como protótipo do moderno conceito de individualidade); do mesmo modo, nas civilizações agrárias da assim chamada Idade Média, o conceito de criatura humana individual (*individuitas*) mostra-se de maneira variegada. O mesmo vale para as sociedades extraeuropeias pré-modernas, em que pese o fato de que, nelas, a individualidade se manifestasse sob formas diferentes, frequentemente não visíveis ao olhar ocidental, fixado em sua própria constituição.

O que a ideologia do Esclarecimento faz valer como conceito único de indivíduo, reclamando-o para si, bem como para a modernidade capitalista, é sem dúvida o "eu" abstrato, isto é, a forma especificamente moderna da individualidade abstrata. Nesse sentido, "indivíduo" significa, já de si, a forma na qual os seres humanos particulares são pensados como imediatamente idênticos à relação social coercitiva: a saber, como seres socialmente cindidos e gregariamente atomizados, os quais só podem interagir uns em relação aos outros (e, em última análise, até à própria intimidade) mediante a reificada e morta forma de relação do dinheiro, enquanto forma de aparência ínsita à lógica de exploração. Essa forma, no entanto, aponta para o fato de que aos indivíduos sensíveis, sociais e necessitados só foi dada uma margem de manobra maior face às sociedades pré-modernas na forma de um agrilhoamento ainda mais impiedoso junto ao moderno fetichismo reificado. Os indivíduos só podem agir com uma independência cada vez maior em relação à família, ao clã, ao estamento, às relações pessoais de confiança etc., porque, em sua existência imediata, são fatalmente etiquetados como órgãos de execução do movimento fetichista generalizado, ou seja, da lógica da exploração; e porque a máscara de caráter da forma social, relativamente frouxa no passado, fundiu-se ao rosto.

A aparente ampliação da margem de manobra individual na modernidade constitui, pois, ao mesmo tempo, um estreitamento extremo. Este foi experimentado como tal até mesmo em sua origem, razão pela qual sua imposição, desde a história europeia de constituição da modernidade nos séculos xv e xvi até os retardatários históricos representados pelos regimes de "modernização atrasada" no século xx, só foi possível mediante formas de poder burocrático-estatal opostas às resistências duradouras e às sangrentas sublevações dos seres humanos. A ser assim, as relações de coação absolutistas, bem como as posteriores relações nacional-totalitárias, não formam, em absoluto, a contraimagem exterior do moderno indivíduo "livre" e "autônomo", mas, antes do mais, sua própria forma embrionária e impositiva. Autonomia e liberdade relacionam-se única e exclusivamente ao espaço interno da relação de valor e cisão, na qual o indivíduo é, de saída, arrastado pela forma do fetiche, não lhe sendo mais facultada nenhuma espécie de divergência. Sob o formato da individualidade abstrata, o absolutismo social da forma e a real existência sensível do indivíduo humano parecem coincidir imediatamente.

Dessa maneira, os modernos indivíduos são privados de toda originalidade: veem-se ameaçados em se transformar em meros "exemplares" da forma do valor, em "seres humanos de confecção". Quanto mais estridente se torna o discurso acerca da fantástica "individualidade" moderno-ocidental, tanto mais os seres humanos individuais tornados abstratos do ponto de vista real se igualam entre si, qual um ovo em relação a outro, até mesmo no que se refere ao hábito exterior, no modo de pensar e agir mecanicamente controlado pelas modas e pelas mídias de acordo com o fetiche da valorização.

Sob esse ângulo de visão, é nítido que a moderna e abstrata individualidade não representa, em absoluto, um "necessário" e "progressista" estágio transitório rumo à libertação da individualidade humana das irracionais relações sociais de coação. Trata-se, muito pelo contrário, do fato de que a coercividade da relação fetichista impregnou-se na pele mesma dos indivíduos. A margem de ação da "liberdade" burguesa deve-se, essencialmente, a uma ilusão ótica que leva justamente a crer que, à diferença das relações pré-modernas, o indivíduo e sua forma social são estabelecidos de modo praticamente idêntico. Aquilo que se deixa dizer em geral sobre a modernidade e sua ideologia esclarecida vale ainda mais para a moderna individualidade abstrata: esta última não forma nenhum fundamento positivo alcançado de uma vez por todas e a partir do qual seria possível, daí em diante, modelar a libertação do indivíduo (supostamente ainda "incompleta"), senão que pertence aos escombros do campo de ruínas capitalista global, que tem de ser desmontado e removido.

Nesse sentido, porém, a relação do indivíduo social e sensível com sua forma social negativa também tem de ser novamente determinada, haja vista que foi obscurecida na moderna constituição da individualidade abstrata. Desde o Esclarecimento, as modernas teorias da sociedade estabelecem os conceitos de indivíduo e sujeito em grande medida como sinônimos. Tal perspectiva corresponde justamente àquela ilusão ótica que leva a enxergar a mesma coisa na forma do fetiche e na individualidade, de sorte que esta última só vigora como algo existente no interior da modernidade produtora de mercadorias. Em verdade, o sujeito não é outra coisa que a forma que a moderna relação de valor impõe aos indivíduos (e que, em virtude da relação de cisão, concede essa forma do sujeito às mulheres apenas parcialmente e de modo condicionado). O sujeito não é nada mais que o portador consciente (tanto do ponto de vista individual quanto institucional) do movimento de valorização destituído de sujeito.

No entanto, mesmo na modernidade, o indivíduo real não é plenamente absorvido por sua impositiva forma social de fetiche. Tal forma já é, porém, a forma do sujeito: não no sentido de que se trata, aqui, de uma determinação ontológica supra-histórica, como se à moderna forma do sujeito devessem corresponder outras formas subjetivas relativas a sociedades an-

ROBERT KURZ

teriores; antes do mais, foi tão somente a moderna socialização do valor que produziu a "forma sujeito" em geral.

Possivelmente, pode-se constatar nas antigas civilizações agrárias formas correspondentes de relações humanas diante da natureza e da sociedade (incumbência esta que teria de ser deixada a investigações mais precisas), pois, à diferença das sociedades animais, toda comunidade humana produz, sem dúvida, uma relação ativa e consciente com os objetos que constituem o seu mundo. No entanto, tão pouco como outras determinações sociais da forma, tal relação não deve ser retroativamente projetada sobre a inteira história humana a partir da realidade e do correspondente aparato conceitual do moderno sistema produtor de mercadorias. Justamente nisso consiste, no final das contas, a ontologização ideológico--esclarecida das determinações sociais básicas engendradas pela moderna relação do valor e da cisão. Antes do século XVI não havia trabalho nem economia, nem Estado nem política, e muito menos um sujeito (estruturalmente "masculino"): tais conceitos foram, em parte, redescobertos e completamente reciclados em termos de seu significado; e, talvez, isso tenha ocorrido de modo mais claro no que se refere ao conceito de subjetividade.

Sob tal ótica, não é ao conceito de sujeito que cabe, de certa maneira, um caráter supra-histórico, mas ao conceito de indivíduo. Mas, por certo, não no sentido de um substrato que permanece igual a si mesmo, uma "essência" ontológica que, fazendo as vezes de "verdadeira" efetividade sensível, estaria escondida sob as camadas históricas. A individualidade nunca existe para si, senão que sempre em relação a uma forma social. Pois, só se pode existir individualmente enquanto ser social. A ser assim, a individualidade não significa outra coisa que a tensão entre os seres humanos reais, individuais e sensíveis e a forma social neles gravada a ferro e fogo, como a "lacuna" penosamente vivida, a retenção das necessidades e sensações no interior de tal invólucro coercitivo. Mediante diversas formações sempre há de transparecer novamente o elemento agonizante, doloroso e abusivo ínsito a essa contradição, enquanto a sociedade for guiada por cegas formas de fetiche, nas quais os indivíduos não se põem de acordo enquanto tais em relação a uma sociabilidade autoconsciente, senão que agem irracional e destrutivamente, tal como, por assim dizer, numa espécie de transe da objetivação por eles mesmos criada, no sentido de suas próprias necessidades e possibilidades.

A possível "associação de seres humanos livres", apreensivamente denominada por Marx, seria então determinada com maior acuidade como "associação de indivíduos livres", isto é, uma sociedade consciente de si mesma mediante aqueles seus indivíduos que interagem a partir da relação social e natural, os quais se despojaram da pele que lhes foi imposta pela segunda natureza. Mas, é precisamente essa libertação que não pode, de modo algum, ser erigida a partir da individualidade abstrata do ser humano produtor de mercadorias, a qual consiste justamente na forma subjetiva escravizante dos indivíduos modernos, na qual eles martirizam a si mesmos, bem como uns aos outros. O "eu" abstrato da modernidade cria a forma de violência das relações de valor e cisão historicamente extremas e totalitárias, nas quais o sofrimento e o abuso, ao se radicalizarem, atingem um grau insuportável.

Com isso, porém, apenas se torna mais clara toda crítica social feita até então, a qual almejava alcançar a libertação exatamente enquanto "subjetividade", a partir da dimensão mais profunda de seu vínculo com o sistema da sociedade fundada no valor e na cisão. A subjetividade não constitui o modo da libertação, mas, ao contrário, a forma de agrilhoamento do indivíduo. Ao compreenderem a si mesmos como sujeitos, os seres humanos encontram-se, já, trancafiados na dialética sujeito-objeto da moderna constituição do fetiche.

Também aqui lidamos, uma vez mais, com uma ilusão ótica: o sujeito aparece como uma oposição ao objeto, contrapondo-se, aparentemente, à objetivação através das forças anônimas da forma social, de sorte que a "subjetividade" é evocada contra sua coerção. Essa ótica superficial não se dá conta, porém, de que a moderna relação de fetiche só pode mover-se a partir de oposições polarizadas, as quais, no entanto, designam uma identidade negativa. Assim, o sujeito apenas se coloca em oposição à objetividade enquanto representa a paradoxal forma de atividade desta última, a um só tempo consciente e inconsciente, a qual é justamente necessária, porque tal objetividade não existe de modo algum como uma existência concreta "fora" da consciência dos indivíduos (o pensar e o agir são reificados, mas não pelas "coisas" independentes dos indivíduos). São e, ao mesmo tempo, não o são, na medida em que necessariamente não se deixam absorver completamente nisso. Apenas devido a isso, sua própria forma de agir, conhecer e perceber pode, em seus resultados, vir-lhes de encontro como um poder estranho e aparentemente exterior. Essa forma é, precisamente, a forma subjetiva (a "forma sujeito") na qual dão cumprimento à coação da relação de fetiche. A dialética sujeito-objeto não é outra coisa que o circuito de agregação no qual os indivíduos se alienam de si mesmos mediante sua própria atividade e produzem, sobre degraus cada vez mais altos do desenvolvimento, um resultado que, como objetividade aparentemente exterior, os domina e termina por aniquilá-los.

CLASSES E LUTAS DE CLASSES COMO FORMAS PURAS DA SUBJETIVIDADE BURGUESA

Ironicamente, foi justamente o marxismo que, sem querer, e, em rigor, de modo traiçoeiro, condensou em máxima medida essa dialética do sujeito-objeto, aliás, de forma positiva e afirmativa, e não crítica. Na versão marxista da ideologia do Esclarecimento, o proletariado constitui a clássica coisa sujeito-objeto, a forma pura da consciência burguesa; não só no sentido da famosa formulação de Lukács, que tencionava compreender a "classe" como "sujeito-objeto da história". De fato, tal como adquire expressão nos "interesses" formalmente constituídos, a forma da consciência presa à forma do valor constitui as duas coisas simultaneamente: objeto ou existência objetivada anterior a toda reflexão; um ser que já se encontra cegamente numa forma determinada e que, enquanto tal, não é refletivo, nem sequer percebido como um ser distinto — e, por outro lado, é um portador consciente de ações no interior dessa mesma forma e que se vê obrigado a executar suas "leis".

Nessa medida, esse ser social ou sujeito-objeto existe "em si", isto é, de modo objetivado e independente de sua própria consciência individual. Ao seguir seus interesses formalmente constituídos, quer dizer, ao perceber o mundo, pensar e agir de acordo com sua forma objetivada, torna-se "para-si", ou seja, "consciente"; mas, apenas no sentido daquilo que já é objetivo "em si". Trata-se justamente da consumação social e ideológica daquela reflexão hegeliana da socialização do valor, na qual esta descreve o movimento do espírito universal que retorna "a si mesmo", ou, noutros termos, do valor que valoriza a si próprio (da divindade secularizada e reificada da modernidade) como nexo processante do sistema. Marx não procurou apenas flertar com o modo de expressão hegeliano, como ele mesmo dizia, senão que, com sua conceitualização de um desenvolvimento da consciência proletária da classe "em si" rumo à classe "para si", desmistificou o aparente automovimento da forma do valor em termos meramente "materialistas", sem entretanto conseguir criticá-lo nesse ponto. Por isso, a teoria de classes pertence justamente às componentes da reflexão marxiana ligadas ao fetiche do valor e à sua correspondente ideologia esclarecida.

Isso também esclarece o motivo pelo qual a lastimosa "busca pelo sujeito" por parte da esquerda radical após a Segunda Grande Guerra só podia expôr-se ao ridículo, porque não entreviu a conexão lógica da dialética do sujeito-objeto. Se o marxismo ocidental ainda tencionava evocar a "subjetividade proletária", a nova esquerda deu-lhe continuidade mediante toda uma série de sucedâneos ao evanescente sujeito-objeto (grupos marginais, mulheres, subsistência etc.), sem entretanto jamais escapar da inclinação à forma de consciência constituída pela relação do valor e da cisão: o sujeito sempre foi buscado justamente mediante a pergunta por sua determinação "objetiva", sem se dar conta de que se trata, aqui, de um paradoxo que denega, de antemão, a própria pretensão à libertação; de uma determinação que decerto é "correta", mas tão somente enquanto descrição da relação de fetiche (tanto em termos conscientes como inconscientes).

A busca pelo sujeito não podia, de modo algum, ser outra coisa que a busca desesperada pelo ponto em que as paralelas se cortam no infinito: a busca por uma "objetividade" logicamente impossível da libertação, justamente por um sujeito-objeto que pudesse levar para além da objetivação negativa, embora tal objetividade consista justamente nesta última. Essa paradoxal "teoria da libertação", correspondente ao androcêntrico e lógico--identitário sujeito da cisão, apto apenas a refletir a lógica do sistema, permanece até hoje fixada na oposição meramente aparente e imanente entre sujeito e objeto, ou seja, na objetivação, enquanto que a efetiva explosão da "carcaça de ferro" só seria possível a partir de um meta ponto de vista: a crítica radical significaria, então, não a intenção de mobilizar o sujeito (ou um determinado sujeito-objeto predeterminado) contra a objetivação escravizante, senão que, através das "lacunas" presentes nos indivíduos reais, fazer valer a "individualidade organizada", a qual, aos poucos, torna-se consciente de sua própria clausura no interior das formas de fetiche, contra a coercitiva relação do sujeito-objeto própria à moderna constituição da forma.

O declínio da moderna subjetividade em todas as suas variantes sociais, diante da objetividade avassaladora e globalmente destruidora que ela mesma engendrou, revela quão insuportável se tornou a coisa sujeito-objeto, isto é, a destrutiva forma de movimento do moderno sistema produtor de mercadorias. Mas, precisamente porque a libertação face a isso não pode mais ser recolocada em termos "objetivos", ela tampouco pode ser levada a efeito na forma do sujeito. Enquanto os indivíduos continuarem a deixar-se acorrentar às peias da forma do sujeito, só conseguirão atingir, com isso, seu próprio ocaso.

IGUALDADE EM RELAÇÃO À MORTE: A UNIVERSALIDADE NEGATIVA DA FORMA JURÍDICA ENQUANTO MECANISMO DE SELEÇÃO

Aquilo que vale para o conceito de individualidade deixa-se inferir igualmente do conceito de universalidade. Também sob esse aspecto, a ideologia do Esclarecimento, junto com suas objetivações, deve ser destruída como algo fundamentalmente falso e desprovido de qualquer núcleo emancipatório. Se desde as palavras de ordem da Revolução Francesa a moderna individualidade é adjudicada à "liberdade" (autonomia), ao moderno universalismo ocidental atribui-se, pois, a "igualdade". A ideologia da igualdade sugere o reconhecimento ilimitado de todos os indivíduos enquanto "seres humanos em geral", apetrechados com direitos inalienáveis (originalmente firmados como "direitos naturais") e que devem expor-se tanto nos "direitos humanos" universais como na forma dos sistemas jurídicos estatal-nacionais. Como se sabe, é nisso que se fia o atual imperialismo ocidental dos direitos humanos, para validar, mais do que nunca, suas brutalidades globais.

Mas, assim como a tão suplicada individualidade não é outra coisa que o "eu" abstrato, o indivíduo meramente abstrato e trancafiado na moderna forma subjetiva do valor, o moderno universalismo ocidental do valor também é, de sua parte, um universalismo abstrato e, portanto, negativo. Tal como os indivíduos só são "livres" e "autônomos" enquanto tomam suas decisões dentro dos quadros da forma capitalista, permanecendo compatíveis com a "necessidade" da valorização cega do valor e suas pseudoleis naturais, assim também só são "iguais" na medida em que se submetem igualmente à forma do valor e se constituem como seus sujeitos executores. O "ser humano em geral" é o ser humano meramente abstrato; o ser humano, desde que este possa ser sujeito do valor. É exclusivamente a isso que se remete o seu "reconhecimento" enquanto ser humano, sendo que é apenas nesse sentido que lhe é facultado possuir "direitos humanos" universais e ser um sujeito jurídico

ROBERT KURZ

na esfera das estruturas estatais. Para além dessa instância, isto é, fora do universo impiedosamente segregante da forma do valor, deixa de possuir, devido a isso, quaisquer semelhanças com o ser humano, colocando-se no nível dos animais, ou, então, da mera matéria. A capacidade jurídica, bem como, portanto, a capacidade jurídica atinente aos seres humanos, acha-se ligada, pois, à capacidade de valorização, de trabalho, de venda e de financiamento, numa palavra, à "rentabilidade" da existência, a qual, do contrário, é declarada "objetivamente" inválida.

Já que a socialização do valor, em sua negatividade e destrutividade ínsita às relações universais de concorrência, não seria, por si só, capaz de reproduzir-se durante um dia sequer, viu-se obrigada, desde logo, a denegar sua própria universalidade mediante a relação de cisão de conotação sexual. Eis porque, originalmente, o sujeito do direito, inclusive dos direitos humanos, foi exclusivamente masculino. É certo que, ao fim e ao cabo, a equiparação jurídico-burguesa das mulheres terminou impondo-se na maior parte dos Estados (apenas no século xx), mas tão só na medida em que elas constituem sujeitos do valor, enquanto os momentos cindidos e ulteriormente definidos como "femininos", que não estão ao alcance da universalidade, continuam sendo, em ampla medida, espaços privados de todo direito, ou, então, interditam-se a forma do direito própria ao universalismo abstrato e a levam *ad absurdum*. Em diversos casos particulares, determinações diligentes, detalhes e naquilo que "não está escrito" nas entrelinhas (isto é, na esfera da capacidade de interpretação) sempre irrompe, de novo, a menosprezada capacidade jurídica das mulheres, onde o abstrato universo do valor choca-se com os momentos desastrosos da realidade sensível, os quais não se adaptam totalmente.

A socialização do valor carece dos momentos cindidos para conseguir existir no mundo sensível e social em geral, mas seu abstrato universalismo igualitário não quer admitir essa situação. A promessa do universalismo ocidental do direito é uma promessa assassina: trata-se do compromisso de tornar os seres humanos "iguais" e "reconhecê-los" como equiparação à forma do valor, para aí então, à maneira de Procrusto, amputar-lhes tudo o que não se ajustar a essa forma. Mas, porque, no final das contas, o mundo sensível não se deixa "igualar" a essa forma de universalidade negativa, o impulso à morte e à destruição do sujeito dessensibilizado do valor impele não apenas ao aniquilamento dos momentos cindidos necessários à sua própria reprodução, senão que à aniquilação do valor de modo geral. Somente então, depois de aniquilado, o mundo torna-se plenamente livre, igual e universal.

O reconhecimento do ser humano reduzido à condição de subjetividade do valor é, por isso, idêntico ao seu não reconhecimento fundamental como um ser que não é por ela totalmente absorvido e que, além disso, revela-se necessitado, sensível e social. A inclusão universal é, a um só tempo, uma exclusão universal. Enquanto os momentos, as coisas e os seres segregados forem, não obstante, necessários à capacidade de vida social, e o impulso à morte do sujeito do valor ainda não tiver consumado-se completamente, eles serão cindidos, ou, quando não, simplesmente ofuscados ou até mesmo aniquilados. O procedimento de reconhecimento do abstrato universalismo ocidental é, pois, necessariamente, um procedimento de seleção e eliminação, o qual, não por acaso, lembra o "procedimento de reconhecimento", igualmente bárbaro e burocrático, daqueles que se candidatam aos asilos, os quais, como se sabe, são em sua maioria recusados. A associação com a rampa de seleção de Auschwitz também está longe de ser, aqui, algo maldoso, senão que condiz com a própria natureza da questão. Auschwitz foi o mais extremo ápice a que chegou o "procedimento de reconhecimento" dos direitos humanos ocidentais.

Qualquer um tem o direito de ser um sujeito do valor, do "trabalho abstrato" (Marx), de sacrificar sua vida, vender a si mesmo ou alguma outra coisa etc. — mas, apenas enquanto for "capaz" de tanto, ou, então, for declarado como tal; do contrário, é menos do que nada. Trataremos de reconhecer-te de tal modo que irás engolir seco e ficar sem ar. Como ser social e sensível anterior à forma do valor e do dinheiro, o ser humano não é, em absoluto, reconhecido *per se* pelo universalismo do valor e do direito, senão que permanece tão só um pedaço da natureza, um bocado de carne. Os ideólogos ocidentais do Esclarecimento sempre procederam como se os indivíduos viessem ao mundo, diretamente do corpo materno, na forma "natural" do sujeito do direito. Essa forma, no entanto, é tão pouco "natural" quanto um contrato de aluguel, ou, então, o projeto de um míssil intercontinental. Não é "natural" nem primária, do ponto de vista social, mas, enquanto relação de produção e circulação, constitui uma forma secundária e derivada da relação de valor.

Os ideólogos do Esclarecimento colocaram a relação entre sujeito do valor (no sentido estrito da relação de produção) e sujeito do direito de cabeça para baixo. A capacidade de valorização insere-se na promessa "jurídica" de reconhecimento, em realidade, como uma condição implícita. Justamente por isso, os indivíduos só podem transformar-se em seres humanos e em sujeitos reconhecidos do direito mediante um procedimento seletivo de reconhecimento, haja vista que, em sua existência corpórea, eles ainda não o são "em si". O procedimento de seleção pode ser "objetivo" (segundo as leis da valorização e as condições do mercado), como também pode ser levado a cabo do ponto de vista "subjetivo" (ideologicamente, em termos técnico-estatais). Em toda sua irracionalidade e sua elaboração assassino-ideológica, as gritantes contradições da socialização do valor integram esse procedimento de seleção tanto quanto a racionalidade interna da economia empresarial.

Por isso, em princípio, o abstrato universalismo ocidental do direito é tão conciliável com a escravidão quanto a segregação ou a aniquilação racista, antissemita e nacionalista. Já que entre a existência corpórea e a capacidade jurídica enquanto sujeito reconhecido do valor se descerra uma lacuna sistemática, na qual o procedimento de reconhecimento opera como um procedimento de seleção, essa existência corpórea pode tanto ser rechaçada quanto submetida a uma outra aplicação, como uma mercadoria não "reconhecida" pelo mercado, dando provas de sua "superficialidade" capitalista.

Se os fundadores dos Estados Unidos da América reputavam a escravidão correta, até mesmo legalmente natural, e a supremacia da *"freedom and democracy"* deveu seu salto[3] econômico ao trabalho escravo, isso feriu tão pouco o abstrato universalismo ocidental quanto o fato de os representantes da Revolução Francesa terem soterrado o levante dos negros no Haiti com chuva de metralha,[4] embora estes últimos conclamassem (de forma ingênua), eles mesmos, os princípios de igualdade consoantes à Revolução Francesa. Os ideólogos do universalismo ocidental, irrefletidos ou simplesmente pérfidos, que vão até Habermas e cia., frequentemente apresentam esses fatos como uma mera inconsequência ("condicionada à época"), ou, então, como um mero cumprimento deficitário do projeto de universalismo, porque ofuscam, de modo sistemático, o caráter previamente seletivo e objetivo-subjetivo do "reconhecimento".

Enquanto aqueles só podiam encontrar uma aplicação rentável na forma da escravidão, a título de objetos da valorização, aos negros estadunidenses o procedimento de reconhecimento era aplicado de um modo meramente negativo. Por outro lado, a "libertação dos escravos" não veio à baila como uma consequência derradeira de um princípio universalista que reconhecia, já em si, a existência corpórea, mas porque a escravidão havia tornado-se disfuncional para o processo de valorização nos Estados Unidos da América. Mas, isso não constitui, em absoluto, uma mera história desenvolvimentista que teria deixado definitivamente para trás o estatuto de escravo. Hoje, o processo global de valorização cospe mais e mais "supérfluos", os quais, por isso, são selecionados no procedimento ulterior (e permanente) de reconhecimento do universalismo abstrato. A partir da massa formada por esses seres humanos objetivados como não sujeitos, apenas corpóreos e não mais "aptos ao reconhecimento", formam-se novas relações de escravidão ou semelhantes a esta, ou, quando não, tais seres são abandonados à pura miséria ou à morte por falta de comida.

Quando se lê aquilo que se acha escrito em letras minús-

---

[3] Em inglês, no original, *take off*. [N. do T.]
[4] No original, *niederkartätschen*. [N. do T.]

culas, a imunda simpatia dos atuais defensores ocidentais da liberdade não oferece aos excluídos deste mundo nenhuma promessa de que serão, em sua existência corpórea, reconhecidos *per se*. Pelo contrário, em toda sua abissal deslealdade, a promessa diz apenas: lamentamos profunda e infinitamente o fato de que tenhais (possivelmente por própria culpa, porque não vos esforçastes o bastante e não adotastes suficientemente os valores ocidentais etc.) sido excluídos da capacidade de valorização, e, com isso, do universalismo do valor; e tencionamos fazer tudo que esteja ao nosso alcance para que entrem uma vez mais, ou, então, cheguem alguma vez a adentrar (se vós próprios arregaçardes firmemente as mangas e aceitardes todos os abusos agradecidamente como se fossem presentes). Afinal de contas, seria maravilhoso se, na fantástica condição da subjetividade do valor (capacidade de trabalho e de mercado), todos os seres humanos pudessem ser reconhecidos como portadores de direitos humanos inalienáveis.

Mas, sem rodeios, isso também significa: se a reconstrução de vosso estatuto de reconhecimento será ou não lograda, eis uma questão em aberto (talvez, porque não vos esforçastes o bastante para partilhar dessa honra). Condições são, afinal, condições. Por isso, a promessa sempre é, já de si, uma ameaça. Se a condição não puder ser satisfeita (sendo que, hoje, para a maioria dos seres humanos, ela não é mais "objetivamente" exequível, mesmo que se esforcem a ponto de renunciarem a si mesmos), então, para tristeza geral, faltará necessariamente o reconhecimento. Pode-se entrever, já, o fim da mera existência física dos "supérfluos" como dano colateral do mercado mundial.

Aliás, isso não vale absolutamente apenas para as massas "supérfluas" do terceiro mundo. Basta uma incursão pelas repartições alemãs de auxílio social ou pelos departamentos de assistência social estadunidenses para conseguir constatar, empiricamente, por onde transcorrem os limites da capacidade de reconhecimento universalista-ocidental do ser humano. Aqui, a capacidade de ser um sujeito do direito não foi inteiramente eliminada, porque tais seres humanos continuam sendo tra-

ONTOLOGIA NEGATIVA

tados como abstratos "cidadãos", "eleitores" etc., e, portanto, enquanto microcomponentes do "soberano", do sujeito-objeto global e ideal; mas, apesar disso, essa capacidade jurídica já se acha reduzida, tal como se pode deduzir claramente a partir do trato diário com esses sujeitos do valor de menor importância: veem-se fadados, cada vez mais, ao estatuto de menoridade, incapazes de serem legalmente responsabilizados, reduzidos a uma espécie de animais falantes, ou, então, à condição de ferramentas balbuciantes subutilizadas, de crianças ou "selvagens" tratados por "tu".

Justamente os Estados Unidos da América, como única superpotência global fundada na "liberdade e na igualdade", voltaram a invocar, no final do século xx, sob o mantos dos "*jobs*" (atividades miseráveis e relações pessoais de servidão) e das "execuções punitivas", milhões de relações escravizantes nas quais o direito abstrato transmuda-se, de imediato, numa arbitrariedade terrorista. Refugiados e candidatos a asilos, os quais, não raro, sequer são cidadãos de qualquer espécie, senão que "apátridas" sem passaporte, perdem inteiramente o estatuto de ser humano por conta da própria capacidade jurídica (algo para o que, aliás, Hannah Arendt já havia atentado), sendo literalmente tratados como animais, seja em ocupações "ilegais" totalmente desprovidas de direito, seja em campos de internação semelhantes aos campos de concentração.

Porque no solo da socialização do valor não há como fugir dessa lógica; o procedimento de reconhecimento e, com ele, o de seleção, acha-se sempre em meio a um embate "subjetivo". Por isso, como luta pela capacidade de mercado, a concorrência universal enquanto componente inseparável do universalismo do direito também é, necessariamente, uma luta pela capacidade de reconhecimento, já que todos sabem que esta jamais irá estender-se a todos. Isso não tem nada a ver com a capacidade dos recursos sensível-materiais, mas, pelo contrário, tem a ver com a deficitária capacidade de acolhimento da forma social de reprodução, a qual decerto constitui o fundamento e o pressuposto do universalismo abstrato do direito, e, por conseguinte, a condição mesma de sua lógica.

ROBERT KURZ

Sob tal condição, deve então surgir a tendência imanente de não permitir que a universalidade jurídica, em sua função de mecanismo seletivo, fique entregue apenas aos cuidados das cegas e preexistentes leis de valorização, senão que trate de acrescentar, digamos, como contrasseguro do altamente penoso processo de reconhecimento, critérios nacionais, racistas e assim por diante. Nessa medida, a existência da escravidão (antiga e nova) nos Estados Unidos da América não representa uma inconsequência maior do pensamento do que as excursões racistas e antissemitas que se deixam encontrar, aos montes, nas declarações de quase todos os heróis intelectuais da ideologia do Esclarecimento. Isso tampouco é uma violação do moderno princípio de universalidade, mas, ao contrário, sua própria consequência interna enquanto mecanismo seletivo.

Enquanto "igualdade" negativa e assassina, o abstrato universalismo da socialização do valor, bem como seu pensamento esclarecido, não forma, de maneira alguma, um fundamento sobre o qual fosse possível erigir qualquer coisa do ponto de vista emancipatório. Também sob tal ótica, não há nada a ser "completado", ou, então, a ser posteriormente desenvolvido, senão que à inteira relação resta apenas ser desmantelada. A capacidade de existência dos indivíduos sensível-sociais, justamente em sua alteridade qualitativa enquanto evidência social, a qual, devido a isso, prescinde do estatuto jurídico consoante a qualquer tipo de "reconhecimento", só pode ser conquistada em contraposição fundamental ao excludente universalismo ocidental. A própria forma do direito enquanto tal, a "necessidade" mesma de um estatuto especial de reconhecimento, revela, já de si, que aqui não se trata de qualquer precondição e de nenhuma evidência, mas, pelo contrário, de um resultado que sempre precisa ser decidido de antemão, bem como da possibilidade que encerra em si a massiva realidade do ponto de vista contrário.

O avesso do reconhecimento é sempre a exclusão. O disparatado pensamento da emancipação no arcabouço da forma burguesa do direito, bem como o seu princípio de universalidade abstrata, equivale, pois, uma vez mais, tal como aquilo que se refere à mera individualidade irreal e abstrata, à tentativa de atingir empiricamente o ponto no qual as paralelas se cruzam no infinito. Resultado: não há nada, mas absolutamente nada a ser salvo no Esclarecimento. A ideologia esclarecida, junto com a subjacente constituição social, pode ser descartada desde a base.

ESCLARECIMENTO E CONTRAESCLARECIMENTO: A POLARIDADE DO DESENVOLVIMENTO CAPITALISTA E A IDENTIDADE DOS OPOSTOS

Com efeito, aspectos variados de uma crítica radical e emancipatória do Esclarecimento nunca deixaram de vir à tona, mas jamais foram pensados de maneira consistente até o fim; em sua maioria, resultam fragmentários, ou, então, voltam-se nos momentos decisivos (tal como, por exemplo, em Adorno) em direção à forma do sujeito estabelecida pelo valor, reivindicando o ideal mal compreendido contra a realidade efetiva etc. A razão disso se deixa explicar facilmente: deve-se ao fato de que, contra o Esclarecimento e a modernidade, sempre se fez valer um "contraesclarecimento" e uma "antimodernidade" elaborados a partir do ponto de vista esposado por um tipo senhorial de homem, de direita, reacionário, ideologicamente elitista, irracional, racista, antissemita etc. O pensamento emancipatório sempre torna a incidir, pois, no Esclarecimento e em seus fundamentos, porque teme ir parar no "lado errado", ou, então, ser interpretado desse modo. Afinal de contas, quem deseja voltar, em nome da emancipação, "à sombria Idade Média" (ou inclusive à Idade da Pedra)? Quem quer ser insultado, chamado de reacionário ou dar a entender que pretende afrontar o universalismo ocidental com "diferenças" étnicas ou raciais, respondendo à abstrata individualidade mediante uma surda comunidade tribal?

É justamente esse temor que impede o rompimento decisivo com a ideologia esclarecida, silenciando o pensamento crítico tão logo este ameasse trespassar a linha demarcatória da

ontologia burguesa. Trata-se, nessa medida, de um temor justificado, enquanto os motivos da crítica cultural conservadora e
de um "anticapitalismo" reacionário continuar a aparecer como
interferências que atingem até mesmo a esquerda esclarecida;
há migrações ideológicas da esquerda rumo à direita, e vice-
-versa, de sorte que faz parte de um dos "clássicos perenes"[5] da
polêmica intrínseca à esquerda denunciar uns aos outros como
reacionários ou burgueses esclarecidos, sem entretanto trazer
à plena luz as raízes comuns de tal oposição.

Mas, com isso, obscurece-se justamente o íntimo nexo de
relações entre Esclarecimento e contraesclarecimento, modernidade e antimodernidade etc. Em vez de desenvolver, então,
uma metacrítica dessa íntima conexão, dessa negativa identidade de ambos lados da história moderna e da socialização
do valor, o pensamento foge, por via de regra, rumo ao lado
supostamente melhor, mais iluminado, para não se deixar levar
pelos "obscurantistas". A fim de que esse reflexo afirmativo
possa ser finalmente superado, faz-se necessária uma perspectiva totalmente modificada, apta a dirigir o olhar sobre o todo
da socialização do valor, rumo ao sistema de referência comum
das contradições ínsitas a essa forma, em vez de se compro-
meter com uma tomada de partido em relação a um dos dois
lados. Cumpre descartar o todo social, a forma abrangente
do valor e da cisão que engendrou, em geral e antes de mais
nada, essas mesmas contradições, bem como esses partidos
imanentemente beligerantes (mediante a consciência e as ações
dos indivíduos).

De acordo com seu próprio conceito, a crítica do valor implica não se deixar mais enredar no debate imanente acerca de
uma posterior história da imposição do valor (a qual já não é
possível realmente), a fim de assentar, ao contrário, a crítica
radical num metanível. Sob tal ótica, o conceito de crítica do
valor e da cisão ainda precisa, porém, ser desenvolvido. Até
hoje, isso foi levado a cabo de modo rudimentar, sobretudo, no
que diz respeito à chamada luta de classes entre "capital e traba-

[5]Em inglês, no original, *Evergreens*. [N. do T.]

lho". O marxismo consoante ao movimento dos trabalhadores instituiu essa contradição de maneira absoluta, ontologizou o trabalho e manteve-se, pois, limitado à forma de movimento de uma oposição no interior das categorias capitalistas. A partir da perspectiva da crítica do valor, essa contradição social transmuda-se numa mera oposição relativa e imanente, num caso especial da concorrência burguesa universal. O trabalho não é senão a forma de atividade ou o estado "vivo" de aglomeração do próprio capital; "capital e trabalho" formam, juntos, uma identidade negativa e supraordenada; o conceito de trabalho compõe apenas um aspecto do conceito de capital, o qual se apresenta como sistema geral de referência de todas as categorias sociais por ele constituídas. O capital tem de ser criticado e superado, não como categoria social isolada, mas como forma sistemática do valor e da cisão, a qual, em vez disso, foi compreendida pelo movimento dos trabalhadores do ponto de vista positivo-ontológico.

O desdobramento conceitual no metanível não pode, porém, deter-se nessa crítica histórica da luta de classes enquanto mero movimento e forma de desenvolvimento do capital. Pois, a oposição entre "capital e trabalho" forma apenas um aspecto de um sistema inteiro de polaridades, no qual a socialização do valor tem de expor-se e movimentar-se. Cumpre então compreender essas polaridades conceitualmente tais como são, em vez de penetrar analiticamente tão só em suas formas individuais de aparência.

Em si, a relação do valor é uma identidade negativa, sendo que, enquanto tal, não pode permanecer somente consigo mesma. Por isso, vê-se obrigada a cindir-se permanentemente em oposições imanentes e polarizadas, tal como seu próprio pressuposto baseia-se, já, numa clivagem, a saber, justamente na cisão sexualmente determinada de todos os objetos, momentos de vida etc. que não são absorvidos pela forma do valor. Como relação de cisão, a relação do valor é, já de si, uma identidade cindida, instituída enquanto polaridade. Essa identidade negativa forma a raiz a partir da qual novas clivagens crescem mais e mais, e, com elas, novas polaridades.

Não se trata, aqui, de dualismos em si mesmos estáticos e complementares, tais como, por exemplo, aqueles que se encontram nas formas misticamente expostas das culturas pré--modernas, senão que de polaridades hostis e exasperadoras, que travam uma permanente luta de aniquilação, em que pese o fato de constituírem apenas dois lados da mesma identidade. Nessa medida, tais polaridades formam o modo em que se manifesta o impulso à morte da subjetividade do valor: a luta de opostos hostis, levada ao esgotamento e, por fim, à aniquilação, é a única forma possível de existência e de movimento imanente da relação do valor e da cisão. Nesse processo, as oposições polarizadas terminam por se transmudar reiteradamente umas nas outras, revelando sua identidade negativa até coincidirem, no ponto final da história da modernização, imediatamente nesta identidade destruidora. Isso vale tanto para a estrutura quanto para a dinâmica histórica da relação global, em si mesma fraturada. Já no nível da relação de cisão englobante e sexualmente determinada é possível reconhecer, pois, uma série de polaridades desse tipo:

sujeito — objeto
masculinidade — feminilidade
esfera pública — privacidade

Esse sistema de polaridades hostis prolonga-se até o solo em que se estabelece a própria relação do valor androcentricamente definida, isto é, no interior do universalismo abstrato da liberdade e da igualdade:

política — economia
Estado — mercado
poder — dinheiro
planejamento — concorrência
trabalho — capital
teoria — prática

Como se sabe, a inteira história da modernização do valor, no sentido mais restrito (político-econômico), moveu-se como luta permanente dessas polaridades. "Mercado ou Estado?"; essa questão perenemente clássica das falsas alternativas burguesas contidas no arcabouço da forma do valor, a qual exibe apenas a incurável estrutura esquizofrênica dessa sociedade inconsciente de si mesma, ainda hoje é infatigavelmente entoada. Assim como a crítica do valor tem de atuar para além da mera luta imanente de classes entre o trabalho assalariado e o capital, ela deve operar, do mesmo modo, para além do eterno cabo de guerra entre mercado e Estado. O objeto da crítica só pode consistir no sistema comum de referência do próprio valor, quer dizer, justamente aquela relação supraordenada da cisão e do valor que introduziu, pela primeira vez e a partir de si mesma, as oposições entre trabalho e capital, mercado e Estado etc., formando, pois, sua identidade negativa.

A oposição entre Esclarecimento e contraesclarecimento, modernidade e contramodernidade, coaduna-se com a mesma classificação das polaridades imanentes ínsitas à relação da cisão e do valor. Deixando de levar em consideração, por si mesmas, somente a relação basal de cisão e apenas a relação do valor, para então ter em mente, ao contrário, a relação global e abrangente da identidade negativa, em si mesma fraturada, torna-se possível reconhecer toda uma série de polaridades ulteriores, as quais remetem justamente à estrutura esquizofrênica do Esclarecimento enquanto forma reflexiva do valor:

progresso — reação
razão (racionalidade) — irracionalismo
civilização — barbárie
cultura — natureza
liberdade — servidão
democracia — ditadura
indivíduo — sociedade
igualdade — diferença
sociedade — comunidade

ROBERT KURZ

Há uma verdadeira abundância de relações nas quais as | 107
polaridades hostis se movem em níveis distintos, as quais se
interpenetram à medida que saltam de um patamar a outro,
compondo o todo negativo apenas no interior dessa contrariedade dinamizada. Desse modo, não é somente a oposição
entre sujeito e objeto, masculinidade (lógico-identitária) e feminilidade (cindida), ou, então, entre mercado e Estado que
cria a forma de movimento e de existência própria à relação de
cisão e valor, senão que também, e sobretudo, a oposição entre
Esclarecimento e contraesclarecimento, modernidade e contramodernidade. Essa oposição constitui a modernidade mesma
da socialização do valor, a qual, sendo desde sempre cindida
e negativa, não pode lograr atingir uma identidade positiva e
centrada em si mesma. Longe de exibirem uma consciência
pré ou extramoderna, o contraesclarecimento e a contramodernidade são componentes integrais do Esclarecimento e da
própria modernidade, e que só podem existir na polaridade
em relação à sua própria negação imanente.

Isso também pode ser indicado do ponto de vista histórico-
-empírico. O contraesclarecimento veio à luz a partir do próprio
Esclarecimento, não como uma mera contrarreação exterior,
mas, por assim dizer, tal como Atena nasceu da cabeça de Zeus.
Nas ideias opostas ao Esclarecimento e "antimodernas", tal
como se assentaram na história romântico-existencialista do
espírito e tornaram-se atuantes nas formas políticas de expressão, o que está primordialmente em causa são os pensamentos
do próprio Esclarecimento em sua estrutura aporética originária. Isso não vale apenas para o antissemitismo e para o
racismo, senão que também para o nacionalismo, o biologismo,
o autoritarismo e o irracionalismo, enquanto avesso da razão
constituída em forma de valor etc. Esses momentos imanentes
do Esclarecimento foram isolados e, aparentemente, tornaram-
-se independentes, sem entretanto jamais lograr uma forma
de consciência autônoma; eles formam, antes do mais, justamente o polo contrário e imanente da forma "esclarecida" de
consciência do próprio sujeito-objeto.

Assim como o ramo romântico-existencialista tencionava,

sob formas distintas e com nomes variados, separar reiteradamente o sujeito de sua própria configuração como objeto mediante a heroicização e a estetização (e de uma estetização não menos importante da própria política), para supostamente esquivar-se da aporia, o contraesclarecimento e a contramodernidade também tentaram, em geral, isolar o lado "obscuro" do pensamento esclarecido em suas diferentes determinações, no intuito de lograr uma identidade positiva, hipoteticamente destituída de contradições, no próprio invólucro negativo da forma. O resultado só pôde ser, a cada vez, a intensificação dessa negatividade até o ponto da aniquilação; a campanha de aniquilação é precisamente a forma de movimento da aporia social.

Diante desse pano de fundo, torna-se igualmente claro o motivo pelo qual o Esclarecimento burguês e o contraesclarecimento burguês procedem, em parte, segundo modelos idênticos, que se diferenciam, em maior ou menor medida, tão somente no que se refere ao conteúdo; mas que, em parte, também se transformam diretamente uns nos outros e podem, de maneira recíproca, converter-se na forma de aparência consoante ao seu oposto imanente. Desse modo, tanto os defensores do Esclarecimento quanto os do contraesclarecimento idealizaram, com vistas à sua própria legitimação, condições sociais pré-modernas: uns, as antigas repúblicas, ao passo que os outros, a assim chamada Idade Média. E a conversão do progresso em reação, da razão em irracionalidade, da democracia em ditadura etc. acompanhou a inteira história da modernização; não, por exemplo, como "mudanças imprevistas" na luta de poder empreendida por quaisquer forças externas, mas como aparência da identidade negativa, isto é, enquanto aparência do reacionário no interior do próprio progresso (como no desenvolvimento posterior do aparato burocrático do absolutismo mediante a Revolução Francesa, algo para o qual Tocqueville já havia apontado), como surgimento do irracional na razão mesma (tal como na lógica de exteriorização da economia empresarial, na repentina conversão da concorrência econômica em guerra etc.) e do elemento ditatorial na própria democracia (como, por exemplo, na execução de "leis emergenciais", no tratamento dos refugiados e daqueles que recebem auxílio social, na burocrática administração de seres humanos em geral, até chegar às atuais contrarreformas antissociais). Do ponto de vista puramente fenomenológico, essa conversão de uma coisa em outra sempre foi percebida e nunca deixou de escandalizar, mas, mesmo assim, jamais foi conceitualizada, porque, do contrário, a artimanha da oposição imanente não teria conseguido funcionar como autolegitimação paradoxal do Esclarecimento.

Assim como o progresso da socialização do valor e do Esclarecimento sempre ostentou momentos reacionários, a reação e o contraesclarecimento também sempre foram, inversamente, e em franca oposição à sua idealização ideológica das condições pré-modernas, camponesas etc., um motor do progresso inerente e rumo à forma do valor e da cisão (entrando, em alguns momentos, em concorrência com o movimento dos trabalhadores, mas limitando-se a fazer as vezes de concorrência, isto é, sem abandonar a mesma forma comum). O romantismo, por exemplo, não se restringiu, em absoluto, a idealizar a assim chamada Idade Média, senão que, em muitos aspectos, também levou adiante a ideologização positiva da moderna individualidade abstrata.

Em realidade, como suposta encarnação de todo pensamento reacionário e oposto ao Esclarecimento, o nacional-socialismo também constituiu, ao mesmo tempo, a forma alemã do impulso fordista na socialização global do valor. Nesse sentido, os nazistas modernizaram a indústria, a guerra, as relações de gênero, o consumo e o sujeito. Em todos os níveis sociais, a configuração nacional-socialista da Alemanha criou o protótipo da sociedade alemã do pós-guerra em termos democráticos e econômicos; o que se torna patente, a ponto de beirar o ridículo, no epíteto "*Volkswagen*", mas também, e sobretudo, no desenvolvimento posterior da forma capitalista do sujeito. Precisamente o núcleo da ideologia nacional-socialista, a saber, o antissemitismo, constitui um produto específico da modernidade e de seu Esclarecimento, o qual é evocado em cada acesso de crise da "modernização". É assaz traiçoeiro que tanto os democratas pró-governo quanto uma certa esquerda radical, refém da ideologia esclarecida, preferissem reduzir o nacional-socialismo aos elementos antimodernos e agrário-românticos de sua legitimação ideológica, porque, para eles, "modernidade" e "modernização" possuem acepção positiva, servindo para significar o "bem", o suposto elemento emancipatório do Esclarecimento. Essa hipocrisia ideologicamente moderna e esclarecida não tem nada a ver com os fatos históricos.

Se, no final do século xx, a identidade negativa entre progresso e reação, Esclarecimento e contraesclarecimento, torna-se uma identidade imediata, isso ocorre, antes de mais nada, porque, desta feita, a dinâmica interna da socialização do valor extinguiu-se. As polaridades outrora amargamente hostis terminam por coincidir no colapso das crises, e isso em todos os níveis. Na figura de grandes organizações empresariais, o mercado toma sobre si cada vez mais funções do Estado; e, inversamente, os aparatos estatais, atuando praticamente como empresas lucrativas, são mais e mais alinhados à economia de mercado. A esfera pública é privatizada na forma das mídias capitalistas; o privado, no trilho inverso, é tornado público de uma maneira voyeurística no conteúdo vulgar de tais mídias (desde a miséria pessoal das vítimas até a vida sexual dos políticos). O progresso, agora, também não se dá mais apenas de modo parcial ou temporário, mas se torna plenamente idêntico à reação: toda reforma resulta, pois, numa contrarreforma, sendo que o subjacente pensamento oficial só rechaça as ideologias do século xx a fim de retornar àquelas do século xviii (e, com isso, às raízes da modernidade repressiva). A segregação racial converteu-se, há muito tempo, numa política oficial e democrática da liberdade e do direito (incluindo a mais brutal violência policial e de deportação até a legitimação da tortura), a qual só de distingue do agir e pensar próprios dos bandos de extrema-direita por conta de pequenas nuanças.

Na Alemanha, a crescente e imediata identidade entre Esclarecimento e contraesclarecimento mostra-se, por exemplo, especificamente no desenvolvimento espiritual e editorial da "cultura-*Suhrkamp*". Essa editora, que na história do pós-guerra colocava-se praticamente como símbolo de uma ofensiva intelectual de esquerda, burguesa e esclarecida, em oposição "republicana" à hipoteca antimoderna e contrária ao Esclarecimento, hoje alberga autores exclusivos e famosos, tais como, por exemplo, Martin Walser, Botho Strauss e Peter Sloterdijk (este último, inclusive, numa substituição assaz simbólica a Habermas, foi promovido a *spiritus rector* da programação editorial), os quais representam aquela "guinada" intelectual na qual, entrementes, de maneira bastante descarada e verborrágica, Auschwitz é relativizada, a crítica reacionária da cultura é praticada no estilo de um elogio a *Trono e altar* e em que se discute, em chave biologista, "o cultivo aprimorador do homem".

Tal guinada não representa nenhuma "traição ao Esclarecimento", senão que sua própria eclosão em meio à nova crise mundial da sociedade do valor e da cisão. Por isso, não se trata de mais um fenômeno especificamente alemão, mas da direção do *mainstream* intelectual no inteiro mundo ocidental. O sistema da *"freedom and democracy"* empreende sua guerra mundial contra os fantasmas-do-terror por ele mesmo engendrados em nome de um racismo culturalista (Huntington, Fukuyama e cia.), sendo implementada por uma figura como o presidente Bush, que corporifica, na prática, a coincidência entre Esclarecimento e contraesclarecimento.

Os exemplos da identidade, cada vez mais imediata e patente, entre estes dois polos poderiam continuar sendo arrolados à vontade. O Esclarecimento desvela que sempre trouxe consigo aquilo que lhe é supostamente contrário e que foi por ele mesmo introduzido, mas que, agora, tem de ser recuperado em si próprio, como aquilo que existe irreversivelmente na identidade negativa. Com efeito, a antiga e hostil polaridade continua a atuar formalmente, mas as oposições tornam-se mais e mais pálidas, porque o que há de comum na identidade negativa torna-se demasiadamente visível. Razão pela qual a polaridade imanente já não pode, nem mesmo se pondo em conformidade com o sistema, adquirir uma acepção falsamente emancipatória. Não vale mais a pena insistir, de maneira alguma, na desgastada diferença imanente entre Esclarecimento e contraesclarecimento (e nem mesmo num sentido tático ou supostamente "político-realista"); o pensamento emancipatório pode, antes do mais, dar a conhecer o que nela há de comum para, aí então, romper a relação negativa como um todo.

A antimodernidade emancipatória não tem nada a ver com a burguesa, porque sua crítica, a título de metacrítica, incide igualmente sobre ambos os lados das modernas polaridades; rechaça o universalismo abstrato junto com a nação, as ideologias das raças etc.; o mercado conjuntamente com o Estado; a individualidade abstrata junto com a ideologia da comunidade; a razão moderna conjuntamente com o moderno irracionalismo; o romantismo burguês junto com o classicismo burguês; a masculinidade dissociativa conjuntamente com a feminilidade cindida; o progresso repressivo junto com a repressiva reação; numa palavra: o Esclarecimento conjuntamente com o contraesclarecimento imanente.

A METAFÍSICA BURGUESA DA HISTÓRIA DO «PROGRESSO» E O RELATIVISMO HISTÓRICO BURGUÊS

Pergunta-se, pois, pelo tipo de compreensão histórica que uma tal antimodernidade emancipatória irá engendrar. A ideia de um progresso "regular" (conforme uma pseudolegalidade natural) de certos graus de desenvolvimento, os quais, sobrepondo-se apropriadamente uns aos outros, teriam na modernidade o seu coroamento máximo, deve ser tão pouco considerada quanto a transfiguração e a romantização de quaisquer relações pré-modernas de fetiche. Justamente nesse sentido, o assim chamado materialismo histórico torna-se, também ele, insustentável, haja vista que se mostrou um mero apêndice verminforme da metafísica esclarecida da história. Superar o modo lógico-identitário também significa abandonar a construção de um sistema fechado da história, o qual, segundo as aparências, se esclareceria por si só. A metafísica esclarecida da história, tal como a moderna "forma sujeito", não deve ser substituída por alguma outra metafísica; ela deve ser superada, não apenas no que se refere ao seu conteúdo, senão que também a título de forma de pensamento.

Tudo aquilo que Marx disse como "materialista histórico" está, em termos essenciais, correto; mas, vale tão somente para o capitalismo, para a moderna socialização do valor, sendo que, em relação às formações sociais pré-modernas, não passa de uma projeção. Que o esquema, sob tal ótica, não procede em parte alguma, eis algo que já foi ressaltado amiúde pelos próprios marxistas; no entanto, esse problema jamais foi conceitualmente examinado, limitando-se sempre a ser utilizado para legitimar a renúncia à radical crítica marxiana da economia ou encoberto, conforme a necessidade, mediante toda sorte de colcha de retalhos "dialética" e conceitual.

À primeira vista, o modo mais evidente de se safar do problema é adotar a posição consoante a um relativismo histórico e a um agnosticismo. Não poderíamos dizer, pura e simplesmente, que nossa tarefa histórica consiste somente em nos desvencilharmos do capitalismo enquanto uma destrutiva sociedade da cisão e do valor? E que podemos deixar o resto da história a cargo da impenetrável névoa do passado e seus respectivos mortos? Teríamos, aí então, uma teoria apenas para a socialização do valor da modernidade, sem mais nenhuma outra teoria para o restante da história.

Mas, com efeito, o modo lógico-identitário não se deixa superar tão facilmente. Faz parte da existência humana criar uma imagem do passado. A arqueologia, a crítica histórica de textos, a investigação das fontes etc. não irão cessar com o advento da crítica do valor. As investigações puramente empíricas constituem, porém, uma impossibilidade prática e lógica, já que sempre carecem de um quadro conceitual. O pensamento conceitual da história em geral não pode, pois, acabar junto com o modo lógico-identitário.

Mas, acima de tudo, um relativismo histórico e um agnosticismo não são, em absoluto, algo novo, e tampouco representam uma superação da metafísica esclarecida da história, mas, pelo contrário, uma de suas componentes. Já o século XIX trouxe à luz esse tipo de historicismo hermenêutico, cujo credo foi lapidarmente condensado pelo historiador alemão Leopold von Ranke nas célebres palavras: "toda época está igualmente próxima de Deus"; quer dizer, cada época teria sua própria lógica e legitimidade, a qual não deveria ser medida de acordo com o padrão da modernidade. Tal como recentemente mostrou Reinhart Kosellek, hodierno colega de profissão de Ranke, os vestígios dessa "política de relativização" histórico--teórica encontram-se, já, no próprio pensamento esclarecido do século XVIII. Isso indica que o relativismo histórico não se acha, obrigatoriamente, em oposição à apoteose histórica da razão burguesa.

De fato, as afirmações centrais de tal relativismo e agnosticismo são, antes de mais nada, banais. A seu ver, não poderíamos formular qualquer asserção segura acerca das condições pré-modernas e pré-históricas, haja vista que não nos seria dado estar na pele dos seres humanos do passado. Mesmo a consideração relativamente refletida segundo a qual toda teoria histórica termina por introduzir seu próprio "ponto de vista" na história mesma, já que este último determina o ângulo de visão, não é o bastante para solucionar o problema. Isso resulta, sobretudo, do fato de que todas essas relativizações trazem consigo um caráter puramente afirmativo: trata-se de um relativismo histórico que se fia no bordão "viver e deixar viver", o qual apenas complementa e flanqueia a metafísica esclarecida da história. Reluz aqui, com todas as suas abotuaduras, a *hybris* hegeliana do desenvolvimento: a ideia de admitir e conceder às condições sociais do passado seu próprio e respectivo direito, sua própria "proximidade de Deus", enfim, seu próprio modo, possui algo de abominavelmente paternalista; é como se, de bom grado, um adulto burguês vitimado pela própria razão outorgasse ao estágio da infância um malicioso "valor próprio". No fim, chega-se à conclusão de que, tal como o passado, a maravilhosa modernidade também possui seu próprio valor e seu direito à existência, sendo que aquele teria, porém, a vantagem de estar morto e enterrado, sem mais poder defender-se de tal jovialidade.

Aquilo que falta ao mero relativismo histórico é o sal na

sopa, ou seja, a crítica radical. Da perspectiva de uma crítica fundamental à modernidade esclarecida, não pode haver, porém, qualquer reconciliação jovial com a história pré-moderna, na qual, afinal, a modernidade deita suas raízes. O paradigma de uma antimodernidade emancipatória é determinado, pois, não pela transfiguração, ou, então, pelo atenuamento, mas mediante a crítica radical das formas sociais pré-modernas; uma crítica que se acha logicamente inscrita na crítica radical da modernidade. Nisso, diferencia-se fundamentalmente da crítica esclarecida à pré-modernidade enquanto autoafirmação da modernidade, bem como da crítica contrária ao Esclarecimento dirigida à modernidade enquanto afirmação da sociedade agrária pré-moderna. A posição concernente à antimodernidade emancipatória justifica, ao contrário, a crítica à modernidade mediante a crítica da pré-modernidade nela incluída, e vice-versa.

A crítica fundamental às formações pré-modernas pode apoiar-se inteiramente num saber determinado. Ainda que as fontes sejam mais ou menos exíguas, e embora mal possamos compreender a consciência de mundo atinente às condições do passado, pode-se atestar sem dúvida alguma que se tratou sempre, de um modo ou de outro, de relações de dominação com potenciais destrutivos. A partir de documentos e artefatos, pode-se comprovar igualmente a presença contínua do sofrimento em tais relações, nas quais os indivíduos, mesmo no passado pré-moderno, nunca conseguiram ser completamente absorvidos.

A partir disso, as teorias ideológicas e afirmativas da história da modernização chegaram habitualmente à conclusão de que o "ser humano" consiste justamente nisso e que a história da humanidade está fadada a ser, sempre, uma história do sofrimento. Inversamente, uma antimodernidade emancipatória há de encerrar em sua crítica à relação moderna do valor e da cisão a crítica dessa falsa ontologia da história, e, com isso, em geral, a crítica de toda história transcorrida até então, levando a cabo, a ser assim, um rompimento histórico de uma ordem mais elevada. A crítica das condições pré-modernas é, ao contrário do relativismo histórico (já de si esclarecido), não somente algo permitido, senão que até mesmo necessário; mas não segundo o ponto de vista e conforme o modelo consoante à modernidade produtora de mercadorias, mas única e exclusivamente a partir do ponto de vista e de acordo com o modelo atinente a uma crítica igualmente radical dessa mesma modernidade.

Espoliada a dimensão da crítica, demonstra-se então o denominador comum afirmativo das diversas teorias ou "filosofias" burguesas e aparentemente opostas da história. Quer seja como uma história do progresso pseudolegalizada, na qual as sociedade pré-modernas são desqualificadas a título de trevas da desrazão e da inclinação à natureza; quer seja, às avessas, como exaltação reacionária e romantização das relações pré--modernas de fetiche e dominação; seja como "reconhecimento" paternalista da singularidade histórica da mera relativização; ou, então, sob uma forma ideologizada, como eterno retorno do sofrimento e da dominação, tidos por necessários do ponto de vista da natureza; ao fim e ao cabo, o efetivo conteúdo da história e as formações históricas permanecem sempre tão indiferentes a tal pensamento quanto, em geral, os objetos do mundo permanecem, em linhas gerais, indiferentes à abstração do valor, de sorte que se trata, a cada vez, apenas de um quiproquó, da instrumentalização da história com vistas à legitimação do estabelecido, por mais contraditórias e antipódicas que essas instrumentalizações possam ser.

TEORIA DA HISTÓRIA E CRÍTICA LIMITADA DA DOMINAÇÃO

Um conceito da história global, no qual a teoria histórica possa coincidir com a crítica emancipatória à dominação, só se tornará novamente possível na negatividade da crítica. Mas esse conceito, decerto, não pode esgotar-se na compreensão das "relações de dominação" até então esposada, meramente sociológica. Com efeito, o marxismo e o anarquismo em todo caso não comungaram fundamentalmente da outra ontologia

ROBERT KURZ

burguesa do conceito de dominação. Esta última deveria ser, antes de tudo, perspectivisticamente desconstruída. Mas, nessa medida, tal ideia permaneceu uma utopia ruim, haja vista que não foi exposta de uma maneira solucionável — por conta da inclinação, tanto marxista quanto anarquista, às formas da relação do valor e da cisão.

O marxismo assentou essa utopia, em todo caso, muito além de todos os conflitos sociais reais, num futuro indeterminável, enquanto o desenvolvimento da "necessidade histórica" deveria, antes de tudo, passar pelo proletariado tornado Estado (por sua "ditadura") e, com isso, pela dominação. Somente nos instantes mais iluminados concedeu-se a tal Estado o atributo de "não o ser mais"; o que, no entanto, serviu apenas para revestir a contradição de uma formulação paradoxal. Realmente, as ditaduras estatais do proletariado na periferia capitalista demonstraram ser ditaduras de modernização burguesas e ordinárias. O anarquismo, pelo contrário, sempre tencionou abolir de imediato a "dominação" e, com esta, o Estado, mas, justamente por isso, sem operar a mediação com a abolição da relação do valor e da cisão (e, nessa medida, sem conseguir ir além do marxismo consoante ao movimento dos trabalhadores).

Em ambos os casos, a "dominação" veio à tona apenas em sua dimensão sociológica e subjetiva, quer dizer, deixando-se abreviar em torno do problema da forma. Motivo pelo qual tanto o marxismo quanto o anarquismo puderam adaptar o conceito burguês de democracia de uma maneira bastante ingênua e positiva, embora nele já esteja contido, em termos etimológicos, o conceito de dominação. Mas, na medida em que a abolição da dominação deveria realizar-se como derradeiro "autogoverno" ou "autodominação do povo", o conceito de dominação foi então trazido à baila, em realidade, no sentido dos imperativos reificados da relação do valor e da cisão, tal como desde há muito já haviam vaticinado os ideólogos mais militantes do Esclarecimento (Kant, Bentham, Hegel e cia.). A crítica de esquerda à dominação só pôde, pois, guiar-se *ad absurdum*.

Também do ponto de vista histórico, essa crítica limitada

ONTOLOGIA NEGATIVA

118 | das relações de dominação permanece refém do pensamento esclarecido e das suas equivocadas ontologizações. Por um lado, o conceito de dominação, com sua respectiva redução ao Estado, só pôde ser estendido às relações pré-modernas porque a estas foi projetivamente estendido, num sentido muito próximo ao da desfiguração histórica por parte do Esclarecimento, o próprio conceito de Estado, ao passo que, em realidade, aquilo que determina este último enquanto tal é, antes de mais nada, um produto da modernidade. Por outro lado, lá onde sequer o mais aferrado pesamento esclarecido estava apto a descobrir qualquer Estado, tal como, por exemplo, nas primevas condições sociais atinentes aos coletores e caçadores etc., era preciso atestar a essa dita "sociedade primordial" uma "liberdade de dominação" rumo à qual o socialismo/comunismo deveria retornar, no mais elevado grau do desenvolvimento e, com isso, numa forma superior.

Os despropósitos dessa crítica à dominação só se deixam solucionar a partir do instante em que a relação de domínio passa a ser criticada enquanto relação formal, quer dizer, para além de uma consideração meramente exterior e sociológica acerca das relações político-econômicas de classe e baseadas na vontade. Nesse sentido, ao tomar e levar adiante o conceito marxiano de constituição do fetiche, a crítica da relação do valor e da cisão contém em si, já, um novo conceito negativo da história global compreendida até então, a qual, precisamente por isso, pode ser resumida enquanto "pré-história" no sentido marxiano. Entendendo esta última, não mais numa chave sociologicamente limitada como a "história das lutas de classes", senão que, refletida em termos formais, como a "história das relações de fetiche", torna-se então reconhecível, num determinado nível de abstração, um elemento englobante e negativamente comum às sociedades modernas e pré-modernas. Sob esse prisma, também nas ditas "sociedades primitivas", trata-se evidentemente de constituições de fetiche e relações de domínio, haja vista que o conceito de dominação não se acha mais simplesmente atrelado a relações exteriores de submissão entre certas pessoas, mas à sujeição comum a relações formais alienadas e autônomas (como, por exemplo, totemismo, culto aos antepassados e assim por diante).

ONTOLOGIA NEGATIVA ENQUANTO TEORIA DA HISTÓRIA

Apenas nesse sentido consoante a um conceito negativo da história até então existente, a título da história das relações de fetiche, o dito marxiano conforme o qual as condições sociais pré-modernas se deixariam determinar retrospectivamente a partir das condições modernas, assim como a anatomia do macaco se deixaria determinar a partir da anatomia do homem, adquire o seu próprio significado, apto a ultrapassar a ideologia do Esclarecimento. A modernidade aparece, aqui, não mais como uma base positiva para sair das condições dominadas, senão que, de modo justamente inverso, como uma forma extrema de dominação, a qual, por razões de autopreservação, só pode ser explodida; não como ponto de partida da libertação, como resultado de um contínuo desenvolvimento "regular" e mais elevado, mas como radicalização da destrutividade ínsita às relações de fetiche em geral, a qual adquire seu vértice na ameaçadora aniquilação do mundo.

Não devemos agradecer ao capitalismo por nenhuma espécie de "missão civilizatória", mas aboli-lo única e exclusivamente como síntese maligna de uma história negativa do sofrimento da humanidade (da qual tampouco se pode retirar qualquer sentido metafísico positivo desse sofrimento, tal como se dá, por exemplo, na religião sadomasoquista[6] do cristianismo). No sentido de uma fundamentação positiva, não há como entrever o menor "mérito" no fato de a moderna relação do valor e da cisão ter literalmente dirigido e bombardeado a humanidade até o umbral de uma superação da pré-história das relações de fetiche, mas apenas admitir que tal ponto de partida é pura e simplesmente negativo (em Walter Benjamin, pode-se encontrar pensamentos que seguem nessa mesma direção, ainda que numa forma parcialmente mistificada).

[6]No original, em forma abreviada, *SM-Religion*. [N. do T.]

ONTOLOGIA NEGATIVA

A partir dessa transvaloração[7] da história, esclarece-se igualmente a relação de uma crítica posteriormente desenvolvida da cisão e do valor com o conceito de ontologia social. Tanto na sua acepção filosófica mais restrita quanto em seu uso linguístico mais amplo, esse conceito é enigmático e ambivalente, porque se refere indiretamente à relação fetichista que, nas próprias formas de fetiche, não se deixa apreender enquanto tal. Por um lado, num sentido quase antropológico (naturalizante), por ele são compreendidas supostas condições supra-históricas da humanidade, as quais deveriam constituir, por si, "o homem", ou, então, sua "essência"; por outro lado, também se trata, aparentemente, de ontologias históricas, de condições de existência que decerto poderiam corresponder de forma abrangente a épocas determinadas, mas não à história global de modo geral. Sempre se trata, porém, de ontologizações positivas (e, nessa medida, ideológicas) e, com isso, afirmativas de determinações preexistentes e determinadas de antemão, seja uma ontologização meta-histórica da dominação e do trabalho, seja uma ontologização histórica no sentido de uma ontologia especificamente moderna do sujeito (circulativo) e sua insólita "liberdade" transcendental.

Em contraposição a isso, a título de uma componente da crítica do valor e da cisão, o conceito de constituição do fetiche contém, pois, um momento ontológico no sentido do conceito marxiano de "pré-história", mas um momento puramente negativo. Toda história até então existente, não a história humana em geral (porque "o homem", supostamente segundo sua essência, não poderia constituir outra coisa), é uma história das relações de fetiche, com cujo conceito, não obstante, é igualmente estabelecida sua crítica radical — e, portanto, a possibilidade de sua superação.

Essa ontologia negativa consoante a uma pré-história das formas de fetiche não pode mais apresentar nenhum sistema lógico-identitário da história enquanto processo regular de um desenvolvimento positivo mais elevado. É englobante ape-

---

[7]No original, *Umwertung*. [N. do T.]

nas como conceito de um todo de relações, negativo e em si mesmo fragmentado, no qual a contradição de indivíduos sensível-sociais, bem como sua própria forma negativa das constituições do fetiche, transcorre de maneira variada do ponto de vista histórico, terminando por ser sempre reformulada mediante lutas cruéis. Aqui não impera nenhuma lei teleológica da natureza e tampouco algum plano divino, senão que se trata de um contínuo, que se mostra descontínuo em suas mudanças históricas, de formas sociais dissociadas de si mesmas, no qual ocorrem bruscas metamorfoses que não seguem qualquer lei mecânica, já que constituem produtos da consciência em seu conflito consigo mesma e com a natureza, e não processos atuantes apenas no interior desta última.

Por isso, o momento da ontologia negativa, o qual reflete esse contínuo negativo, também forma apenas um momento no interior de uma crítica histórica determinada (a saber, da relação do valor e da cisão), e, nessa medida, constitui o momento de uma crítica ciente de seu próprio lugar na história, tomando-o, inclusive, como objeto de reflexão: ou seja, precisamente algo distinto de uma filosofia da história. Há, pois, somente uma única filosofia da história, sendo que esta é a ontologia positiva do Esclarecimento burguês. De acordo com o seu conceito, a filosofia da história é lógica-identitária, quer dizer, causal, voltada esquematicamente ao desenvolvimento e totalitária; e a teoria marxiana só é histórico-filosófica na proporção em que argumenta do ponto de vista histórico-materialista, isto é, na medida em que permanece esclarecidamente em oposição à sua própria definição conceitual das relações de fetiche.

O alcance (negativo e destrutivo) do limite dado pelo contínuo da "pré-história" assemelha-se mais a uma espécie de salto quântico do que a um resultado de processos causais — assim como, em geral, o esquema de desenvolvimento da metafísica esclarecida da história transcorre paralelamente à imagem mecanicista e causal do universo esposada pela física contemporânea da época. A compreensão da natureza e da sociedade sempre se acham inter-relacionadas, sendo que, nessa medida, a ontologia negativa consoante à crítica do valor e da cisão también lança, necessariamente, uma nova luz sobre a natureza física e biológica. Na razão proporcional em que a crítica social abrange as ciências naturais atinentes à física quântica, talvez, no futuro, o enigma da natureza física também possa ser, pelo menos, melhor compreendido.

O FIM DA GALERIA DOS ANTEPASSADOS E A SUPERAÇÃO DA TEORIA POSITIVA

Da perspectiva de uma crítica necessária e radical do Esclarecimento, bem como dos "valores ocidentais", é claro que os corifeus da filosofia esclarecida precisam, também eles, ser reavaliados negativamente. Que os pensadores superficiais do democratismo de esquerda, do mesmo modo que os agitadores oficiais da máquina propagandista democrático-ocidental, promotora de guerras mundiais, evoquem positivamente Kant e seus companheiros, eis algo que pertence, digamos, à natureza das coisas, mostrando-se autoevidente. Quando, porém, uma reflexão que se compreende enquanto crítica do valor não se acha muito distante disso, na medida em que admite como verdadeiros os senhores Kant, Hegel etc. em seus "empreendimentos reflexivos", adulando-os em maior ou menor grau (e isso também vale, de uma maneira ou de outra, para o desenvolvimento até agora logrado da abordagem crítica do valor), isso só revela, uma vez mais, a inclinação ao modo lógico-identitário, bem como à metafísica esclarecida da história.

Apenas aparentemente, esse tipo de tratamento dado à filosofia do Esclarecimento (a qual, sob esse aspecto, pode ser representada exemplarmente por Kant) afasta-se do tratamento meramente afirmativo dos ideólogos democráticos, fazendo ver, por exemplo, que os medíocres pensadores éticos da atualidade já não compreenderiam Kant, pois nem mesmo chegam a notar o fato de que este último se debate conceitualmente com o problema da constituição da moderna socialização do valor, indicando as antinomias e aporias que nela subjazem. Tais ideólogos, em vez disso, tomariam a constituição da forma do valor e do direito problematizada por Kant, de antemão, como um pressuposto cego, tal como ela também penetrou, entrementes, na consciência cotidiana, não sendo mais capaz de perceber, justamente por isso, o problema colocado por Kant.

Isso está, com efeito, correto, mas não é nem de longe o bastante para levar a efeito uma avaliação de Kant, bem como de sua maneira de "identificar problemas". Em seu puro esforço reflexivo, o pensamento de Kant parece justamente como uma espécie de precursor da crítica ao valor, o qual, transitando por níveis intermediário tais como Hegel e Marx, pode alongar-se hipoteticamente ao longo dessa cadeia de reflexão. O que não se menciona, ou, então, deixa-se de lado como se tratasse de algo de pouca importância é o fato de que Kant não foi apenas um pensador reflexivo, senão que também um ideólogo militante da imposição da socialização do valor.

Nesse lapso, mostra-se a inclinação ainda não superada à forma do valor e da cisão, assim como ao seu modo de pensar. Tal como já ocorre no próprio pensamento atinente a uma crítica do valor limitada dessa maneira, também na avaliação de Kant e cia. nivela-se a diferença decisória entre a mera reflexão positiva, ou (no sentido hegeliano), uma simples "consciência refletida em si" do tema em questão, de um lado, e a sua radical crítica teórica e prática, de outro. Desaparece aqui o próprio esforço indispensavelmente "opositor" da crítica, o qual se subleva precisamente contra um mero curso "necessário" das coisas, investido de uma lógica objetivada; e Kant, em cujas principais obras aparece a palavra "crítica" no título, mas que é justamente o oposto exato de um crítico da socialização do valor, pode então ser acolhido na série dos antepassados do pensamento crítico "em si e para si".

Esse ângulo de visão também é possível, porque um certo modo de pensar da crítica do valor, o qual permanece lógico-identitário em si mesmo, ainda se consuma num *status* de contemplação, quer dizer, a partir de uma separação sistemática da reprodução social, apesar de sempre fazer parte, em certa medida, desta última (fato que, todavia, não é incluído na reflexão). É claro que uma crítica do valor que já não se efetua de uma maneira lógico-identitária também tem, como ponto de partida,

ONTOLOGIA NEGATIVA

124 | a separação entre teoria e prática posta pelo valor, vendo-se obrigada, antes de mais nada, a mediar-se com a prática social num processo complexo. No entanto, o *status* contemplativo também pode, de modo rudimentar (mas, jamais de maneira completa), ser superado no interior do próprio pensamento teórico, onde já começa a deixar de existir como um pensamento puramente teórico no sentido contemplativo da dissociação burguesa; a saber, tornando-se um pensar efetivamente crítico no nível mesmo da teoria, em vez de se converter num pensar apenas positivamente reflexivo. A diferença também consiste, aqui, no fato de que o *status* contemplativo enquanto tal é englobado na crítica (e, com ele, mais um momento da até agora "silenciosa dimensão" das modernas relações de fetiche).

Isso significa, desde logo, pôr à mostra a real identidade negativa entre teoria e prática na constelação burguesa de sua separação e hostil polaridade. Pois, precisamente na negatividade objetivada de sua cisão da prática reprodutiva, a teoria contemplativa (como uma atividade em si mesma social e reflexivamente referida à sociedade) é, ao mesmo tempo, uma forma *sui generis* de prática social; um momento cindido da inteira prática e, portanto, uma prática de segunda ordem em tal cisão; todavia, sem refletir e saber conscientemente disso. Justamente nisso consiste, pois, a dissociação polarizante, e, com ela, o caráter contemplativo, dissociado da ação, da teoria burguesa. O dito marxiano sobre os atores das relações de fetiche também continua a valer sob esse aspecto: "não o sabem, mas, ainda assim, realizam-no". Na medida em que a crítica ao valor não se estendeu até uma crítica desse caráter, falta-lhe igualmente esse nível de reflexão, de sorte que, no que diz respeito ao pensamento teórico, vê-se forçada a proceder como se tivesse efetivamente a ver com uma simples "história do espírito", cuja relevância prática não é levada em consideração.

Mas, de fato, ainda que contemplativamente separada, a teoria sempre é indireta, sendo que, a título de uma prática de segunda ordem, torna-se igualmente atuante do ponto de vista prático-social, adentrando ela mesma de modo objetivante nas relações. Sob tal ótica, a ela vale o mesmo que valia à dialética do sujeito-objeto em geral: não se trata, em absoluto, de afirmar que há, de um lado, apenas as relações puramente objetivas, e, de outro, o pensamento puramente teórico que se dedica a refletir tal objetividade, o qual, mediante esforço reflexivo, ajusta-se e aproxima-se em maior ou menor grau de seu objeto. Assim é que as coisas aparecem ao teórico contemplativo, mas é justamente nisso que consiste a aparência fetichista.

Assim como as relações tornadas autônomas nas formas de fetiche não são objetivas, mas tão somente objetivadas, quer dizer, produzidas de fio a pavio, ainda que num modo não explícito, da mesma maneira a teoria contemplativamente apartada incorpora-se a esse "produzir". Não se restringe a reagir, senão que também age; reflete não apenas as relações que já foram uma vez configuradas, mas também contribui, ao mesmo tempo, para sua criação. Ela consiste numa reflexão acerca das objetivações passadas, mas, simultaneamente, num nascimento teórico-especulativo de objetivações futuras. Deste modo, as relações de fetiche objetivadas jamais são puros rebentos da abstração, mas tampouco meros objetos exteriores do pensamento. De certa maneira, a teoria contemplativa também se "efetiva", na medida em que se torna programática e se encarna do ponto de vista institucional, ainda que todas instituições, formas de convivência etc. sejam, em grande medida, produtos de cegos processos práticos independentes da teoria.

Nesse sentido, os filósofos do Esclarecimento têm de ser compreendidos enquanto ideólogos da imposição, para não dizer criminosos da imposição da sociedade do valor e da cisão. Em sua totalidade, constituem delinquentes de colarinho--branco de uma história de sofrimento da humanidade que foi insuportavelmente radicalizada mediante o sujeito do valor. E, como tais, fazem-se presentes de ponta a ponta através de seus delitos espirituais, inseridos na objetivação capitalista, sendo que lhes cabe um processo por conta de tal delinquência. Falar invocativamente sobre o "contexto da época" significa, a esse respeito, tomar a palavra em prol do processo de objetivação. É claro que todo pensamento se acha "ligado à sua época", mas nem por isso deve ser sempre legitimado. Tudo depende da importância que tal pensamento termina por possuir na história.

Talvez, num sentido contrário, se poderia argumentar que uma condenação pura e simples dos pensadores do Esclarecimento implica tratar tais senhores de um modo lógico-identitário igualmente ilegítimo, como se eles se deixassem absorver inteiramente pelo seu negativo delito espiritual. Até um determinado grau é, de fato, necessário tratá-los desse modo supostamente "injusto", no intuito de abalar, por fim, essa pesada hipoteca ideal. Tal como os aguerridos democratas, como se sabe, costumam alardear as palavras de ordem: "Nenhuma liberdade para os inimigos da liberdade" (fazendo menção, com isso, mais à crítica emancipatória do que à sua afinidade racista); assim também poderia proceder a crítica do valor e da cisão conforme o seguinte mote: "Nenhuma libertação do procedimento lógico-identitário para os ideólogos da lógica da identidade", pois, do contrário, jamais nos será permitido nos desvencilhar deles.

É claro que, nessa suposta *hybris*, o ponto de vista histórico consoante à crítica do valor e da cisão também atua como algo inevitavelmente determinante, no que se refere ao ângulo de visão adotado: se efetivamente procede a ideia de que nos encontramos no limite da "pré-história" das relações de fetiche, então todo pensamento que subjaz positivamente a esta pré-história (quer dizer, que se mantém refém dessas relações de fetiche, justificando-as e ajudando a constituí-las) atingiu, já, o seu prazo de validade, e, sob tal ótica, precisa ser negado.

Isso não significa, porém, que o pensamento se acha num absoluto ponto zero e que todo pensar empreendido até então pode ser derramado, sem mais, na lata de lixo da história. O pensamento jamais se restringiu a ponderar e exibir a forma escravizante, mas também o sofrimento, ainda que de uma maneira distorcida e pouco clara. A esse propósito, cumpre diferenciar novamente os resultados do pensamento, de sorte a classificar a "história do espírito" até então existente de uma maneira diferente, sob a égide do novo ângulo de visão. Assim, os pensadores do Esclarecimento que afirmaram militantemente a moderna forma do sujeito e, com este, a história do sofrimento e do abuso terminam por trilhar, inevitavelmente, um caminho muito pior do que aquele apresentado por uma crítica meramente ínsita à história imanente da imposição da modernidade, a qual apenas ajudou a relação do valor e da cisão a adquirir consciência de si, em vez de superá-la.

É nessa medida justamente que a crítica do valor e da cisão pode colocar à prova sua superação do modo lógico-identitário, sob um determinado aspecto, a partir do próprio embate com a época do Esclarecimento. Por um lado, trazendo à plena luz as ideias dissidentes e até hoje pouco consideradas para além do conflito imanente entre o Esclarecimento e o contraesclarecimento que deste faz parte, consagrando-se às resistências e aos movimentos sociais contemporâneos etc. de uma maneira distinta daquela esposada pela metafísica esclarecida da história. A época do Esclarecimento de modo algum se esgota no Esclarecimento.

Por outro lado, cumpre igualmente examinar a fundo a contrariedade interna da própria filosofia do Esclarecimento. Mas não do modo pelo qual até agora se procedeu, tal como, por exemplo, até mesmo Adorno ainda procurava filtrar um momento supostamente "bom" e emancipatório através de um corpo de ideias repressivo e ideologicamente comprometido com a dominação. Tal tarefa só pode consistir, antes do mais, em mostrar como o Esclarecimento se deixa enredar, em seu próprio solo, em aporias e antinomias insuperáveis, terminando por desvelar, sem querer, como o totalitarismo da socialização do valor não prospera e tampouco pode prosperar.

TÁBULA RASA
*Quão longe deve, necessita e pode ir
a crítica ao Esclarecimento?*

A CRÍTICA RADICAL precisa lutar contra a força de gravidade exercida pelo existente aparentemente esmagador, o qual se sedimentou na consciência geral, e, com isso, também na esfera teórica da sociedade; não só no nível da reflexão enquanto tal, senão que igualmente nos hábitos e preconceitos intelectuais, nas imaginações[1] e ideais, bem como nas limitações institucionais, nos limites dados pelo tabu etc. E isso com muito maior razão de ser, quando se trata de criticar radicalmente a própria crítica radical, de sorte a revolucioná-la, conferindo-lhe um novo paradigma. Coloca-se, aqui, o problema consoante à resistência ao atrito em potência, já que cumpre, pois, explodir a sedimentação de algo existente num duplo sentido: por um lado, na consciência geral da sociedade oficial; por outro, na consciência geral da crítica empreendida até agora e que cumpre ser transformada.

A sociologia do saber de proveniência variegada mostra, no desenvolvimento da ciência e da Teoria Crítica, tanto em sua relação com a ciência oficial quanto em seu próprio solo, quão atuantes são os fatores e motivos totalmente diferentes da mera reflexão pura, da busca pela verdade e da probidade intelectual. O postulado weberiano da liberdade do valor e o postulado habermasiano do discurso livre de dominação são igualmente ilusórios. Sob a condição das relações de fetiche em geral, e, em particular, da subjetividade capitalista emergente da concorrência, aparecem restrições à reflexão não apenas no nível do conteúdo, mas também na esfera da referência.

Aqui vigoram leis não escritas de reputação, identidades

[1]No original, *Imaginationen*. [N. do T.]

são protegidas, desenvolvem-se aversões, expressam-se idiossincrasias e rivalidades terminam por se desencadear. Há algo que se assemelha a uma etiqueta teórica que estipula o que é "sério", "científico", "metódico" etc. e aquilo que não é. Com isso, delimita-se não apenas uma fronteira meramente formal, senão que também em termos de conteúdo, cultiva-se não somente uma correção[2] no trato, mas se defende igualmente um certo senso comum.[3] Em seu estado efetivo,[4] tanto a ciência oficial quanto a Teoria Crítica isolam-se contra os possíveis intrusos e arrivistas, de sorte que, quanto a isso, em nada diferem das demais instituições burguesas e sociedades fechadas; opõem-se tanto contra impostores e charlatães quanto contra inovadores e revolucionários, sendo que uns não são necessariamente distinguidos dos outros. O "golpe inesperado" sempre se depara, de saída, com um veemente repúdio. Há, por certo, graus distintos de rejeição. Sobre aquilo que ainda se mostra suportável, ou, então, que é apenas deixado de lado, considerado excêntrico etc. e o que não é mais possível suportar estende-se um longo arco.

Mas, também ocorre que todo movimento inovador e revolucionário reaparece, ele mesmo, como se estivesse fraturado e fragmentado em si. Um rompimento vanguardista jamais é logrado em sua versão e forma originais até atingir a superfície da consciência social a título de um novo paradigma que, por fim, terminou por se impôr. E o movimento mesmo transcorre de modo irregular e em momentos distintos: até que uma dada transformação tenha alcançado seu objetivo, são necessárias várias iniciativas. Por isso, a cada vez, ressurgem embates, necessários e desnecessários, e, com frequência, torturantes. Também a crítica transformadora segue, inevitavelmente, não apenas pontos de vista cognitivos, ou, então, um puro caminho rumo à verdade. Nem todos trabalham em conjunto, de sorte que alguns ficam de lado e outros encontram uma fronteira

[2]Em inglês, no original, *correctness*. [N. do T.]
[3]Em inglês, no original, *Commonsense*. [N. do T.]
[4]No original, *Ist-Zustand*. [N. do T.]

que, talvez, sequer existe enquanto tal. Quando "basta" e onde "se extrapolou o objetivo", eis algo que ainda cumpre definir.

Não raro, a defensiva surge inicialmente como crítica à forma e ao estilo. Cada ofensiva para além das fronteiras até então observadas acha-se ligada a uma espécie de júbilo pelo descobrimento e a um determinado gesto agressivo, no qual se reflete a autoafirmação do novo contra a força paralisante da gravidade exercida pelo velho. E quase toda ação de retirada inicia-se com o aparecimento de portadores de considerações duvidosas, que já não obtêm prazer no ímpeto ao ataque, enquanto outros só se deixam levar, em geral, pela nova teoria crítica, porque conseguem se reencontrar com seus próprios questionamentos justamente no desenvolvimento posterior e radicalizado. A consciência refreante, ao contrário, a qual rejeita a crítica transformadora em seu fundamento ou não a segue mais a partir de um determinado ponto, tencionando deter-se, passa então a se incomodar, conforme o gesto, "à burguesa", com o suposto estilo "triunfalista", com o ímpeto agressivo, com a formulação polêmica, com a radicalização, a "unilateralidade", as maneiras teóricas de comportar-se à mesa etc.

Até agora, no desenvolvimento da Teoria Crítica do valor para além do "marxismo", o que provocou um bloqueio identitário e uma campanha formal de difamação do lado dos retardatários foi, sobretudo, a transição rumo à crítica categorial do trabalho: "Agora fostes longe demais", eis o subtexto de um contradiscurso que se servia de *topoi* muitíssimo semelhantes àqueles normalmente empregados pelos guardas acadêmicos de praça e de quarteirão contra teses subversivas. Os críticos do trabalho, assim entoavam os ontólogos marxistas do trabalho, não "teriam lido" Marx (ou, em todo caso, não o teriam feito corretamente), de sorte que o procedimento seria metódica e filologicamente "impuro", as contradições no interior da teoria marxiana seriam meramente "construídas", a classificação histórica simplesmente "inaceitável" etc. Tudo menos relativizante, a dura negação da categoria "trabalho" deu ensejo, por assim dizer, mesmo junto a comentadores bem in-

TÁBULA RASA

tencionados, embora ainda parcialmente reféns do marxismo consoante ao movimento dos trabalhadores, às fúrias da relativização. Quanto mais insuficientes e apologéticos mostravam-se os contra-argumentos em termos de seu conteúdo, tanto mais virulenta era a fuga em direção à petulância das avaliações letivas feitas à maneira de um mestre-escola: "Não se pode tratar com isso desse modo". Nos pontos nodais do desdobramento da teoria da crítica do valor, tal como se revelou até agora, podem vir à tona dificuldades inesperadas, desvios da crítica e bloqueios identitários.

Os vestígios da freada parecem revelar-se, antes de mais nada, num pendor crescente rumo a uma espécie de cordialidade efusiva e um equilíbrio, o que poderia ocasionar uma radicalização apodítica tanto mais virulenta da outra parte. Mas, enquanto as perguntas não forem elaboradas de modo suficientemente claro e as fronteiras não estiverem, portanto, precisamente traçadas, não se pode formular nenhuma delimitação conclusiva, mas apenas promover uma contenda. O ímpeto polêmico não deve induzir-nos, a partir da mera inversão do bloqueio identitário, a bloquear, de antemão, toda anticrítica feita à crítica transformadora em suas pretensões, levando-nos a negar o caráter discursivo da formação teórica. Um mero avanço sem resistências seria fatal, porque, com isso, a transformação da crítica seria destituída de uma instância reflexiva imprescindível. Nem toda relativização é refreadora e nem toda objeção que exija a complexidade é reacionária do ponto de vista teórico. O titubeio também pode ser produtivo, sendo que os caminhos secundários trazem, igualmente, novos conhecimentos à plena luz do dia. E mesmo o bloqueio identitário tem sua relevância, ainda que infeliz, na medida em que pressiona a crítica transformadora a munir-se de precisão e acuidade conceitual. Finalmente, para a complexidade da formação teórica também concorrem as diferenças de temperamento e dos modos de proceder que não implicam, de antemão, uma oposição hostil (as quais, frequentemente, por falta de reflexão e autorreflexão nesse nível, transformam-se em mero ressentimento raivoso).

Assim, no movimento progressivo da crítica transformadora para além das formas de pensar e agir consoantes à modernidade produtora de mercadorias, sempre se coloca, uma vez mais, a velha pergunta: o que difere uma coisa da outra? O que é bloqueio identitário e o que é objeção produtiva? O que é rompimento de conteúdo e o que é um mero estilo diferente? O que é apologética e o que é uma diferenciação necessária da crítica? Tais perguntas não podem ser decididas, desde logo, por decreto ou de maneira idiossincrática, senão que apenas "no objeto em si", quer dizer, descerrando o conteúdo tanto do ponto de vista discursivo quanto do ponto de vista apodítico, tanto pelo viés polêmico quanto pela ótica relativizante. Na mesma medida em que a anticrítica se torna identitária, e, com isso, apologética naquilo que diz respeito ao conteúdo, isto é, em referência ao objeto social da crítica, talvez ela não possa mais ser atingida sequer argumentativamente; mas, apesar disso, pode-se ter confiança suficiente na dinâmica própria do movimento transformador para acreditar que ele há de transpor todas as tentativas de freagem até ter atingido, pois, seu objetivo histórico.

Nesse sentido, nota-se facilmente que o caminho percorrido pela "destruição criadora" do antigo paradigma de crítica social, vinculado categorialmente ao seu objeto, ainda não foi, em absoluto, plenamente consumado. Há algumas vacas sagradas que ainda precisam ser abatidas. Isso se aplica, sobretudo, aos pontos essenciais do assim chamado Esclarecimento, daquele movimento filosófico do século XVIII no qual a constituição do mundo moderno e seu sistema de produção de mercadorias se exibem como reflexão positiva, a ponto de impregnar e determinar até hoje, explícita ou implicitamente, não só a apologética ruminante, senão que também a crítica de alcance excessivamente curto, igualmente ruminante. Justamente sob tal ponto de vista, a demolição conceitual radical não deve ser levada a cabo moderadamente, senão que, de modo consistente, até suas últimas consequências.

Por certo, na crítica do Esclarecimento em geral, muito mais do que na crítica ao trabalho em particular, o que está em jogo é a conservação mesma da consciência burguesa, incluindo seus derivados de "esquerda" e "marxistas", ou, então, outros apêndices vermiformes. Por isso, de um lado, cumpre iluminar com exatidão todos os cantos e recônditos, argumentando de maneira particularmente cuidadosa, considerando todos os níveis e sem deixar em aberto nenhum esconderijo à apologética clandestina. Isso não pode significar, porém, uma renúncia às teses radicalizadoras, mas pelo contrário. Pois, de outro lado, a crítica do Esclarecimento deve ser empreendida até mesmo de modo particularmente agressivo, haja vista que somente nesse ponto é dado atingir a fonte de toda paralisia e ofuscamento do pensamento emancipatório na modernidade. Eis a questão decisiva: o que permanece do pensamento da modernidade burguesa e o que deve ser abolido sem substituição? Noutras palavras: até onde pode e deve ir, em geral, a dura negação? O ponto central é, nesse caso, o destino do pensamento esclarecido. Há ou não, aqui, algo a ser salvo? Se houver, o que é, e, em caso negativo, o que isso significa?

A discussão subsequente refere-se a argumentações virulentas em parte publicadas (e respectivamente indicadas), em parte reproduzidas oral e internamente, em parte explícitas, em parte implícitas ou virtuais, em parte tornadas atuantes no círculo restrito da própria crítica do Esclarecimento, em parte exteriores a esta última, ou, então, ínsitas à esfera teórica em geral, as quais dizem respeito a esse problema do raio de alcance e da "admissibilidade" da crítica radical ao Esclarecimento com propósitos emancipatórios. Trata-se de determinar com mais clareza a lógica da negação radical em sua relação fundamental com as inegáveis conquistas da história, bem como detectar as estratégias defensivas do "sujeito ocidental" masculino.

HOSTILIDADE OU HERANÇA?

Não é inesperado que a crítica radical mais aprofundada da filosofia burguesa do Esclarecimento depare-se com uma ampla resistência junto ao público socialmente crítico (pois, aquilo que já foi um movimento social, mas terminou sendo repelido, agora, rumo a uma nova reflexão teórica, nada é senão que mero público). Aquilo que, como consequência de uma passagem transformadora através do pensamento da crítica social emancipatória até então existente, tornado obsoleto, parecia ter-se desenvolvido, digamos, a partir da pura reflexão teórica; com efeito, justamente a negação do pensamento esclarecido, de suas fundamentações filosóficas e suas ideologias numa nova dimensão crítica do valor, adquiriu, no mais tardar desde o 11 de Setembro, uma atualidade inesperada e imediata em relação ao real processo de crise da sociedade capitalista global. Pois, justamente no momento em que esse novo nível da crítica se abriu enquanto exigência imanente da reflexão teórica, a oficial consciência burguesa mundial recordou-se, com uma rosnante militância de crise, da fundamentação de seus "valores ocidentais" no século XVIII, para então se legitimar na guerra de fantasmas com seus próprios demônios.

Por isso, a crítica radical da ideologia do Esclarecimento elevada a uma nova qualidade não pode, numa situação de relativa bonança social, ser percebida como um "pensamento interessante" no interior do jogo das contas de vidro do esoterismo teórico burguês; ela aparece, de imediato, como declaração de guerra no mais elevado nível de abstração. E com isso ela se torna, de modo igualmente inesperado, ao mesmo tempo e justamente nesse nível, um *casus belli* dentro da esquerda remanescente de inspiração marxista; e isso num grau bem maior do que era a própria crítica do trabalho. Pois, sob a impressão da progressiva barbárie no interior da sociedade global de crise, uma parte daquilo que sobreviveu da esquerda radical, ao menos da alemã, descobriu suas raízes e sua pátria intelectual na modernidade ocidental, para então, de maneira ainda mais fanática, recitar uma festiva profissão de fé, que suplanta inclusive o catecismo democrático oficial, em favor do assim chamado Esclarecimento como ponto de partida e de chegada de todo pensamento emancipatório "permitido"; a fim de denunciar, pois, toda intenção de colocar as mãos nas vacas sagradas do Ocidente como uma cumplicidade supostamente reacionária com a barbárie, como "fascista", como nostalgia irracional pelo "idiotismo da vida no campo", enfim, como retorno aos pré-modernos "assombros da natureza" etc.

Essa verborragia[5] esclarecido-burguesa de esquerda, que tenta atrair uma vez mais todos os registros do pensamento consoante ao movimento capitalista de modernização, historicamente ideológico e há muito tornado obsoleto, já não pode, é claro, ser levado totalmente a sério do ponto de vista intelectual. No nível da reflexão teórico-social, se poderia debater, de igual maneira, os comentários papais acerca do mundo por ocasião da Páscoa, ou, então, os documentos da Al Qaeda. Mas, a pressão ideológica é tão grande e as raízes do pensamento esclarecido tão profundas que, na "hora da necessidade", a exacerbação da crítica radical não parece impôr-se justamente às diversas correntes de esquerda que, aparentemente, empreendem uma reflexão teórica, senão que, ao contrário, a elas se impõe a defesa da "herança burguesa", a qual possui mais ou menos o mesmo valor que a herança das residências sequencialmente geminadas do fordismo, insuportavelmente feias, já irreparavelmente decadentes e que ainda não foram sequer quitadas.

Mas, mesmo no perímetro de uma posição que, de modo propositadamente emancipatório, declara abertamente o adeus ao Esclarecimento e à sua herança como sendo algo inevitável, seguem-se, no mesmo instante, fortes dúvidas sobre a necessidade de um rompimento claro e decisivo. O adeus termina por assumir traços demasiadamente cordiais e vê-se acompanhado de bajulações tão infindáveis que, em rigor, passam a surgir dúvidas quanto ao seu caráter de adeus. Tamanha é a reticência diplomática que também se morre de fome de tanto esperar, ou, então, leva-se tanto tempo burilando a declaração de guerra que esta nunca é enviada. Em todo caso, salta aos olhos o fato de que a crítica ao Esclarecimento declarada como necessária acha-se acompanhada de muito mais escrúpulos do que, por exemplo, a crítica ao trabalho. Aqui, parece encontrar-se um ponto muito mais doloroso. Nas chamadas análises cartistas,

---

[5]No original, *Suada*. [N. do T.]

se fosse dado aplicá-las aos processos de revolução da Teoria Crítica, seria necessário falar de uma "linha de resistência".

Nos debates até agora travados, os quais não disseram respeito apenas ao "como", senão que também mais propriamente ao "o que" da necessária crítica ao Esclarecimento, formaram-se, mesmo antes das determinações de seu conteúdo, dois *topoi* da relativização, ou, até mesmo, da anticrítica. Por um lado, pretende-se afirmar que a crítica ao Esclarecimento tem sempre de considerar o fato de que ela mesma provém do pensamento esclarecido e que dele toma parte. Por outro, como uma inferência ulterior dessa objeção, torna-se atuante a ideia de que o pensamento esclarecido seria suficientemente amplo para englobar em si sua própria crítica. A despeito de todo discernimento crítico-esclarecido, no que se refere aos detalhes, isso soa quase como o adeus do adeus, mesmo antes que se tenha esclarecido com mais precisão a referência objetiva do adeus.

Naturalmente, é quase incontestável: a dificuldade em se discutir o Esclarecimento consiste, de saída, no fato de que qualquer relação que se venha a estabelecer com ele, mesmo crítica, está fadada a ser, *a priori*, determinada ou colorida pelo próprio Esclarecimento, seu modo de pensar e seu aparato conceitual. No caso dos pontos essenciais do Esclarecimento, trata-se não apenas de algumas ideias que estariam ao lado de outras, de escolas de pensamento ao lado de outras escolas, nem de temas determinados ao lado de outros temas e menos ainda de um paradigma científico isolado ou histórico ao lado de outros, senão que do modo de todas as ideias, escolas de pensamento, temas e paradigmas em geral que, desde o século XVIII, são ínsitas ao mundo moderno. Uma crítica efetivamente radical do Esclarecimento só é possível, por isso, se não se referir a conteúdos particulares do pensamento esclarecido, mas se destruir também o modo, a forma ou a abordagem básica de tal maneira de pensar, expondo a céu aberto a sua mecânica interna.

Um aspecto importante dessa mecânica consiste em pensar a partir da categoria de "progresso", ou, dito de um modo mais neutro e, digamos, "metódico", de "desenvolvimento";

acha-se "desenvolvido" de maneira mais ampla na arquitetura do sistema hegeliano de pensamento. Essa forma de pensar aproveita-se da evidência lógica segundo a qual todas as coisas e as relações deste mundo são finitas, transcorrendo um processo no tempo. Mas, como uma espécie de contrabando, insinua-se nessa evidência banal uma determinada valoração positiva, a saber: em primeiro lugar, a ideia de que apenas as condições posteriores de desenvolvimento seriam igualmente mais "elevadas", "melhores" etc., embora o caso, em si mesmo, possa ser justamente o contrário disso; e, em segundo, que o movimento desse mesmo desenvolvimento seria sustentado por um princípio ontológico positivo, de sorte que teria sempre de transportar ou trazer consigo "algo" que não pode ser descartado.

Essa valoração não é, em absoluto, compulsória, mas terminou por penetrar a fundo no moderno conceito de desenvolvimento. A conotação positiva desse conceito fia-se, porém, num motivo ideológico, qual seja, na apologética da socialização do valor, em sua forma de sujeito e nos seus protagonistas filosóficos, isto é, justamente nos filósofos do Esclarecimento, os quais com isso tencionavam, por assim dizer, impermeabilizar o posicionamento de seu objeto social, bem como seu próprio lugar no interior da história. Toda crítica ao Esclarecimento vê-se então impelida, *a priori*, a desempenhar o papel da lebre em sua corrida com a tartaruga. Por isso, a primeira exigência de uma crítica efetivamente transcendente, apta a romper com a prisão categorial, consiste em negar a lógica esclarecida do desenvolvimento, ou seja, revelar o truque grosseiro da tartaruga e não se permitir entrar na disputa com ela. Só porque a modernidade é a modernidade, quer dizer, o nível mais recente das formações sociais fetichistas, nem por isso ela tem de exibir, *per se*, uma condição social mais "elevada", e tampouco conter, *per se*, um momento emancipatório que deve ser conservado.

Uma vez descoberta essa armadilha da constelação inicial, a hostilidade emancipatória contra a ideologia apologética do Esclarecimento pode então ser formulada com toda sua independência de espírito e, com isso, em toda sua rigidez. As relativizações apriorísticas aludidas acima vêm à luz, pois, de uma maneira particularmente paradoxal. É claro que a crítica radical do Esclarecimento pode, de seu lado, ser criticada em termos de seu conteúdo, vendo-se obrigada a afirmar-se argumentativamente, mas não é obrigada a dar provas, de saída, quanto à sua própria possibilidade de existência. A pergunta apriorística pela sua possibilidade de existência equivale ao engenhoso truque da tartaruga, a qual não tenciona, nem de longe, participar da corrida real. Do ponto de vista próprio à crítica, o paradoxo consiste justamente em fazer as vezes, digamos, da lebre tola *a priori*, que assume as condições do objeto de sua crítica e ameaça, com isso, denegá-la enquanto crítica.

Uma crítica que se pergunta, de saída, se pode em geral existir, recua antes mesmo de ter colocado um pé sobre a Terra.[6] A partir de quando começa a hostilidade com a asseveração da irmandade consanguínea, o adeus com a declaração da incapacidade de se dizer adeus e a crítica radical com a constatação de que ela se acha contida, desde sempre, em seu próprio objeto? Enquanto reflexão teórica da abstração do valor, o pensamento esclarecido só se torna suficientemente amplo para acolher e "superar" o sentido de todos objetos, carências, ideias ou épocas, quando estes últimos se transformam numa parte intrínseca à lógica do valor, e, com isso, são aniquilados em sua própria qualidade. Todavia, a crítica mesma desse modo ínsito a uma capacidade de acolhimento aparentemente universal não apenas não está contida nesse pensamento como também se torna impensável. Nesse sentido, já em sua primeira e abstrata forma embrionária, a ideia dessa crítica constitui o início do fim do pensamento esclarecido; mas apenas na medida em que não é, *a priori*, relativizada e retirada da maneira paradoxal anteriormente descrita.

Se sei que o objeto consoante à minha crítica, o qual tenho razões bastantes para superar, aferra-se a mim com todas as fibras, meu impulso deve consistir, pois, em desprender-me

---

[6]No original, *ein Bein auf die Erde*; o que, literalmente, significa "uma perna sobre a Terra" [N. do T.]

TÁBULA RASA

140 | dele violentamente em caso necessário, e não em assegurar-me untuosamente desse processo de detenção. O alfa e o ômega da crítica[7] que faz jus ao seu nome só pode ser a negação. Saber em que sentido ainda resta, em geral, algum objeto a ser negado, apto a ser levado conosco adiante como se já soubéssemos em que ele consistiria, eis o que só poderá ser verificado *a posteriori*, com a passagem pelo conteúdo mediante o processo negatório. Os tópicos mencionados da anticrítica e da relativização sugerem, contudo, um procedimento justamente inverso: o rigor e a tenacidade argumentativa da crítica ao Esclarecimento devem dar provas de si precisamente na medida em que, *a priori*, antes de todo debate em torno do conteúdo e independentemente do próprio assunto em questão, postula-se que a crítica só poderia e deveria existir se conservasse "algo" de seu objeto, ou, então, caso se movimentasse, em geral e desde sempre, nos limites dados por esse objeto.

Em verdade, tal atitude só pode ser tomada se o ponto de partida for dado, não pela incondicionalidade da crítica, senão que pela incondicionalidade daquilo que se espera conservar, quer dizer, da afirmação, da "vontade de salvação" (uma "dependência de salvação", por assim dizer); se não se proceder negatória e ofensivamente, mas, antes do mais, de modo defensivamente positivante, e se a crítica radical do Esclarecimento for vivenciada, em realidade, desde logo como algo assustador e praticamente vergonhoso. Com isso, a crítica ameaça ser recapturada pelo conceito de desenvolvimento, *a priori* e afirmativo-legitimatório, do pensamento esclarecido.

Por certo, no que se refere àquilo que aqui tem de ser fundamentalmente negado, não se trata de um objeto exterior, tal como este, a despeito de todos os processos de interiorização, talvez ainda pudesse ser entrevisto na categoria de trabalho. Desta feita, trate-se antes do modo de enxergar e lidar com o mundo, do pensar acerca do próprio pensamento, da superação da forma de mediação da consciência, a qual, de uma certa maneira (ainda que autotorturante), parece ser o próprio si

[7] No original, *Das A und O der Kritik*. [N. do T.]

mesmo social.[8] Por isso, a desconfiança do pensamento crítico em relação a si próprio tem toda razão de ser.

Ora, mas o que quer dizer, nesse sentido, a advertência declarada com o dedo indicador curiosamente levantado: levas em conta, oh crítico, que tu mesmo és uma criatura haurida do Esclarecimento, que és, necessariamente, carne da carne daquilo contra o que tu te voltas? Se assim são as coisas, sendo que é evidente que elas são assim, então a crítica tem, de fato, de desconfiar de si mesma, mas sob qual ótica? Não no sentido de que precisaria temer o fato de que, talvez, tenha "ido longe demais" antes mesmo de ter, em geral, verdadeiramente começado! Senão que, de maneira lógica, única e exclusivamente no sentido de que não poderia ir longe o suficiente, amedrontando-se o tanto quanto possível diante das consequências decisórias, como se, desviando-se, quisesse sumir de cena e retornar às supostas panelas egípcias de carne da autoescravidão esclarecida.

Não se pode, porém, liquidar a ideologia do Esclarecimento como se se tratasse, digamos, de uma velha tia malvada e dominadora, em cuja herança estamos lascivamente de olho. Naquilo que o modo social e a forma de reflexão têm de fundamental, algo precisa ficar bem claro: não há nada a se herdar, senão que a se desvencilhar. E de modo radical.

OS ÍCONES DO ESCLARECIMENTO

Há, em si, algo de curioso no modo como o gesto da crítica se vê forçado a tornar-se repentinamente modesto, quando se trata de lançar mão, antes do mais, de suas últimas reservas. Em etapas anteriores da crítica do valor, lá onde se queria dizer "refrescante", agora significa "preocupante" e "repugnante", para não dizer "delicado". De algum modo, a coisa começa a feder a incenso. Ao que parece, aproximamos-nos desrespeitosamente do que há de mais sagrado, onde se exige, desde logo, o mais fino respeito. Abaixe a cabeça, dobre o joelho; e não se esqueça, antes, de entregar as armas, pois no templo não se ouve o ruído dos sabres e tampouco se brinca com o revólver.

[8]No original, *das eigene gesellschaftliche Selbst*. [N. do T.]

TÁBULA RASA

A reverência é, essencialmente, um sentimento religioso; e na maioria das religiões há, como uma espécie de objeto exterior de veneração, imagens divinas ou ícones. Essa relação também pode ser transposta, é claro, ao âmbito da história terrena, sob a forma de uma iconografia intelectual e política, ou, então, de uma hagiografia. As relações de fetiche sempre possuem suas respectivas galerias de antepassados, pequenas imagens de santos e objetos devocionais, os quais têm pouco a ver com o respeito por feitos pessoais, mas muito com a autoinclusão supersticiosa num irrefletido contexto da tradição. Toda escola convencional de pensamento, toda época de condições de dominação, todo Estado e toda instituição, até mesmo todo clube de futebol possuem, de certa maneira, seus próprios ícones, pais fundadores, mentores, heróis, madonas etc. O rompimento com uma relação determinada ou nexo de relações também é, por isso, precisa e necessariamente um rompimento com sua devoção específica. Pois é essa, afinal de contas, e não em último termo, que coloca outros limites ao pensamento libertador, que não são meramente cognitivos.

Sem dúvida, o próprio Esclarecimento também exibe o rompimento com uma determinada devoção, e, de certo modo, o rompimento com tudo aquilo que até então significava religião, quer dizer, com a consciência fetichista das antigas civilizações agrárias. Em sua crítica à crítica radicalizada ao Esclarecimento, Anselm Jappe toma essa situação a fim de inverter, em certa medida, a ponta do dardo:

Mas, num ponto a crítica ao Esclarecimento parece continuar, de fato, profundamente esclarecida, sendo, inclusive, mais esclarecida que o próprio Esclarecimento: no desejo de fazer *tábula rasa*, na iconoclastia, no rompimento com todas as tradições. Se só podemos "dar as costas com ira e asco ao inteiro lixo intelectual do Ocidente [...]", então, de fato, resta-nos somente o início completamente novo, sem podermos erigir nada a partir de qualquer coisa que tenha sido legada.[9]

[9]Anselm Jappe. "Uma questão de ponto de vista. Apontamentos a respeito da crítica ao Esclarecimento". In: *Krisis* 26, 2003.

ROBERT KURZ

Tenciono, aqui, desde logo, deter-me apenas no conceito de iconoclastia, na investida contra as imagens em geral. O que ela deve conter de ruim? Independentemente de sua espécie, os ícones não constituem o mundo, mas se limitam a representar ou simbolizar apenas uma determinada relação e compreensão de mundo. É claro que a acusação de iconoclastia desperta certas associações negativas: quem não pensaria, aqui, involuntariamente, na muito evocada barbárie do Talibã, que, diante dos olhos do público mundial, derrubou a tiros de canhão estátuas de Buda historicamente valiosas? Aqui, no entanto, a barbárie está na ausência de simultaneidade histórica. É claro que um objeto só pode ser "historicamente valioso", no sentido de uma obra de arte de museu, ou, então, de um artefato tombado como monumento histórico, quando há muito já se despiu de sua veneração piedosa, e que, por isso, não é capaz de despertar imediatamente afetos positivos nem negativos, senão que apenas sensações estéticas desgarradas, bem como interesses antiquários, num sentido que, de resto, é já de si especificamente moderno.

Para os talibãs, é claro, as estátuas de Buda não significavam qualquer objeto de interesse histórico ou estético, mas um símbolo imediatamente ameaçador e uma mazela atual ocasionada por princípios hostis a serem ultrapassados. Que se tratou, porém, objetivamente, de uma simples barbárie, e não de um ato revolucionário ou até mesmo libertador, eis algo que decorre apenas do fato de os talibãs não representarem nenhum tipo de movimento transcendente, uma nova sociabilidade ou algum futuro da humanidade, não passando, antes do mais, de produtos do declínio da própria modernidade: como todos os fundamentalismos do presente, pseudorreligiosos ou de cunho étnico, são uma regressão tão aterrorizante quanto destrutiva, como se uma parte da humanidade voltasse a desenvolver, de repente, caudas ou pelos sobre o corpo. Ocorre que, no contínuo negativo das relações de fetiche, a despeito de não haver um "progresso" positivo dos vínculos sociais rumo a condições "mais elevadas", também jamais pode haver um "retorno" a condições anteriores; o impulso reacionário sempre exibe apenas um momento de crise da própria formação em questão, sendo que a regressão só pode assumir, fantasmagoricamente, traços fictícios de um ser que não morreu.

Assim, nesse caso, tratou-se de uma iconoclastia não apenas assincrônica, senão que também a-histórica e meramente regressiva. Isso, porém, em nada modifica o aceite de que também todo efetivo rompimento histórico, toda revolução intelectual e social, toda e qualquer força histórica prenhe de um futuro sempre tiveram de vir acompanhadas por alguma espécie de iconoclastia no interior das relações fetichistas, porque, do contrário, o novo não conseguiria impor-se frente ao velho. Se São Bonifácio derrubou o carvalho de Thor, se os protestantes enxotaram os santos católicos de sua igrejas, ou, então, se Voltaire atacou a religião em geral com o grito de guerra *"écrasez l'infâme"*,[10] as imagens e os símbolos atinentes às épocas declinantes sempre foram impiedosamente removidos. Não há razão para se supor que, nos limites históricos das relações fetichistas em geral, se daria algo diferente com a modernidade e seus ícones. Precisamente porque ainda não nos encontramos para além da forma de uma síntese social fetichizada, a luta mais ou menos brutal para sair de tal forma vê-se obrigada a ter, como acompanhamento, uma música de fundo iconoclasta.

Nessa medida, dá-se com o Esclarecimento, de certo modo, simplesmente o mesmo que este, de seu lado, havia cometido com os ícones da consciência pré-moderna, apesar de que, à sua época, o Esclarecimento inicialmente também tinha de ser, em todo caso, carne da carne daquilo contra o qual ele mesmo se voltava. Dirigir-se, porém, da mesma maneira contra o Esclarecimento não significa a repetição nem a exageração do modo esclarecido de proceder, já que, desta vez, conforme seu objeto, trata-se de destruir o próprio Esclarecimento junto com seus ícones enquanto um momento constitutivo da religião secularizada, da mundana metafísica realista da relação do valor e da cisão. Tampouco se trata, no que concerne à atitude, de

---

[10]"Esmagai a infame!" [N. do T.]

ROBERT KURZ

uma atividade especificamente esclarecida, ao menos enquanto | 145
o assunto for, em todo caso, a iconoclastia como tal. Pois, ao
longo da história, atos como esses sempre fizeram parte dos
movimentos revolucionários.

Apesar disso, há uma diferença significativa em relação
a todas iconoclastias anteriores. Ocorre que os ícones do Esclarecimento possuem uma natureza distinta daquela que caracteriza os ídolos históricos e os objetos de devoção. Num
sentido até bem mais eminente do que, por exemplo, o Deus is-
lâmico, a essência metafísica real do valor não permite que dela
se faça qualquer imagem, qualquer objeto palpável de veneração e qualquer concretude para além da mistificação banal do
dinheiro. A abstração realista zomba de todos símbolos e imagens secundários, bastando-se como abstração vazia, enquanto
toda expressão sensível e simbólica,[11] bem como apresentação
física, serve-lhe somente como uma espécie de materialidade[12]
indiferente e acessória. Por isso, de imediato, os ícones do Esclarecimento são de uma natureza tão abstrata quanto aquilo que
contam representar: não se trata de imagens no sentido propriamente dito, senão que de configurações teórico-filosóficas
e positivadas das relações de valor e cisão. Nisso também se
exprime a coisificação da nova, mais recente e derradeira forma
de fetiche, bem como suas exigências de sujeição.

As qualidades da abstratificação[13] (abstração realista), da
secularização e da coisificação põem de lado a tentativa de exercer uma iconoclastia pessoal ou figurativa em relação ao Esclarecimento. Seria simplesmente estúpido, digamos, destruir
festivamente os bustos de Kant. Em suas figuras imediatamente
pessoais e em suas reproduções, os grandes intelectuais que
compõem o panteão masculino burguês não figuram como o
objeto de uma veneração supersticiosa, mas tão somente como
portadores do afirmativo conteúdo de reflexão.

Por isso, tampouco é oportuna uma outra associação, a
qual provavelmente há de se impôr por ocasião da acusação de

[11]No original, *sinnbildliche*. [N. do T.]
[12]No original, *Materiatur*. [N. do T.]
[13]No original, *Abstraktifizierung*. [N. do T.]

iconoclastia, a saber, a ideia da famigerada queima de livros. Na história das formações fetichistas, esse ato, que só pode ser um ato de barbárie, apenas nos casos mais raros viu-se acompanhado por um mero arroubo iconoclástico de forças avançadas; pelo contrário, ao menos na história do "Ocidente cristão", o que houve foram tentativas reiteradas, por parte da respectiva reação, de extinguir literalmente aqueles pensamentos sentidos como revolucionários. Que a queima de livros implica a queima de seres humanos, eis algo que foi dito com toda razão.

A crítica ao Esclarecimento, porém, não se distingue da queima de livros somente em virtude disso, isto é, pelo fato de ser revolucionária em vez de reacionária e em função de sua iconoclastia específica não se referir mais a nenhuma concretude nua e crua, mas também, e sobretudo, porque se trata de um arroubo iconoclástico no limite das relações fetichistas em geral, que já não se dá apenas no interior desse contínuo. O que se acha efetivamente na ordem do dia é o rompimento com essa espécie mesma de relação, que exclui, por definição, toda sorte de mero fanatismo e, com isso, toda vontade de aniquilação simplesmente exterior e coisificada. Nessa medida, é inevitável que a crítica ao Esclarecimento, enquanto debate no nível do fetiche, veja-se acompanhada de momentos iconoclastas; mas, como crítica ao fetichismo em geral, que já não cria novas relações de fetiche, ela também se diferencia qualitativamente de todas as iconoclastias anteriores. Tanto pelo objeto quanto pela intenção, a crítica radical à qualidade negativa do fetichismo especificamente moderno, o qual levou catastroficamente ao limite da "pré-história" de modo geral, no sentido marxiano, requer um ultrapassamento de todo tipo de vínculo simbólico e exteriorizado que seja destituído de reflexão. Somente lá, onde uma forma fetichista é substituída por outra, a iconoclastia pode acontecer como uma literal detração de imagens, ou, até mesmo, ocasionar a reação da queima de livros e seres humanos.

A crítica ao Esclarecimento tem de destruir a devoção piedosa da modernidade, mas esta se expressa imediatamente como devoção perante à forma social e sua respectiva forma de reflexão. É justamente nesse sentido que se fazem as eternas reverências diante dos *philosophes*, e, sobretudo, na presença de Kant, tal como são prestadas, aos moldes de um ritual, tanto pelos teóricos liberais como pelos teóricos conservadores e de esquerda; estendendo-se à esquerda radical e, inclusive, à própria crítica do Esclarecimento. Os bastiões à frente dessa fortificação da devoção piedosa são formados por certas evasivas, as quais, por seu turno, devem estar aprioristicamente à disposição antes de qualquer conteúdo, fazendo com que a crítica caia no vazio antes mesmo de ter sequer iniciado.

Assim, o ataque polêmico ao Esclarecimento e seus ícones é rechaçado, digamos, de um modo meio irônico e meio piedoso, como algo supostamente inapropriado, já que parece ofender os mortos em geral. Piedoso de acordo com o antigo lema: *De mortuis nil nisi bene*[14] — o que fazes é, pois, uma violação de cadáveres, cemitérios e monumentos; um teórico que se preze jamais faria algo assim. E convulsivamente irônico: há tempos que o mundo já deixou tais épocas para trás, de sorte que, hoje, não há mais a dependência de um Kant — tu bates num cachorro morto; e isso não combina nada com o cultivo da reflexão.

Quando se alude, aqui, ao momento da dependência histórica, a ele permanece implicitamente associada a reincidência nessa lógica esclarecida do desenvolvimento. O que se subentende nas entrelinhas dessa anticrítica é que, "à sua época", Kant foi justamente a "bola da vez" e representou um determinado nível (supostamente necessário) de desenvolvimento do pensamento reflexivo ou do "progresso teórico"; é claro que, hoje, se teria de ir além disso, mas não se poderia mais atacar a história enquanto história. Assim é que, nesse contexto, Kant ressurge como arquiteto primordial de um edifício de pensamento que não teria de ser derrubado, mas sobre o qual, de algum modo, se deveria continuar erigindo: quer dizer, continuidade em vez de rompimento. Ou, então, paradoxalmente, este último

---

[14]"Dos mortos só é dado falar bem." [N. do T.]

aparece, de seu lado, rompido; como um rompimento que já não existe enquanto tal.

De fato, não se pode criticar a história enquanto história; pode-se, por certo, criticá-la como presente. Que Kant é tudo menos um cachorro morto, figurando, pelo contrário, em sua arquitetura laboriosa de uma obra de arte teórica global e de dura afirmação, como um vívido adversário, e que a forma de reflexão por ele explicitada deitou raízes até mesmo na inconsciência do pensamento cotidiano de uma humanidade capitalista — eis um fato decisório que só é aceito de maneira insólita, a saber, assumindo que, justamente por conta disso, a crítica radical teria, de algum modo, que "reconhecer" respeitosamente a consciência reflexiva kantiana para, aí então, ser capaz de lidar com a forma socialmente sedimentada dessa reflexão, em vez de tratar e acertar as contas com Kant, o portador e mentor da reflexão consciente, dessa forma de agir e pensar que, não obstante, é objetivada inconscientemente, com um espírito tão agressivo e polêmico como convém ao caráter universalmente destruidor de tal modo de refletir.

Uma variante dessa equivocada devoção piedosa na crítica do Esclarecimento consiste em certificar aos seus partidários em geral, e, em particular, a Kant, que eles já teriam refutado a si mesmos, por assim dizer, mediante suas contradições internas, sua argumentação aporética e por meio do caráter insustentável de suas conclusões, de sorte que a impiedosa "polêmica póstuma" seria efetivamente vazia, porque não seria possível criticar tais senhores mais do que eles próprios já teriam criticado "objetivamente" a si mesmos. Se a mera autocontrariedade e a insustentabilidade, ou, então, um simples "final ruim", devem constituir critérios da crítica, então, Nero decerto foi o primeiro crítico do princípio imperial e Hitler, por seu turno, o primeiro antifascista. De modo implícito, assume-se, aqui, uma vez mais, um ponto de vista objetivista, o qual passa ao largo da qualidade específica da crítica como "negação não assegurada" e só entrevê o momento negatório na objetiva "consumação da história", a qual deveria ser apenas expressa — quer dizer, novamente, e agora com mais força ainda, trata-se de uma recaída na lógica do Esclarecimento. Mediante sua franqueza e sua consciência de uma reflexão afirmativa da relação do valor, Kant foi igualmente incapaz de prenunciar a crítica, tal como esta foi antecipada, por exemplo, por Sade, com sua propaganda explícita da tortura de seres humanos e da vontade de aniquilação (apesar que, em linhas gerais, Kant e Sade permanecem totalmente aparentados, tendo contribuído à formação da mesma lógica da abstração realista).

A crítica do valor enquanto crítica ao Esclarecimento não tem a menor razão para tratar justamente desse assunto de uma maneira piedosa e objetivista, à diferença do que ocorre, por exemplo, no polêmico corte do cordão umbilical que a liga ao marxismo consoante ao movimento dos trabalhadores; muito pelo contrário. A polêmica teórica contra o complexo global do pensamento esclarecido e sua respectiva ideologia tem de se converter, pois, na polêmica mais virulenta de todas as que existiram até então. Nesse, e somente nesse sentido, a crítica do Esclarecimento faz jus, mais do que em qualquer outro momento da história, à palavra de ordem: iconoclastia *now!*

O REAL OBJETO DA CRÍTICA NEGATÓRIA

Em Anselm Jappe, a acusação de iconoclastia acha-se inserida num contexto associativo bem mais abrangente, caracterizado por palavras-chave tais como "fazer tábula rasa" e assim por diante. A tentativa de inverter a ponta do dardo concebe o próprio caráter esclarecido da crítica, antes de tudo, no fato de que esta última implicaria a seguinte lógica: "rompimento puro e simples, de amanhã em diante, nada será como antes".[15] Mas, ocorre que, mesmo no passado, os arroubos iconoclásticos sempre se referiram apenas a símbolos determinados, e a "tudo"; sendo que o rompimento com a piedade esclarecida da modernidade só pode ter em vista, justamente, o modo fetichista de agir e pensar, e não todas e quaisquer produções de toda história preexistente.

[15]Anselm Jappe. Op. cit.

TÁBULA RASA

150| Por isso, o que está em jogo é um quiproquó, haja vista que na igualação da crítica radical e "iconoclasta" do Esclarecimento com o próprio Esclarecimento é possível ler:

Na ideia de que se pode fazer tudo da melhor maneira possível e de que se pode reconstruir o mundo a partir da própria razão, ou, então, daquilo que por ela se entende, expressa-se de modo lapidar a *hybris* e o delírio de produtibilidade da sociedade industrial de mercadorias, aos olhos da qual o mundo é apenas um material no qual a forma pura pode realizar-se em prol de seu próprio esplendor. Consequentemente, a título de expressão mais concentrada da lógica esclarecida, os movimentos revolucionários levados a cabo nos últimos 210 anos também levaram ao ápice tal ideia de um recomeço inteiramente novo (e, com isso, é claro, passavam uma impressão mais simpática em comparação aos reformistas, crentes de que muitas coisas nas relações existentes mereciam ser salvaguardadas); tal como, por exemplo, a Revolução Francesa, com seu novo calendário, ou, então, a Revolução Russa, com o seu "novo homem", ou, ainda, a Revolução Espanhola, na qual Buenaventura Durruti declarou que o proletariado iria herdar somente ruínas, mas que isso não lhe amedrontava, ou, enfim, a Revolução Cultural Chinesa, com a sua recusa radical dos "quatro velhos pilares: ideias, cultura, costumes e usos", bem como suas orgias de devastação. As reformas de Ataturk, que diziam respeito inclusive à escrita e à linguagem, aos sobrenomes e à contagem das eras, representam um outro exemplo. "Repleto de raiva e asco", o novo Estado sempre dava as costas ao lixo do passado no intuito de criar um novo mundo à sua própria imagem.[16]

    Aqui, momentos iconoclásticos são mesclados com traços fundamentais do pensamento esclarecido e da moderna lógica de valorização, características que já não dizem respeito apenas a uma mera aparência do rompimento transformador, senão que à destrutiva forma de reprodução especificamente moderna. No entanto, há que se diferenciar com cuidado os elementos que se sobrepõem em tal mistura. O rompimento fatalmente iconoclástico com a piedade ínsita a uma condição a ser superada sempre constitui uma ação temporal e tematica-

[16]Ibid.

mente limitada, ligada a um processo determinado e transitório, que nunca permanece o mesmo.

Todavia, com o princípio de valorização, o rompimento esclarecido libertou e desacorrentou um demoníaco programa de aniquilação mundial que se efetua permanentemente como forma de reprodução: a dissolução do mundo sensível na abstração realista da forma do valor. Por isso, em termos de seus efeitos destrutivos, os momentos propriamente iconoclásticos do rompimento burguês-revolucionário com a sociedade agrária foram praticamente insignificantes e inofensivos em comparação à permanente e reprodutiva efetivação do capitalismo sobre suas próprias bases, para além das antigas transições revolucionárias. O moderno sistema produtor de mercadorias constitui a primeira sociedade que, em sua operosidade cotidiana "normal", causa mais devastação do que qualquer árduo nascimento de uma nova formação no passado, incluindo o seu próprio surgimento.

Não deixa de ser um tanto estranha a ideia de acusar e imputar à crítica dessa lógica reprodutiva da destruição, bem como de sua forma de reflexão, junto com o ímpeto iconoclasta contra o correspondente heroísmo espiritual do Esclarecimento, o fato de resultar, a despeito de suas consequências, num programa similar àquele que, no fim das contas, tencionava dissolver, inclusive, todos os conteúdos culturais:

Há razões bastantes para dar as costas ao Esclarecimento com ira e asco. Mas não obrigatoriamente ao inteiro "Ocidente". E o que isso deve significar afinal? Que cumpre virar as costas aos seus filósofos? Tal gesto é, não raro, justificado. Mas isso também se aplica à sua música? À sua literatura? À sua arquitetura tradicional?[17]

A cadeia de associação da anticrítica e da relativização parece, aqui, completar-se finalmente: aquele que recusa o Esclarecimento iconoclástica e radicalmente, eis o que se sugere, não tenciona simplesmente destruir, à maneira dos talibãs, símbolos preciosos e figurativos, senão que arruinar a história da cultura e do espírito em geral, censurar as belas letras à moda

[17]Ibid.

do índex papal e proibir a apreciação da música de Beethoven e de Mozart; de fato, conta abolir o garfo e a faca, e, em linhas gerais, "voltar à Idade da Pedra". Nesse ponto, pode-se responder à objeção dando o troco na mesma moeda, pois esse tipo de anticrítica livremente associativa sempre foi, é claro, a especialidade da própria consciência burguesa, visando a emprestar aos abusos da modernidade a consagração do progresso e da necessidade. Assim foi, por exemplo, que os apologéticos argumentaram tanto contra os ludditas, "destruidores de máquinas", no início do século XIX como contra os críticos da energia nuclear no final do século XX: desejais voltar à natureza, ao biface, ao macaco; negais, junto com a nossa lógica abusiva, a roda, o alfabeto, a arte da fuga e a polia.

A discussão, porém, decerto não pode limitar-se ao vaivém das réplicas e tréplicas. Qual é, afinal, o verdadeiro problema que se esconde por detrás dessa cadeia associativa, dessa recriminação e contrarrecriminação do desejo de se fazer "tábula rasa"? O que é certamente indiscutível, no contexto de uma crítica à lógica do Esclarecimento, considerada necessária por ambos os lados, é o aceite de que essa mesma lógica, enquanto libertação e forma de reflexão do princípio capitalista de valorização, terminou por colocar em funcionamento uma roda de Juggernaut, a qual avassala e destrói todos os conteúdos culturais, todos os momentos de uma "vida boa" e, ao fim e ao cabo, até mesmo os pontos biológicos e planetários de sustentação da natureza. Ao que tudo indica, a questão tão disputada consiste em determinar a que pode e deve remeter-se a crítica dessa lógica destrutiva a fim de não se tornar, de seu lado, igualmente destruidora. O que tem, pois, de ser precisamente criticado, negado, destruído e superado para deter a marcha da destruição?

As polêmicas fórmulas do "lixo intelectual global do Ocidente" e do "motorista de escavadeira com bola de demolição" parecem ter provocado a rebelião de todas as elegantes arquitetas de interior no campo da crítica do valor até hoje existente. No entanto, a referência destas fórmulas está dada de modo unívoco e inequívoco. Elas não se referem a "tudo", a toda e

ROBERT KURZ

qualquer produção humana e natural (tal como faz, em seu | 153
potencial destrutivo, a lógica do valor), senão que, de uma
maneira assaz determinada, à forma reflexionante do princípio mesmo da destruição, a saber, às "ruínas inabitáveis da
subjetividade ocidental".[18]

É, pois, um tanto espantoso e inusitado como esta clara
referência é associativamente estendida à música e à arquitetura,
às forças produtivas e a toda sorte de feitos, bem como à cultura
em geral. Ao que parece, faz-se necessário, aqui, uma certa
elucidação.

Também não se deve aceitar que as fortes e polêmicas metáforas sejam, em si mesmas, responsabilizadas por interpretações pejorativas desse tipo, as quais, embaladas pelas associações, abandonam o objeto verdadeiramente designado, porque
elas simplesmente "soariam dessa forma" e porque, de resto, mediante sua polêmica radicalização, poderiam apavorar as partes
interessadas e supostamente dispostas a discutir, oriundas, por
exemplo, da atmosfera formada pelos adeptos "ortodoxos" de
Adorno. Tudo aquilo que, em princípio, desagrada e não se
ajusta bem a alguém, sempre "soa" exatamente do modo que se
espera ouvir com vistas à facilitação da defesa, fazendo-se "de
surdo" perante tudo aquilo que poderia dificultar esta última,
ainda que se trate do próprio objeto. Há um tipo de concepção burguesa acerca do que vem a ser uma discussão (com a
inclusão de uma congregação pentecostal adorniana tornada
afirmativa), a qual, sob a alegação dos costumes linguísticos e
das maneiras estilísticas, tenciona estabelecer certos limites ro-
deados por tabus, visando a demarcar as suas reivindicações[19]
e proteger a sua identidade, bem como a de seus ícones, mas
sem precisar defrontar-se com o debate a partir do núcleo da
questão.

Não levemos em conta, pois, as cadeias de associação ínsitas
às interpretações pejorativas, senão que única e exclusivamente
a efetiva declaração, apta a ser provada preto no branco, para aí

[18]Robert Kurz, "Vinte teses contra o assim chamado Esclarecimento e
os 'valores ocidentais'", in: *Krisis* 25, 2002.

[19]Em inglês, no original, *Claims*. [N. do T.]

TÁBULA RASA

então atingir, sem vaivéns evasivos, o núcleo da questão. Este último consiste na forma moderna e burguesa do sujeito, estruturalmente masculina. É disso que verdadeiramente se trata, e não da música, da arquitetura e de qualquer outro conteúdo cultural etc. Por isso, é justamente esse ponto que deveria ser discutido, e não algo distinto, que possui, no máximo, uma relação indireta e mediada, ou, então, que nem sequer diz respeito ao tema em questão.

Essa forma burguesa do sujeito pertencente à modernidade deve ou não ser extirpada junto com suas raízes, radicalmente negada e insubstituivelmente superada? Eis, pois, o ponto central. O posicionamento contrário implicaria no aceite de que, enquanto tal, essa forma do sujeito também teria momentos emancipatórios, os quais deveriam ser "guardados", de sorte que, depois da passagem pela crítica, "algo" dessa forma de sujeito, quem sabe até o que ele tem de essencial, termine por sobreviver. O que, é claro, reconduziria a crítica a um evento meio apologético, transformando-a, antes, num "projeto de salvação". Salvar ou abolir? Eis, afinal, a questão. Ou salvar um pouco aqui e abolir um pouco acolá? E o que deve ser salvo ou abolido numa medida um pouco maior? E sob qual prisma?

A forma do sujeito não consiste noutra coisa senão nesse modo geral da moderna e capitalista relação de mundo, a forma universal de pensar e agir consoante à socialização do valor. Trata-se, aqui, por um lado, daquela forma do "sujeito automático" (Marx) objetivado, o qual se impõe aos indivíduos como nexo global de relações dominadoras e autônomas, ou, então, como totalidade fetichista: como princípio da forma, abstrato e tenebrosamente vazio de conteúdo, cujo incessante e objetivado automovimento gira sobre a natureza e a sociedade qual aquela roda de Juggernaut da valorização do valor. Por outro lado, no entanto, esta forma também é, ao mesmo tempo, a forma dos portadores individuais e institucionais da ação; e, enquanto tal, num sentido mais estrito, é a própria forma subjetiva ou a "forma sujeito." Esta forma atinente aos portadores da ação constitui, por seu turno, uma forma essencial e estruturalmente masculina e desagregadora: o sujeito da lógica do valor e da cisão.

Enquanto processo, o vir a ser de tal forma subjetiva remonta à "economia política das armas de fogo" do despertar da modernidade, bem como à sua nova potência de destruição; mas, como constituição consciente e forma teórica de reflexão, só aparece pela primeira vez, com distintas acentuações, no Esclarecimento. Assim foi que o Esclarecimento escocês e anglo-saxão, tal como, por exemplo, nos teoremas de um Adam Smith, ou, então, de um Jeremy Bentham, procurou explorar, sobretudo, o aspecto economicista e real desse sujeito, a figura do *Homo economicus*, assim como a forma englobante do "sujeito automático" (a "mão invisível" do mercado, em Adam Smith). Em contrapartida, o Esclarecimento francês, de Montesquieu a Rousseau, incluindo os pregadores da virtude emergentes da Revolução de 1789, deteve-se mais detalhadamente no aspecto jurídico-estatal, isto é, na figura do *Homo politicus* da modernidade. E, por fim, o Esclarecimento alemão, com Kant a imperar acima de todos (e Hegel, até certo ponto, como aquele que completa a arquitetura-do-sistema), expôs a forma abstrata do sujeito enquanto tal, como forma essencial à base daquela aparente polaridade entre o *Homo economicus* e o *Homo politicus*, bem como as suas respectivas consequências sistêmicas, e o fez de maneira tão positivante quanto militantemente defensiva.

Se, originalmente, a constituição social real e objetiva veio à tona a partir da "economia política das armas de fogo", atuante desde o século xv aproximadamente, então os momentos filosófico-ideológicos de sua constituição primordial, anteriores ao acabamento conceptual logrado no discurso esclarecido, acham-se não só no protestantismo atinente ao despertar da modernidade, senão que também podem ser retraçados, ao menos sob determinados aspectos, até o período que designa a Antiguidade greco-romana. Aqui, cumpre deixar bem claro o fato de que a Antiguidade não pode ser pura e simplesmente acrescentada, *a posteriori*, ao moderno processo de constituição; este último tomou para si, antes do mais, apenas os elementos aparentemente compatíveis, criando, com isso, a própria compreensão moderna da Antiguidade. Enquanto um suposto contínuo de uma "civilização" baseada no valor e na cisão, o assim chamado Ocidente constitui, é claro, um construto histórico do próprio Esclarecimento. Já que este construto e a sua respectiva ideologia de legitimação, que data da Antiguidade ocidental, participou da constituição da forma moderna e capitalista do sujeito, a qual se fia na lógica masculina do valor e da cisão, pode-se falar, nessa medida, com um certo grau de legitimidade, de uma "forma subjetiva ocidental". E é possível demonstrar com facilidade que a forma ideológica de reflexão ínsita a essa relação, já desde o protestantismo, mas de modo definitivamente elaborado desde o Esclarecimento, determina-se essencialmente a partir de uma perspectiva objetivista e, de modo tácito ou explícito, misógina, homofóbica, racista e antissemitista.

Trata-se, pois, única e exclusivamente da negação, do grau, do "como" e, quiçá, até mesmo do "o que" relativo à negação desta forma subjetiva, sendo que é preciso insistir nesse ponto de maneira tanto mais impiedosa quanto este nível primário da crítica (à diferença da crítica das afirmações formais secundárias do marxismo consoante ao movimento dos trabalhadores) ainda não foi, em absoluto, claramente descerrado no desenvolvimento preexistente da Teoria Crítica do valor. Como crítica ao núcleo da moderna forma do fetiche, a crítica da forma capitalista do sujeito, dessa "forma sujeito" — tal como foi absorvida pelo marxismo atinente ao movimento dos trabalhadores a partir do pensamento burguês, determinada, em Adorno, de uma maneira ainda muito ambígua e reafirmada, em última análise, a fim de que continuasse a ter, até hoje, um sentido positivo para a esquerda —, não foi, nem de longe, levada a cabo de modo suficiente e consequente.

Um primeiro avanço teórico rumo a uma crítica básica do sujeito[20] não foi levada adiante, desde logo, no contexto da própria crítica do valor. Isso se deu, antes de mais nada, porque

[20]Cf. Robert Kurz. "Dominação sem sujeito. Acerca da superação de

a relação de gênero compreendida como relação de cisão não foi sistematicamente considerada, no nível da forma do sujeito e do valor, pela formação teórica da crítica do valor. Esta última e a crítica da cisão terminaram por se desenvolver paralelamente, uma em relação à outra, e, em grande parte, sem mediações. À semelhança da relação de dominação da modernidade eivada de conotações sexuais e, com isso, da estrutura da maioria das escolas modernas de pensamento, o contexto relativo à crítica do valor foi, em sua origem, um contexto formado por laços essencialmente[21] masculinos, de sorte que a formação teórica acaba por se determinar de um modo fortemente objetivista e por se caracterizar mediante traços contemplativos.[22]

Não é dado, porém, empreender uma crítica radical do sujeito sem incluir, sistematicamente, a crítica da cisão na crítica do valor, rejeitando, com isso, em definitivo, as tendências objetivistas e machistas no próprio modo de pensar. É justamente neste sentido que temos de refletir a nossa proveniência de forma consciente e univocamente explícita (sem pressupô-la, por assim dizer, num piscar de olhos, como algo já digerido), desconfiando, de certa maneira, do próprio processo de formação teórica, das armadilhas ainda não inteiramente descobertas do modo ideológico do Esclarecimento. A relação de cisão constitui a relação central da moderna constituição do fetiche, aquela que possibilita, em geral, qualquer relação de valor. Já que a forma do sujeito é essencialmente determinada mediante a cisão sexual, ela também não pode ser criticada, em seu

uma crítica social limitada". In: *Krisis* 13, 1993; igualmente impressa neste livro.

[21]No original, *Herkunft*. [N. do T.]

[22]Já há, nesse ensaio de 1993, uma menção ao conteúdo afirmativo da reflexão kantiana, mas esta ainda permanece incluída numa história do espírito tributária de uma visão progressista do "conhecimento", e, com isso, termina por conservar um momento daquela iconização que oculta o modo objetivista. No entanto, como parte integrante da própria constituição, a reflexão kantiana precisa converter-se no objeto de uma crítica radical, em vez de um mero "reconhecimento" de seu conteúdo reflexivo; somente então a positivação do sujeito do conhecimento masculino e determinado pela lógica da cisão, ainda atuante em Adorno, pode ser rompida.

fundamento, no modo da formação teórica estruturalmente "masculino" ligado justamente a essa forma subjetiva, pois, do contrário, tratar-se-á de uma crítica aparente e superficial (algo que, todavia, teria de ser respectivamente demonstrado).

Este modo "masculino" da moderna formação teórica foi, sem dúvida, fundado pela filosofia do Esclarecimento, a qual, ao fazê-lo, não tratou apenas de refletir um objeto "objetivo" e acidentalmente encontrado, valendo-se, digamos, de uma atitude neutra e contemplativa; ela só aparece dessa forma no seu próprio modo, que até hoje atua e penetra na crítica do valor eivada de vínculos masculinos (no seu início, ao menos). A filosofia do Esclarecimento também participou, antes do mais, da constituição do sujeito moderno, estruturalmente "masculino" e destrutivo sob todos os ângulos, assim como os cegos processos estruturais e a reflexão apologética formam, juntos, o processo histórico real em geral. Simultaneamente, a constituição filosófica consoante à "forma sujeito" não constitui, digamos, apenas um mero aspecto do Esclarecimento, o qual poderia ser criticamente subtraído para que, aí então, fosse dado preservar em seu núcleo algum elemento positivo e digno de salvação, senão que ela também compõe a essência do pensamento esclarecido como um todo, o qual, a ser assim, precisa ser correspondentemente rechaçado naquilo que possui de essencial.

A crítica da cisão, a crítica do sujeito e a crítica do Esclarecimento formam uma unidade indivisível, de sorte que nenhum destes momentos seria possível sem o outro. A crítica tem de proceder de maneira correspondente, não redutora, se espera completar o novo paradigma crítico do valor e da cisão — o que, porém, não significa o término da formação teórica em geral, mas apenas o encerramento provisório da "destruição criadora" própria ao antigo paradigma. Com efeito, podem e devem haver diferentes posicionamentos, acentuações e aspectos no contexto atinente à Teoria Crítica do valor e da cisão; estes não podem, no entanto, coexistir paralelamente, numa arbitrariedade quase que pós-moderna, como se opusessem, de modo incontornável, uns em relação aos outros, senão que precisam ser, a partir de um nível fundamental, reciprocamente conciliáveis, encerrando em si, portanto, um vínculo comum.

Uma coexistência pacífica com o modo "masculino" e desagregador da formação teórica está antecipadamente fora de questão. A ser assim, para a forma moderna, capitalista e "ocidental" do sujeito, a qual, de um modo ou de outro, só existe em suas configurações decadenciais, não deve crescer nada que possa vir a salvá-la, se se trata de levar a sério, como opção, a emancipação da relação de opressão, mundialmente destruidora, ínsita à socialização do valor. Provavelmente, isto sequer é um objeto de controvérsia; mas, aí então, no caso, a crítica do sujeito não deveria ser apenas conservada naquilo que tem de consequente, senão que também deveria ser cuidadosamente demarcada, do ponto de vista conceitual, diante das outras questões que dizem respeito, por excelência, aos feitos culturais da humanidade. Cumpre fazer tábula rasa com a forma capitalista e ocidental do sujeito, bem como com o vínculo que nos liga a uma forma fetichista em geral, mas nem por isso com toda e qualquer coisa que a humanidade produziu até hoje, a despeito de tal produção ter sido lograda mediante seu vínculo fetichista.

OS ARTEFATOS DA HISTÓRIA

Não tenciono denegar, porém, que a questão acerca da delimitação da crítica do sujeito e de sua separação do princípio destrutivo de tábula rasa, o qual se fia na lógica do valor e da cisão, possui sua plena legitimidade. Por menos que se queira aceitar a "leitura superficial" da efetiva referência das metáforas demolidoras, cumpre reconhecer, a um só tempo, o fato de que tal demarcação e/ou separação ainda não se acha efetivada mediante a simples alusão ao objeto do ímpeto à demolição, ou seja, apenas com a indicação à forma subjetiva masculina, capitalista e ocidental. A pergunta verdadeiramente legítima que se deixa extrair disso é a seguinte: que tipo de relação a forma do sujeito e sua respectiva negação estabelecem com os conteúdos culturais da história humana no sentido mais amplo do termo?

TÁBULA RASA

Tais conteúdos podem ser denominados artefatos da história, tanto da sua versão moderna quanto da pré-moderna. Trata-se, aqui, de toda sorte de produtos, intelectuais ou materiais, das assim chamadas forças produtivas, das técnicas culturais no mais extenso sentido, das "potencialidades" hauridas da história do embate humano-social com a matéria terrena e a existência física, mas também do conflito consigo mesmo, com a própria sociabilidade, com os problemas metafísicos a respeito da própria proveniência, da morte etc.

Há que se enfatizar, de saída, o conceito de conteúdo. Trata-se, pois, de conteúdos (sendo que também as formas artísticas, arquitetônicas e assim por diante podem, aqui, vigorar como conteúdos) que, a despeito de estarem submetidos ao ditado de uma determinação social e fetichista da forma, e, com isso, de uma forma de consciência (a forma do sujeito na modernidade), não são por ela totalmente absorvidos. É da essência da "história das relações fetichistas" que os conteúdos jamais sejam plenamente sorvidos pela forma, que a forma e o conteúdo entrem em contradição e que os conteúdos sempre tenham de ser, à maneira de Procrusto, violentamente readaptados à forma até serem levados, por fim, à sua própria aniquilação.

Dessa tensão e dessa contraposição entre forma e conteúdo não se segue, é claro, que os conteúdos (culturais) de qualquer espécie sejam "bons" *per se* ou que, em relação à opressão formal, constituam sempre a melhor parte da existência humana, como se fossem autônomos perante a forma, dela se separando sempre de modo unívoco. A despeito de toda tensão, a forma fetichista impregna, colore e marca em profundidade os conteúdos, os quais, de seu lado, não só estão aptos a modificar tal forma, senão que também podem explodi-los; essa relação se acha condensada do modo mais claro possível naquela célebre formulação de Marx, condizente apenas com o próprio capitalismo moderno, de acordo com a qual as "forças produtivas" (conteúdo) iriam mandar para os ares as "relações de produção" (forma). Já que com isso ainda não se determina (ao contrário da própria concepção de Marx) nenhuma apreciação valorativa *per se* positiva desse conteúdo, mas tão só a sua força explosiva, então isso vale, em geral, para a relação entre os conteúdos culturais e as formas sociais que até hoje existiu na "história das relações fetichistas" até hoje existente.

É praticamente impossível, por exemplo, fazer valer a mutilação sexual de garotinhas como um "conteúdo cultural" positivo, e tanto menos como um potencial admirável de resistência de uma cultura agrária e pré-moderna, ainda não maculada pela relação de valor, face aos abusos modernos; as relações fetichistas mais antigas em geral também constituem, qual as outras, relações de abuso e dominação, tendo de ser, por conseguinte, negadas de modo tão rígido quanto a moderna forma subjetiva em suas formas de consciência que encerram dominação, submissão e autossubmissão. Sua crítica radical contém em si a crítica radical de todas as formas fetichistas que existiram até agora. Até hoje, na "história das relações fetichistas", a relação inconciliável entre forma (a forma da consciência como forma de agir e pensar) e conteúdo sempre levou igualmente a determinações destrutivas, repressivas e autorrepressivas de conteúdo, mas sem que, por causa disso, todo e qualquer conteúdo fosse obrigado a sucumbir a esta ou àquela qualidade negativa em particular.

Mas, também os conteúdos, as potências e os feitos culturais positivos atinentes a essa história, que não devem ser negados sem mais nem menos, trarão consigo, para sempre, os estigmas de Caim próprios às suas relações de surgimento, o que justamente não pode ser reprimido, quando tais potências são necessariamente transpostas para uma humanidade liberta das estruturas fetichistas de opressão. É nesse sentido que deveria ser compreendida, sob a ótica crítica do valor, da cisão e do Esclarecimento, a famosa sequência de Walter Benjamin:

O butim será levado na marcha triunfal, como sempre foi de praxe. Chamam-lhe de bens culturais. Hão de contar, no materialista histórico, com um observador distanciado. Pois, aquilo que ele entrevê nos bens culturais parece-lhe, no todo, provir de algo sobre o qual ele não consegue ponderar sem horror. Algo que deve a sua existência não somente aos esforços dos grandes gênios, senão que também à servidão anônima de seus contemporâneos. Algo que nunca constitui um documento da cultura sem constituir, ao mesmo tempo, um documento da barbárie.[23]

Em verdade, tal ponto de vista só pode ser postulado para além do chamado materialismo histórico, o qual não passa da projeção da dialética especificamente capitalista sobre a história e sua respectiva positivação rumo ao contínuo de um "progresso" baseado na lógica de formação. Depois do rompimento com a herança do Esclarecimento, o problema exibe-se de uma maneira completamente distinta. A ruptura com a forma capitalista do sujeito equivale, necessariamente, à ruptura com as relações sociais de fetiche em geral. Uma humanidade que se libertou neste sentido depara-se, pois, com um monstruoso deserto de ruínas formado por toda sorte de conteúdos passados, a partir dos quais se vê igualmente obrigada a criar, em parte deles se apropriando, em parte rechaçando-os, provavelmente num esforço para "eliminar os resíduos", um tratamento modificado em relação à natureza e a si mesma.

Esse deserto de ruínas não constitui, é claro, o resultado de uma iconoclastia levada a cabo pela crítica ao Esclarecimento, senão que o resultado do próprio Esclarecimento, das forças capitalistas destrutivas e de seu raivoso ímpeto à destruição provavelmente mais intensificado. Por outro lado, a seleção de conteúdos é inevitável, tanto do ponto de vista lógico como em termos práticos; um início do zero, uma tábula rasa da história no nível dos conteúdos seria, pois, algo da ordem da impossibilidade. Mesmo no interior das relações fetichistas, por mais fanático que tivesse sido, nenhum rompimento com o passado, nem sequer o esclarecido e capitalista, pôde varrer "tudo" para longe e começar a partir de um marco zero virtual; em verdade, os artefatos da história sempre foram essencialmente apropriados, reagrupados e realinhados numa outra direção. Não é algo distinto do que ocorre quando do rompimento da história com as relações fetichistas, com a diferença que, neste caso, tal questão se coloca com referências alteradas e de modo bem mais consciente.

[23]Walter Benjamin. *Teses histórico-filosóficas.*

A partir de tudo o que foi dito até agora, pode-se desenvolver alguns critérios. Com isso, em primeiro lugar, a apropriação dos artefatos da história não irá reprimir nem denegar sua origem bárbara, senão que há de conservá-la, no sentido de Benjamin, como "rememoração". Em segundo lugar, tal apropriação se faz acompanhar de um processo de repúdio, justamente porque não há conteúdos "inocentes", sendo que uma parte determinada deles se acha tão eivada da forma que, tal como esta (e junto com ela), tem de ser completamente negada. Mas, em terceiro lugar, isso ainda precisa ser averiguado; para tanto, não pode haver nenhum padrão abstrato e universal de seleção, o qual, de sua parte, não exibiria outra coisa que mais uma forma de fetiche. Em quarto lugar, por fim, não pode haver, justamente por isso, nenhum preconceito[24] no que diz respeito a uma separação dos conteúdos em modernos e pré-modernos; nem no sentido de que os artefatos pré-modernos não poderiam ser redescobertos e novamente apropriados, nem inversamente no sentido de que os artefatos modernos, por serem capitalistas, teriam de ser rejeitados *in toto*, isto é, de que seria obrigatório fazer tábula rasa quanto a esse ponto. Todo *a priori* abstrato e universal relativo aos conteúdos, juntamente com a forma fetichista, caducou enquanto critério.

Aqui, é possível distinguir três níveis ou aparências de artefatos da história: obras de reflexão intelectual, e, no sentido mais amplo, filosófica (incluindo as de teor religioso, político etc.); toda sorte de produtos artísticos segundo os diversos gêneros e formas (música, literatura, pintura, arquitetura etc.); e, por fim, as técnicas de cultura e produção no sentido mais abrangente.

Com efeito, não há propriamente uma separação estrita entre estes níveis e aparências. Mas, por via de regra, pode-se dizer que as obras intelectuais e artísticas não são reproduzíveis no sentido estrito da criação conteudística (à diferença de sua reprodutibilidade meramente técnica); trata-se, pois,

[24]No original, *Präjudiz*. [N. do T.]

de monumentos. Não podemos mais pensar como Aristóteles ou Santo Agostinho, e nem mais sequer inteiramente como Marx; decerto podemos, no entanto, ler suas obras e reconhecer seus pensamentos a partir de uma outra perspectiva histórica. Tampouco nos é dado produzir uma música como o canto gregoriano, as composições de Mozart ou Beethoven, ou, então, a assim chamada tradicional "música popular" (anônima), porque todas essas formas musicais se acham ligadas a um determinado tempo e ao seu modo de relacionar-se com o mundo; podemos, porém, tocá-las, escutá-las, e, de certa maneira, desfrutá-las, recolhendo-lhes alguns elementos para, aí então, aplicá-los a outros contextos etc. Em contrapartida, conforme sua natureza, as técnicas de cultura e produção são criadas com vistas à reprodutibilidade, mas também podem sofrer, é claro, um desenvolvimento posterior (ou, até mesmo, ser suprimidas).

O que isso significa em relação à forma de consciência fetichista em geral, e, particularmente, em referência à moderna forma subjetiva? Todos estes conteúdos e artefatos vieram à luz no contexto de uma determinada forma de fetiche, mas, como um todo, não se acham em idêntica concordância com tal forma e tampouco a constituem *per se*. Por certo, as produções intelectuais são justamente as primeiras a exibirem, não raro de modo imediato, a forma fetichista e sua afirmação como configurações reflexivas. Neste sentido, trata-se, digamos, de monumentos negativos. E, enquanto tais, não são abolíveis, já que sua destruição, ou, então, uma "proibição" apta a impedir seu conhecimento equivaleria, com efeito, a uma recaída nas relações fetichizadas de opressão. Já não podem ser interditados quaisquer conteúdos para além das formas de fetiche. A destruição desses monumentos negativos do pensamento consiste, propriamente, em sua refutação intelectual e prática. Eles sobrevivem, então, de maneira análoga àquela mediante a qual as produções misantrópicas das arquiteturas dominadoras do passado são preservadas como um tipo de memorial.

O mesmo vale, pois, em especial e de maneira ainda mais aguda, às obras do Esclarecimento, e ainda mais quanto mais

ROBERT KURZ

evidentemente se afinam ou coincidem, de modo direto, com a constituição da forma capitalista, masculina e desagregadora do sujeito. Nessa medida, pode-se ler Kant tal como se visita o recinto do partido nazista em Nuremberg. Quanto mais, porém, o pensamento do passado se aventurou pelos conteúdos culturais, estéticos, naturais etc. e se debateu com os problemas semelhantes, tanto menos ele se afinou com a forma reflexiva do sujeito fetichista e em menor medida foi vitimado pela "tábula rasa" da crítica do sujeito. No panteão da filosofia do Esclarecimento, isso frequentemente não levará muito mais além do que às contradições e aporias ínsitas a tal pensamento, as quais põem a descoberto sua inveracidade e seu caráter apologético.

Além disso, porém, se deveria levar a sério, e não apenas "ler por cima", a declaração de que "a época do Esclarecimento de modo algum se esgota no Esclarecimento",[25] quer dizer, que não se esgota no pensamento esclarecido da forma reflexiva atinente à subjetividade burguesa. Quanto mais o olhar se distancia do panteão formado pelos representantes do Esclarecimento, tanto mais vêm à luz os momentos antipódicos e contrários, os quais, no entanto, não podem ser igualados à reação imanente do contraesclarecimento burguês e do romantismo. O que une o pensamento romântico e contraesclarecido ao próprio Esclarecimento, sob a forma de uma identidade negativa e polar é, justamente, a referência positiva e comum, apenas dotada de um sentido e de uma acentuação diferentes, à "forma sujeito", alusão que constitui um envenenamento comum da forma. Enquanto se tratar da negação basilar dessa forma, o contraesclarecimento está sujeito ao mesmo veredicto que o próprio Esclarecimento, do qual é apenas um derivado.

Em contrapartida, por toda parte onde o pensamento se depara com os limites da forma do sujeito enquanto tal, masculina e baseada na lógica da cisão, aventurando-se por conteúdos que não se coadunam com essa forma, ele pode conter alguns elementos positivos dos quais não se deve, consequentemente,

---

[25]Robert Kurz. "Ontologia Negativa. Os obscurantistas do Esclarecimento e a moderna metafísica da história". In: *Krisis* 26, 2003.

fazer "tábula rasa", mas sem que isso signifique, é claro, que possam substituir a crítica atualmente necessária do sujeito, ou, então, que esta última possa ser simplesmente composta por eles. A investigação da dissidência histórica nesse sentido (isto é, no sentido oblíquo à aparente oposição burguesa-imanente entre Esclarecimento e o contraesclarecimento) forma um campo importante no interior de uma teoria da história e de uma historiografia crítica do valor, da cisão e do próprio Esclarecimento, mas que ainda está por ser lavrada (materiais a esse respeito acham-se nas investigações históricas feministas, as quais, até agora, foram amplamente ignoradas pela crítica do valor). A partir disso, porém, não se pode desenvolver nenhuma linha de tradição e tampouco erigir qualquer galeria de antepassados da crítica, mas apenas tornar visíveis os vestígios de uma não concordância decaída e parcial.

Assim é que podem ser encontrados, tanto no pensamento moderno quanto no pré-moderno, e, em especial, nas suas ramificações laterais e dissidências, nos conteúdos mortos ou oprimidos, momentos de reflexão consoantes a uma história do sofrimento das relações fetichistas. Isso vale ainda mais para os conteúdos artísticos, os quais não se coadunam com a afirmação da forma fetichista da mesma maneira que as reflexões filosóficas do Esclarecimento e que também sempre expressaram o sofrimento ocasionado por tal forma, ainda que não tenham, em absoluto, ficado à salvo do envenenamento formal masculino e baseado na lógica da cisão. Não foi em vão, pois, que Adorno tencionou reconhecer, na arte, até mesmo um último refúgio do possível "não idêntico", apesar de que a arte, a título de esfera separada do processo de vida social restante, acha-se, já de si, nesta condição de separação, contaminada pela forma. Também neste sentido cabe investigar e colocar a nu as contradições, tornando reconhecível a tensão entre o conteúdo e a forma subjetiva, mas sem afirmar o conteúdo, *per se*, como algo neutro, impermeável às influências e supostamente inocente.

Em relação às referências de conteúdo filosófico e artístico, enquanto se tratar de monumentos, a sua persistência positiva ou negativa pode manifestar-se como algo relativamente pouco problemático. Algo muito diferente ocorre, por certo, com aqueles artefatos da história, os quais, sob a forma de técnicas de cultura e de produção, continuam sendo praticamente empregados, ou, então, no contexto de uma renovação crítica, são reutilizados como algo redescoberto, tomando parte no real processo de vida e de reprodução. Sob tal ângulo de visão, a questão acerca da negação crítica ou da conservação e do desenvolvimento posterior de conteúdos coloca-se, pois, num sentido completamente diferente.

Por um lado, a referência a certos conteúdos possui, aqui, um significado totalmente existencial para o posterior desenvolvimento social, que pode variar de acordo com a decisão tomada. Por não serem apenas meros monumentos, mas questões imediatamente práticas e, portanto, vitais, as técnicas de cultura e de produção não podem continuar sempre negativas, senão que, em sua negatividade, podem ser simplesmente abolidas, quer dizer, cessando puramente de existir. Mas, inversamente, também podem ser tomadas apenas como algo positivo ou necessário, sendo novamente agregadas e posteriormente desenvolvidas.

Por outro lado, e justamente em virtude do que foi dito, tal situação não pode ocorrer, ainda que os artefatos da história, em seu conteúdo de técnicas de cultura e produção, coincidam perfeitamente com a forma de fetiche, sob cuja dominação eles foram engendrados. A fermentação da cerveja e a esmagação do vinho foram inventadas há milênios possivelmente na Mesopotâmia, no entanto, não precisamos possuir a mesma forma de consciência social consoante às culturas antigas da Ásia menor e tampouco temos de acreditar em suas divindades para conseguirmos reproduzir tais técnicas em termos de seus traços fundamentais. O mesmo vale, evidentemente, para a escrita e para as diversas outras coisas. Até o fim dos dias, alguém há de ler e escrever. Técnicas incontáveis de cultura e de produção, conhecimentos das ciências naturais, matemáticos etc. foram legados e posteriormente desenvolvidos mediante formas de fetiche muito variadas, sendo que isso que também vale, por

168 | certo, a uma sociedade que se libertou da opressão exercida pela forma do sujeito. Ainda que os conteúdos sejam pouco independentes da forma social, nem por isso eles se deixam exibir, *per se* e absolutamente, somente nessa forma.

Justamente no que se refere aos artefatos capitalistas, um "programa de abolições"[26] precisará ter, por certo, uma abrangência bastante ampla, porque, entrementes, o envenenamento formal capitalista das coisas progrediu de modo assustador. Não obstante, mesmo no que diz respeito aos artefatos capitalistas no mais vasto sentido, isso não pode dar a entender que se pretenda, com isso, iniciar um programa de tábula rasa. Junto com a forma subjetiva masculina do valor e da cisão, a bicicleta e a lanterna precisam ser abolidas tão pouco quanto o zíper (ou abrir botões é mais erótico?). E por que motivo teriam de desaparecer o telefone ou a internet, ou, em geral, o uso de energia elétrica? Ou, por que razão haveriam de sumir determinadas técnicas médicas, ainda que a previdência e o hospital deixassem de existir como formas de restrição e alienação? A abolição do transporte individual não precisa significar, necessariamente, que jamais e em hipótese alguma um motor à combustão possa ser reutilizado.

Por certo, as forças produtivas capitalistas são agregadas e socializadas numa medida incomparavelmente maior do que todas as forças produtivas anteriores; todas as tecnologias individuais acham-se num amplo nexo de encadeamento. E, conforme a abstração do valor, a qual denega toda sensualidade, tal nexo é marcado, ao mesmo tempo, por um sistema de forças destrutivas. Todavia, isso não pode significar a rejeição, *per se* e "en bloc", da agregação de tecnologias, habilidades e conhecimentos. Isso equivaleria a uma negação totalitária conforme o mesmo princípio à base de uma lógica que faz tábula rasa dos conteúdos e promove a mera inversão do fetichismo da força produtiva, ingênuo e próprio ao marxismo atinente ao movimento dos trabalhadores. A negação dos conteúdos e artefatos não pode ter um início apriorístico, independentemente

---

[26]No original, *ein "Programm der Abschaffung"*. [N. do T.]

da determinação de tais conteúdos. Tampouco as agregações e os nexos de encadeamento precisam ser examinados caso a caso e em sua especificidade, escolhidos, reagrupados, em parte denegados e em parte recompostos e assim por diante.

A crítica, ou, inversamente, a retomada dos conteúdos e dos artefatos da história só pode ser, ela própria, uma recuperação de certos conteúdos, quer dizer, algo específico, dependente de algumas qualidades e com determinadas razões de ser, mas jamais algo meramente abstrato e universal em referência à forma subjetiva (o que não seria outra coisa senão a sua reprodução negativa). A frigideira de *Teflon* não pode, pois, ser rechaçada pelo fato de constituir um resíduo da tecnologia-espacial[27] capitalista e, desse modo, do complexo militar-industrial, bem como da forma subjetiva burguesa em geral; mas precisa ser rechaçada, é claro, se puder provocar câncer. Disso não se segue, porém, qualquer teoria, mas apenas algo que se assemelharia à "teoria da frigideira de *Teflon*", e que, portanto, por falta de uma capacidade universalizadora, sequer seria uma teoria. As agregações dos processos industriais de produção, das variadas redes informacionais e tecnologias gerenciais tampouco são, *per se*, de tal modo unidimensionais e monolíticas que o juízo a respeito pudesse ser feito independentemente da penetração, da escolha etc. de qualquer conteúdo, fiando-se apenas em algumas sentenças universais secas e apriorísticas acerca do nexo de relações entre forma e conteúdo.

Desse modo, o polêmico problema deixa-se resumir, de imediato, na seguinte fórmula: tábula rasa desde já, a saber, da forma subjetiva baseada na lógica do valor e da cisão (bem como do momento da consciência simplesmente desagregado e, como tal, reduzido e de conotação feminina); tábula rasa, por conseguinte, da universalidade abstrata ou da abstração realista que violenta a existência, assim como, em geral, da forma inerente a uma relação fetichista. Em contrapartida, jamais tábula daquilo que diz respeito aos conteúdos e aos artefatos da história. A esse propósito, não há nenhuma determinação unívoca e

---

[27] No original, *Raumfahrt-Technologie*. [N. do T.]

universal, senão que apenas um processo de transformação, seleção, rechaço, desenvolvimento posterior e penetração crítica, mas sem positivação ou negativização absolutas.

Por isso, os conteúdos ou artefatos da história não podem ser rechaçados em seus fundamentos somente pelo fato de terem sido engendrados, em linhas gerais, por uma forma fetichista de consciência, e, no caso da modernidade, pela forma do sujeito. De modo inverso, esta última tampouco pode ser minimamente justificada e, por fim, "resgatada" em virtude de ter criado, em geral, conteúdos e/ou artefatos que possivelmente serão adotados. Isso não seria, pois, algo muito mais inteligente do que o argumento da consciência fordista do progresso, isto é, aquele conforme o qual os nazistas não poderiam ter sido tão maus, porque teriam construído, ainda assim, a autoestrada; ainda que determinados artefatos do capitalismo — à diferença da autoestrada — sejam, de fato, passíveis de transformação numa sociedade pós-fetichista.

O ROMPIMENTO ONTOLÓGICO: DESFETICHIZAÇÃO

Tal como se mostra, já a essa altura, numa discussão virtual de um processo de prova, seleção, rechaço ou apropriação, o conflito acerca dos conteúdos reprodutivos não pode, com base em seus objetos, situar-se no plano de uma universalidade abstrata. Pois, os objetos do mundo, da natureza e da sociedade não se acham, em si mesmos, numa situação de universalidade; esta última só lhes foi continuamente imposta mediante a forma social do fetiche. Relativamente aos conteúdos, há somente a determinabilidade do individual e do particular, ou seja, o universal não vigora como algo abstrato, senão que, em certa medida, como mera universalidade interna dentro do âmbito específico de um dado objeto; como, por exemplo, a relativa universalidade consoante ao âmbito vegetal e ao trato com os viventes florais, ou seja, um nível em que resultam certos pontos comuns, sem entretanto constituir uma universalidade absoluta ou abstrata como algo real. Sem mencionar, é claro, uma

universalidade abstrata de ordem ainda mais elevada, tal como 171
foi engendrada exclusivamente pela forma fetichista totalitária
própria à socialização do valor.

Com isso, tem-se igualmente uma indicação acerca daquilo
a que irá remeter-se à discussão social para além das relações
fetichistas: a saber, justamente à determinabilidade concreta
de conteúdos, à ponderação e ao processo de descoberta a
esse propósito, e não às determinações abstrato-universais da
sociabilidade, as quais já terão, aí então, sumido do processo
real da vida.

Por certo, o rompimento com a forma atinente às relações
fetichistas é, em geral, análogo a um rompimento ontológico.
Neste sentido, poder-se-ia falar, com Walter Benjamin, que se
trata de "explodir o *continuum* da história", [28] ainda que, aqui,
imponha-se cautela na fruição do termo religioso "messiânico",
empregado por Benjamin. Em todo o caso, não se trata de criar
um "novo homem", nascido, por assim dizer, da proveta de um
tipo de metamodernização. A ideologia do "novo homem" é
um construto positivo, uma utopia ruim acerca de como o homem deveria ser, a saber, com critérios que se deixam decifrar
facilmente como as marcas da opressão exercida pela forma
do valor e da cisão, bem como de sua aspiração totalitária. Em
contrapartida, a explosão do *continuum* de relações fetichistas
é, em si, puramente negativa; trata-se apenas de se desvencilhar
de algo, a saber, da forma opressiva ínsita a uma universalidade
formal abstrata, que violenta toda dimensão conteudística.

Essa negatividade da libertação constitui, ela mesma, uma
libertação rumo a um trato mais desinibido com a qualidade específica de conteúdos de todo tipo. Com isso, só mediante uma
negação positivamente revestida surge um critério que, no que
tange tais conteúdos, não transmite precisamente nenhuma
aspiração totalitária, e, nesse sentido, não erige nenhuma mu-
ralha chinesa entre o passado e o futuro. A tais conteúdos
também pertencem os próprios seres humanos, tanto naquilo
em que se tornaram como no que vêm a ser, em sua variedade.

[28]Walter Benjamin, Op. cit.

Deles faz igualmente parte, além disso, a compreensão segundo a qual a doença e o sofrimento não podem ser totalmente abolidos, ainda que, com efeito, possam ser diminuídos; e conforme a qual a morte não pode ser pura e simplesmente superada, mesmo que possa ser protelada. Trata-se da abolição dos sofrimentos desnecessários e daqueles engendrados socialmente, do tratamento condizente com os conteúdos naturais, bem como histórico-sociais; mas não da positividade abstrata e destrutiva própria a um mundo novo por excelência, tal como a que brota exclusivamente da petulância do imperativo da valorização, assim como de sua forma vazia e autorreferencial.

O rompimento ontológico, a "explosão do *continuum*" da história até hoje existente, não cria nenhum "além-do-homem" nietzschiano, tão frio, senhorial-inumano e, por fim, tão louco, que só poderia representar a apoteose do sujeito ínsito à lógica do valor e da cisão. Em sua negatividade, o rompimento é muito mais módico, mas, por isso mesmo, também mais eficaz: não alberga nada mais que a desfetichização e, com esta, a desformalização da consciência social. Nenhuma forma nova da universalidade abstrata coloca-se no lugar da forma antiga, e tampouco o antigo princípio é substituído por um novo.

A consciência social e desprincipializada[29] não é nada mais que a consciência, o saber e a capacidade sensível do *Homo sapiens* até hoje existente, sem entretanto o anel de ferro, formado por uma relação opressiva, ao redor da cabeça. As instituições próprias a uma sociedade desfetichizada, os "conselhos", não executam mais qualquer princípio formal (a autoadministração baseada na produção de mercadorias seria uma contradição em si mesma), senão que, sem uma precondição formal, negociam[30] a variedade qualitativa dos objetos de sua reprodução. A instância da sociabilidade organizada dos indivíduos e, com esta, a síntese da reprodução, surge como consciência viva, aberta e descerrada, referindo-se livremente aos objetos; não mais como forma fechada e morta, estabelecendo-se qual

---

[29]No original, *ent-prinzipalisiert*. [N. do T.]
[30]No original, *verhandeln*. [N. do T.]

um pesadelo sobre a consciência. E, após a sua travessia pela história da modernização, quando de sua derradeira fase, tal pesadelo tornou-se conhecido em suas formas de declínio e "maduro", digamos, para a sua própria abolição. A desfetichização também significa, nessa medida, uma desritualização da sociedade, pois toda relação fetichizada de opressão é seguida de rituais rígidos em todos os níveis nos quais a alienação de si se expressa como atitude grotesca, quer em gestos religiosos de sujeição, quer no ritual que se objetifica no caixa do supermercado, na repartição de registro dos habitantes[31] ou no departamento pessoal.

A NECESSIDADE ONTOLÓGICA

No atual nível da reflexão, o problema ontológico parece consistir precisamente em não se manter a separação entre a negação absoluta da forma e a negação da referência livre, não apriorística, aos conteúdos (mesmo àqueles hauridos do passado). A forma do sujeito não é, pois, algo exterior, senão que impregnou a referência ao conteúdo de fio a pavio. A apologética mais ou menos clara e a afirmação desta forma "equivocada" de si-mesmo[32] se faz acompanhar de uma necessidade ontológica que nem de longe conta apostar suas fichas na falsa continuidade da consciência, a qual só poderia ser, porém, uma continuidade da própria forma que precisa ser rompida.

Ainda no âmbito interno da crítica, tal necessidade ontológica mostra-se como ímpeto à construção de uma lógica positiva do desenvolvimento, de uma galeria de ancestrais e de uma sucessão generativa na qual, de alguma maneira, poderíamos incluir-nos. O pensamento esclarecido valeu-se dessa necessidade para assegurar a sua afirmação da lógica do valor e da cisão. Daí, igualmente, o grande acanhamento quando se trata de eliminar o pensar próprio ao Esclarecimento. Deseja-se ter um chão histórico sob os pés. No entanto, o rompimento

---

[31]No original, *Einwohnermeldeamt*. [N. do T.]
[32]No original, *Selbst*. [N. do T.]

ontológico com a "história das relações fetichistas" é, nesse sentido, abissal.

Em sua determinabilidade específica, os conteúdos culturais, a título de artefatos da história, mesmo positivos, não oferecem nenhum chão seguro desse tipo. Em sua singularidade, separados e relativamente independentes da consciência social que os engendrou ou os retomou (da agricultura à forma lírica do soneto), eles permanecem somente objetos mortos, ou, então, técnicas e receitas desarticuladas. Apenas a consciência, que só pode ser uma consciência social, vivifica os artefatos e constrói um nexo histórico-social de relações. É, porém, nesse nível de consciência que o rompimento ontológico tem que se efetuar, o qual não se refere primariamente aos artefatos, senão que à forma mesma da consciência. Justamente por isso, tal rompimento não pode, de modo inverso, resultar de uma referência positiva feita a determinados artefatos da história, na medida em que estes não formam o seu campo. Uma sociedade que se libertou das relações fetichistas pode e deve retomar os artefatos sob os mais variegados aspectos, mas o rompimento não consiste nisso.

Por isso, parece-me haver um mal-entendido quando Anselm Jappe trata de afirmar, em relação a determinados artefatos da história, tais como, por exemplo, "melhoramentos na economia agrícola ou na esfera da navegação e do transporte [...]", bem como "progressos culturais, tais como o refinamento do sentimento rítmico no desenvolvimento da lírica europeia a partir de 1100",[33] ou, numa outra passagem, com vistas à "arquitetura tradicional" etc.: "O homem não moldado pela forma valor não é algo que só existe no futuro, senão que já se acha à disposição, ainda que na forma de *disjecta membra*".[34] Mas, tomados em si mesmos, esses *"disjecta membra"* são inanimados, não sendo possível compôr, a partir deles, nenhum homem posterior à forma dada pelo valor, como um homúnculo prenhe de artefatos, potências e conquistas.

[33] Anselm Jappe, Op. cit.
[34] Ibid.

ROBERT KURZ

Que mesmo das sociedades agrárias e pré-modernas pode- |175
rão ser retomados muitos momentos individuais com vistas a
uma "boa vida", momentos soterrados pelo capitalismo que vão
desde um conceito concreto do tempo, em vez de uma noção
definida em termos abstratos e independentes, até uma arquitetura correspondente às medidas e necessidades humanas, em
vez de uma arquitetura abstratizada por um funcionalismo baseado no valor, eis algo que estou disposto a admitir de bom
grado. No entanto, o problema não consiste nisso. Pois, esses
disjecta membra não podem fornecer um fio condutor para o
rompimento ontológico com a forma fetichista e tampouco um
solo propício a uma outra maneira de socialização. Nem a positivação nem a negação de determinados artefatos e conteúdos
aproximam-se da verdadeira problematização. Movimentos
que só fazem atacar, aqui, a energia nuclear, ali o tráfego individual e acolá a poluição do ar, mas sem ter como alvo a
forma do sujeito e da reprodução enquanto tal, são tão limitados quanto o impulso inverso, o qual se restringe a invocar,
aqui, as conquistas positivas de uma possível boa vida análoga
à tranquilidade agrária e, acolá, as conquistas estéticas.

O problema do rompimento com a forma do fetiche e do
sujeito é apenas protelado, quando Jappe desloca a mesma necessidade ontológica para a sociedade agrária e pré-moderna,
em vez de transferi-la ao Esclarecimento, colocando, assim, a
lógica esclarecida meramente de ponta-cabeça: o rompimento
ontológico há então de ser evitado, na medida em que o solo
ontológico positivo é, de um modo quase agrário-romântico,
reposicionado numa espécie de pré-passado. Assim, à diferença dos apologistas da modernidade, Anselm Jappe formula
a sua anticrítica à crítica radical do Esclarecimento menos em
nome deste último do que para salvar a sociedade agrária e pré-
-moderna como um quadro de referência amplamente positivo
e quase como medida da crítica do Esclarecimento; um ímpeto
que, aparentemente, predomina nos grupos pós-situacionistas
atuantes na França. Sob esse ângulo de visão, a acusação de querer fazer tábula rasa volta-se, é claro, antes de tudo, contra o fato
de que a crítica radical ao Esclarecimento e à forma do sujeito

encerra em si a crítica igualmente radical de todas as formas pré-modernas de fetiche, algo que, porém, é indispensável.

Torna-se patente, aqui, um deficit complementar da anti-crítica à crítica radical do Esclarecimento, seja no sentido apologético deste último, seja em sua vertente agrário-romântica. Para o pensar que se fia na ideologia do Esclarecimento e da modernização, o rompimento com a sociedade agrária representa a sublevação positiva de um movimento de libertação que, embora pudesse conter em si, com efeito, amplas rupturas estruturais, enquanto tal deveria ser, porém, levado adiante sobre o solo ontológico uma vez adquirido. Ainda que se admita, desse modo, que é necessário um rompimento com o Esclarecimento e com a forma do sujeito, tal ruptura continua inconsequente, permanecendo uma afirmação meramente leviana. Jappe simplesmente inverte esta lógica e entrevê, nesse rompimento esclarecido e moderno com a própria sociedade agrária, o pecado original, o qual seria meramente revogado mediante o rompimento com a modernidade, de sorte que, com isso, se poderia recuperar o verdadeiro solo ontológico do "progresso" nas culturas pré-modernas. A admissão de que também será preciso romper, "de alguma maneira", com as formas fetichistas pré-modernas permanece, igualmente, no patamar próprio a uma afirmação leviana.

Com isso, porém, nada foi conquistado. Ambas opções passam ao largo do efetivo problema do rompimento, permanecendo no interior da negativa continuidade histórica. Isso decorre do fato de que, nos dois casos, a necessária lógica-de--tábula-rasa[35] do rompimento com a forma fetichista e subjetiva é obscurecida e mesclada com a questão, bem menos unívoca, acerca da referência aos artefatos da história.

A ainda não superada ideologia da modernização pode ser reconhecida em suas formas mais refletidas, e, por vezes, até parcialmente críticas do Esclarecimento (por exemplo, de proveniência adorniana), não só pelo fato de se referir positivamente (em que medida de modo demasiadamente positivo, eis

---

[35]No original, *Tabula-rasa-Logik*. [N. do T.]

ROBERT KURZ

algo que ainda está por ser examinado do ponto de vista dos | 177
conteúdos) a determinados artefatos, "potências" e conquistas
da modernidade, senão que, juntamente com isso, ofuscar a
negatividade da forma subjetiva baseada na lógica masculina
da cisão, no intuito de frear e contornar a crítica radical feita a
essa forma.

De seu lado, a ideologia agrário-romântica torna-se reconhecível, inversamente, não apenas pelo fato de se referir positivamente a determinados artefatos, "potências" e conquistas da
pré-modernidade planificada pelo capitalismo (até que ponto
isso se dá de um modo demasiadamente ingênuo, eis algo que
também ainda está por ser esclarecido em termos de conteúdo),
mas, de uma maneira muitíssimo semelhante, por deixar a negatividade das formas fetichistas pré-modernas sem qualquer
definição, a fim de ainda conseguir auferir algum ganho a partir
delas, para revitalizá-las parcialmente se possível, ou, em todo
o caso, para eximi-las igualmente da crítica radical.

De um jeito ou de outro, o rechaço aparentemente evidente
de uma lógica-de-tábula-rasa, a qual ainda não foi suficiente e
claramente determinada no que diz respeito à sua referência,
pode, dessa maneira, transformar-se indiretamente numa apologia da forma. E, já que de qualquer modo não pode haver
um retorno às formas pré-modernas, o momento apologético-
-formal presente em tais argumentações ameaça, em última
análise, a flanquear involuntariamente o sujeito que se fia na
lógica do valor e da cisão (no campo da teoria, por exemplo: o
sujeito consoante ao rei filósofo, objetivista e masculino).

Que aquilo que está efetivamente em jogo na anticrítica
empreendida contra a lógica-de-tábula-rasa da crítica radical
ao Esclarecimento não são estes ou aqueles artefatos (sejam eles
modernos ou pré-modernos), conquistas culturais etc., senão
que justamente a forma social de consciência; eis o que se
torna inteiramente patente quando Jappe, de sua parte, nomeia
como critério positivo não só algumas potências individuais,
conhecimentos etc., mas, de repente, uma "essência" da história
(pré-moderna):

Não há uma natureza que pudesse ser evocada, digamos, como um padrão de medida junto ao qual a falsidade da sociedade mercadológica se evidenciasse enquanto tal, e menos ainda uma natureza que possa servir de fundamento normativo no sentido de um ponto de partida, do qual seria um pecado se afastar. Há, porém, uma "natureza" na instância que designa o desenvolvimento da humanidade. Assim como se pode falar de uma "ontologia negativa" (apesar disso ser, em rigor, um oximoro) na instância formada pelas relações históricas de fetiche — quer dizer, de circunstâncias que não pertencem ao "ser humano" como tal, mas que em maior ou menor grau podem ser detectadas em todas as formas da "pré-história" até hoje existentes —, pode-se também falar de uma "natureza" internamente circunscrita à história. Essa essência "sensível-social", que atualmente se opõe aos abusos cometidos pelo capitalismo, conservou-se, no que tem de substancial, com uma assustadora constância e unidade desde a revolução neolítica até o advento da revolução industrial. Inserida nesse quadro, ela pode ser considerada como "natural" [...].[56]

E, de pronto, aqui já não se fala de determinados "bons" conteúdos e artefatos a título de "*disjecta membra*", senão que da continuidade de uma "essência" que só pode ser apreendida enquanto a universalidade de uma forma de consciência pré--moderna e agrária, a qual, porém, tal como sua versão moderna, precisa ser negada como forma fetichista. Se a "falsidade" consoante à sociedade mercadológica não pode ser medida com base nos "*disjecta membra*" dos artefatos pré-modernos, então tanto menos poderá ser mensurada com base na forma de consciência relativa a uma "essência social natural" pré-moderna. A escolha mesma de palavras alude a essa "segunda natureza" da opressão exercida pela forma, a qual jamais pode ser positivada com propósitos emancipatórios e tomada como padrão de medida. Enquanto tal, o nível da forma decerto compõe uma marca comum da constituição, a qual não sintetiza apenas as variadas formações pré-modernas, senão que, junto com elas, também agrupa as formações modernas sob a égide de uma determinação comum; mas, no caso, de uma determinação única e exclusivamente negativa.

[56]Anselm Jappe, Op. cit.

ROBERT KURZ

Quando Jappe menciona, nesse contexto, o momento da não concordância[37] dos indivíduos diante das relações fetichistas, sobretudo face às relações modernas, parece-me haver, também aqui, um mal-entendido. Tal não concordância decerto existe, mas apenas no que se refere à forma correspondente de fetiche e suas respectivas relações de sofrimento. Ela revela o fato de que os indivíduos não se deixam absorver totalmente pelas condições formais. Mas, enquanto determinação positiva e autônoma, esse não concordar não pode, em absoluto, ser separado de sua mediação com a negatividade das relações fetichistas e tampouco convertido numa "essência ontológica" da pré-modernidade, sobre a qual nos seria facultado erigir algo. Com efeito, a não concordância existe; o que não existe, porém, é tal essência.

O sofrimento não constitui uma essência. O sofrimento vivido pode converter-se num ponto de partida e num padrão de medida negativo da crítica, mas não é um ser próprio[38] que estaria apto a ser invocado qual uma espécie de fundamento positivo essencial, independentemente daquilo de que se padece. Estaríamos lidando, aí então, justamente com o construto ideológico de uma "natureza humana" a ser descoberta pelos descaminhos modernos e esclarecidos, ainda que, segundo Jappe, esse substrato deva ser, de seu lado, um produto histórico inserido num contínuo quase a-histórico e atuante desde o neolítico. Com isso, é claro, voltamos a desembarcar na mera inversão da própria ideologia do Esclarecimento, a qual em todo caso também tencionou descobrir a "natureza humana", em princípio sempre capitalista, sob os descaminhos pré-modernos.

Um outro mal-entendido presente em tal contexto revela-se, pois, quando Jappe identifica a não absorção dos indivíduos pela forma e o sofrimento que isso lhes causa com o "âmbito cindido", e, além disso, ao identificar este último com aquela "essência" pré-moderna. Por um lado, a cisão só surgiu na mo-

---

[37]No original, *Nicht-Übereinstimmung*. [N. do T.]
[38]No original, *eigenes Sein*. [N. do T.]

dernidade junto com a forma do sujeito, apesar do fato de que, de modo análogo a esta, momentos determinados *a posteriori* e pertencentes a sociedades pré-modernas (relações patriarcais de gênero em outras constelações) possam ser reconhecidos como componentes que concorreram para tal processo. Por outro lado, pelo mesmo motivo, a cisão constitui tão só o avesso da forma do sujeito; de sorte que, como metadeterminação da constituição capitalista, ambas as coisas caminham juntas. Por isso, em sua redutibilidade, aquilo que foi cindido é algo tão negativo quanto a própria forma do sujeito, não podendo servir, com ainda mais razão, de fundamento positivo e padrão de medida. O grande inferno formado pelo processo de valorização capitalista não deve ser criticado a partir do solo do pequeno inferno familiar e cindido, e muito menos a partir da perspectiva imaginária de uma essência agrária mantida por laços de sangue. A título de fundamento ontológico da libertação, a essência materna seria, e não em último termo, um fracasso tão horrível como a essência do trabalho. Junto com a "masculinidade", cumpre abolir igualmente a "feminilidade". Justamente sob esse aspecto é ainda mais válida a exortação: iconoclastia *now*!

Ao fim e ao cabo, tudo isso significa evidentemente que a crítica radical não pode ter nenhum padrão de medida positivo e apriorístico, e que, sendo sempre incerta, jamais poderia, "por si mesma" e de um modo necessário, decorrer ou ser "derivada" de um fundamento ontológico. A necessidade ontológica é irrealizável. Somente mediante a negação, como possível consequência (mas não necessária, não garantida) do sofrimento, pode-se atingir uma situação positiva qualitativamente nova, isto é, na transformação positiva da própria negação (que não se remete a "tudo", mas precisamente à forma do sujeito e/ou da cisão); mas não porque a negação poderia, já, de seu lado, erigir algo a partir de uma condição positiva, sobre um fundamento ontológico, uma determinação essencial.

ROBERT KURZ

HANNIBAL LECTER OU A «POTÊNCIA» DA CAPACIDADE DE DISTÂNCIA

Ao que tudo indica, a inversão da lógica do Esclarecimento de traços agrário-românticos é, antes de mais nada, uma especialidade francesa, enquanto a apologética da forma prefere optar menos por esse atalho do que descobrir e conservar, diretamente, algum momento positivo na própria forma moderna do sujeito. Na Alemanha, a reação agrário-romântica na esquerda é muito mais descreditada do que em qualquer outro lugar, porque vigora como um momento central da ideologia nazista; no entanto, nem os próprios neonazis ainda tencionam ter alguma coisa a ver com isso. A ser assim, qualquer ideologia de teor natural e agrário pode, *per se*, vir à luz como ideologia "fascista", sendo que, desde os anos 1980 na República Federativa Alemã, esta desqualificação aniquiladora não apenas se converteu no principal argumento utilizado pela esquerda radical para se diferenciar dos Verdes, como também se transformou (junto com a acusação de antissemitismo) numa arma denunciatória de multiuso dentro da própria esquerda.

Em sua maior parte, essa tosca "crítica ideológica" passa ao largo do tema em questão, sendo que há muito já degenerou num autismo político-identitário de uma cena estéril; sob esse aspecto, há que se dar toda a razão a Jappe. Os nazistas fizeram as vezes muito mais de ideólogos fordistas da modernização e de agitadores em prol da individualidade abstrata do que de românticos agrários e de defensores da natureza. Mas é justamente isso que a esquerda alemã, ela mesma eivada de ideologias modernizantes, não quer admitir, à qual o conceito de modernidade pertence ao vocabulário devocional típico de uma referência sempre positiva ao Esclarecimento. A ideologia do sangue e do solo, a teoria racial e o antissemitismo terminam sempre por se entrecruzar, por certo, com o romantismo agrário e a ideologia da natureza, mas nem por isso são idênticos. De fato, a terminologia nazista descende, principalmente, do culturalismo específico do romantismo alemão, bem como das correspondentes derivações ideológicas alemãs, assentando-se num nível de referência e abstração completamente distinto daquele em que se situa a crítica ecológica feita, por exemplo, pelo Greenpeace, a qual decerto permanece irrefletida naquilo que concerne à forma social, possuindo um alcance demasiadamente curto em seu falso imediatismo, mas nem de longe pode ser denunciada como compatível com o nacional-socialismo.

Essas partes burguesas da esquerda radical alemã, devotas do Esclarecimento, confiantes na ideologia da modernização e opostas à perspectiva agrário-romântica, as quais desejam livrar-se das ideias verde-ecológicas mediante uma denunciação de um tipo tão barato, terminam por descambar, elas mesmas, no falso imediatismo e nas falsas alternativas da socialização do valor, quando, numa mera inversão de raciocínio, praticamente celebram a destruição capitalista das fundamentações naturais como uma "ação antifascista". Apenas atestam, com isso, que perdem de vista a crítica emancipatória do trabalho abstrato no mínimo tanto quanto os românticos agrários, os democratas verdes, ou, então, os pragmáticos do Greenpeace. Não é nem de longe fortuito que, sob a impressão da barbarização na crise mundial da terceira revolução industrial, uma grande parcela dessa esquerda da modernização tenha passado para o lado do imperialismo global democrático e ocidental, cedendo a uma ideologia belicista do ódio contra o dilacerado terceiro mundo, onde as incorreções racistas mais primárias pertencem ao bom tom do Esclarecimento.

Aqui não é o lugar de retraçar caso a caso os desvios e as baixezas dessa esquerda pró-ocidental, a qual, aliás, já nem mais o é. O essencial é notar que a crítica equivocada e em si mesma redutora à ideologia da natureza e do romantismo agrário, ligada a tal esquerda, acha-se acompanhada de uma apologia praticamente fanática da forma capitalista e moderna do sujeito (e, com isso, da universalidade abstrata e destruidora da relação com o mundo). Esse momento central de toda a piedosa devoção ao Esclarecimento por parte da esquerda, que até então era encoberto, veio à plena luz nos calorosos debates que se seguiram ao 11 de Setembro. E é justamente aqui que se deve buscar o efetivo *casus belli* que impossibilita toda me-

diação e marca a linha da frente das posições incompatíveis. | 183
Por mais ínfima que seja, toda apologia da forma moderna
do sujeito, baseada na lógica do valor e da cisão, precisa ser
rechaçada, em seu fundamento, tão intensivamente quanto a
apologia reacionária das formas fetichistas pré-modernas, ou,
então, a construção agrário-romântica de uma "essência" positiva e pré-moderna da segunda natureza. A "forma sujeito"
serve tão pouco como um fundamento ontológico e positivo
à emancipação quanto as formas de consciência atinente às
sociedades agrárias. Nesse ponto, a linha-de-tábula-rasa[39] deve
ser estritamente conservada.

A obscuridade que, sob esse aspecto, chega a atingir os
debates da crítica do valor e da cisão, acha-se intimamente
vinculada ao conceito das "potências". Na medida em que este
último se encaixa naquela determinação que procurei compreender, no mais amplo sentido, como artefatos da história,
então só se pode tratar de potências que, a título de conteúdos,
possam ser desvencilhadas de uma maneira ou de outra da
forma fetichista, de sorte a serem levadas a um contexto social
modificado. As capacidades da exposição simbólica dos sons
(a notação musical) ou da fusão do ferro constituem tais potências, bem como aquelas que possibilitam os transplantes de
rim ou a produção de microchips etc. Potências desta espécie
não devem, porém, ser confundidas com a estrutura da própria
forma fetichista, isto é, como forma negativa e destrutiva de
agir e pensar. Em que pese a sua cegueira e a sua destrutividade, por intermédio dessa forma podem ser desenvolvidos
conteúdos aptos a serem transformados em outras referências,
os quais não são totalmente absorvidos por ela; mas, enquanto
tal, a forma mesma continua puramente negativa, sendo que
os seus modos e estruturas não representam, pois, nenhuma
"potência" transformadora.

Ao que tudo indica, essa demarcação conceptual permaneceu extremamente imprecisa até hoje, de sorte que sobretudo o conceito de "potências", o qual, à diferença dos artefatos

---

[39]No original, *Tabula-rasa-Linie*. [N. do T.]

materialmente palpáveis, não pode ser apreendido, de saída, separadamente da forma do sujeito, parece transportar consigo um momento apologético no que diz respeito a essa forma. Assim é, por exemplo, que a capacidade de distância específica ou aumentada do homem moderno passa a ser invocada como uma potência consoante à forma do sujeito que deveria ser salva, apoiando-se explícita ou tacitamente no paradigma do suposto "processo civilizatório" (Norbert Elias).

Em princípio, contra tal argumento é preciso trazer à baila as mesmas razões evocadas contra o argumento baseado na "potência" da moderna individualidade abstrata. Em primeiro lugar, como tal, a capacidade de distância constitui tão pouco uma conquista específica da modernidade quanto a individualidade enquanto tal. Assim como, no caso da constituição de uma "segunda natureza", estabelece-se em geral uma relação do homem individual face a uma dada forma social, e, com isso, a existência da própria individualidade, também no caso do devir humano estabelece-se, em geral, uma relação de distância face à natureza, bem como um distanciamento entre os integrantes da sociedade. Sem a capacidade de distância não há qualquer cultura, nem mesmo aquela que remonta à Idade da Pedra. A suposição de uma absoluta "falta de distância" de toda sociedade pré-moderna constitui, tanto quanto a suposição complementar de sua absoluta "falta de individualidade", uma pura ideologia esclarecido-burguesa que vê a inteira humanidade anterior ao século XVIII como que vegetando no indistinto crepúsculo do "apego à natureza",[40] mas somente para, de alguma maneira, conseguir justificar como "progresso" a barbárie e a torpeza específicas da forma moderna do sujeito.

Mas, assim como a individualidade, a capacidade de distância acha-se igualmente presente, sem exceção, em todas as relações fetichistas preexistentes sob o feitiço de uma compulsiva forma social. Tal feitiço não se tornou mais fraco na forma moderna do sujeito, senão que, antes do mais, intensificou-se de maneira insuportável. Trata-se então justamente de liber-

---

[40]No original, *Naturverhaftetheit*. [N. do T.]

ROBERT KURZ

tar tanto a individualidade como a capacidade de distância da forma do sujeito, e, com isso, da forma encantatória do fetiche em geral. Isso representa, em grande medida, o contrário da opção que tenciona atribuir exatamente à própria forma fetichista do sujeito uma capacidade de distância específica a ser "salva" como uma conquista positiva.

De fato, na forma moderna do sujeito, baseado na lógica do valor e da cisão, a capacidade de distância "eleva-se" apenas num sentido puramente negativo, a saber, visando a essa relação sujeito-objeto abstrata, a qual executa o impulso à morte do sujeito do valor. Isso se deixa indicar nos símbolos[41] populares e contemporâneos do "mal". Desde o advento da indústria cultural capitalista no século xx, as piores e mais horríveis características do sujeito do valor e da cisão frequentemente se refletem, sem maquiagem e de modo involuntário, nas imaginações *pop*-culturais. Sobretudo os monstros e os grandes criminosos sobre-humanos, criados reiteradamente em variações sempre novas, lançam uma luz sobre o próprio sujeito burguês hipoteticamente "bom", e isso justamente naquilo que se refere às suas supostas "potências".

No que tange à famosa "potência" da capacidade de distância especificamente moderno-burguesa, ultimamente ela é representada na indústria cultural de uma maneira tão impactante quanto pouco apetitosa, por exemplo, pela figura canibalesca de Hannibal Lecter. Numa oportuna recensão sobre a refilmagem deste material, lê-se:

O que há de inquietante na figura do psiquiatra assassino não está propriamente num caráter intransigentemente malvado, senão que, antes do mais, em sua ambivalência, nas duas almas que, de uma maneira sinistramente harmoniosa, convivem no mesmo peito, encontram a sua expressão em ambas as partes que compõem o nome Hannibal Lecter: o lado hannibalístico-animalesco, bruto, impulsivo e destrutivo, o qual, como um gêmeo siamês, é sempre acompanhado por uma *ratio* de aparência bastante kantiana (!) — de uma razão domesticadora, que se ergue acima de toda esfera sensível-pulsional

---

[41]No original, *Sinnbildern*. [N. do T.]

e analisa o selvagem ao seu lado fria e secamente. Que lectoriza. Os mordazes assassinatos do canibal Hannibal não podem, por isso mesmo, ser classificados como vilezas cometidas por um psicopata não condenável, senão que aparecem ao observador estremecido como ações conscientes e completamente controladas, as quais, em qualquer momento, estão submetidas à minuciosa instrução do intelectual Lecter...[42]

A lógica e a relação com o mundo do sujeito do valor e da cisão não poderiam, pois, ser expostas de uma maneira melhor. Eis como se "ama" atualmente, eis como hoje se construem casas, assim é que se viaja e se come, eis, enfim, como se refere à história. Mas, o lado "canibalesco" descrito como "impulsivo" não é, digamos, o fundamento natural "racionalmente lectorizado" pela forma sem conteúdo, mas, antes, o lado sensível-pulsional justamente na situação dessa "lectorização"; sendo que esta última é assaz horrível. A forma vazia e autossuficiente consoante à abstração do valor e à lógica da cisão é e continua sendo absolutamente transcendente em relação a todo conteúdo sensível-social, até mesmo diante do sentimento mais íntimo e da sexualidade.

A "capacidade de distância" converte-se, aqui, num abismo intransponível. Por um lado, trata-se da distância que Procrusto toma em relação aos seus próximos, e, por outro, da distância diante do mundo inteiro e de todas as coisas de que Tântalo sofre. O sujeito do valor baseado na lógica masculina da cisão demonstra ser, em última análise, completamente incapaz de relacionar-se. O caráter absoluto da distância transforma-se, porém, numa ausência igualmente absoluta de distância, numa intrusão de raízes autisticamente condicionada, a qual manda o objeto da afetividade tornado impossível literalmente para a frigideira. A impossibilidade de deixar valer o objeto ou a pessoa como outro com sua própria qualidade faz da anexação imediata a última *ratio*. A eliminação da relação desde sempre fracassada segue, então, o seu caminho mais natural. Eis,

---

[42]Alexandra Stäheli. "'Red Dragon' oder Hannibal zum Hors-de'œuvre". In: *Neue Zürcher Zeitung*, 31.10.2002.

pois, no que consiste a legítima dialética do sujeito do valor. E, enquanto o próprio si-mesmo for sensível-pulsional, só pode ser igualmente superado de uma maneira autocanibalista. O impulso à morte capitalista também se deixa descrever, de sua parte, enquanto processo de um progressivo autocanibalismo.

Esta lógica pode ser acompanhada de ponta a ponta por uma delicadeza cultural burguesa. Logo no começo de *Red Dragon*, encontramos Hannibal Lecter num concerto clássico, sendo que, com sofisticação erudita, ele então escuta a nota errada que um violinista demasiadamente medíocre deixa escapar. A desaprovação do especialista não tarda em associar o sentimento desagradável do lapso à utilidade do bem corpóreo. Pois, aquele músico desafortunado é por demais bem nutrido. A competência hannibalística resulta, assim, numa dupla especialidade. Seria possível encontrar uma metáfora melhor para a moderna relação entre espírito e dinheiro, para toda a atitude cultural burguesa, toda esclarecida estética-de-feriado[43] e todo o mecenato capitalista?

Poder-se-ia pensar que, a título de imagem do sujeito do valor, Hannibal Lecter representa um símbolo de extremos que não podem ser alcançados pela efetividade. Mas não é nada disso; os Hannibal Lecter existem efetiva e corporalmente. Em dezembro de 2002, a opinião pública alemã foi impactada pelo caso do "canibal de Rotenburg". Em princípio, os detalhes do caso não são menos apetitosos do que a outra realidade capitalista:

Havia dias em que o educado Armin M. cuidava do Rottweiler e do pônei dos vizinhos. Outros em que passava para tomar um café, ou, então, em que tomava sua cerveja no bar da esquina, ou, quiçá, em que servia na festa familiar de um colega. E então houve um dia em que esquartejou um homem e comeu sua carne. Armin M., de 41 anos, diz hoje o psicólogo da polícia, é psiquicamente saudável (!) [...]. Aquilo que se sucedeu na primavera do ano passado no porão de uma [...] casa de madeira em Rotenburg às margens do Fulda deixa os duros agentes perplexos. E impele o olhar para os

---

[43]No original, *Feierabendästhetik*. [N. do T.]

mais sombrios quintais da internet, nos quais inúmeros cidadãos, à primeira vista completamente normais, trocam suas perversões sob formas mais e mais crassas. Até que a coisa se torna séria. Até que, por fim, todos os limites são ultrapassados [...]. A 9 de março de 2001, o especialista em *chips* Jürgen B., de 43 anos, estava disposto a tanto. B. havia organizado as últimas coisas, vendido o seu carro, feito um testamento, tirado um dia de férias (!) [...]. Tudo leva a crer que o ordeiro e discreto B., munido somente de seu celular e alguns milhares de marcos, dirigiu diretamente [...] a Rotenburg no intuito de visitar o seu conhecido da *World Wide Web* [...]. Na erma granja em Rotenburg-Wüstefeld, M. já havia preparado tudo há muito tempo. Quatro anos antes, depois da morte da sua mãe, mandara construir dois porões, sendo que um deles terminou por se tornar uma sala de carnificina. Em tal recinto, M., que em dias normais de trabalho consertava os computadores do Banco Raiffeisen, colocou o engenheiro berlinense diante de uma câmara de vídeo. B. ficou pelado e aí então deixou que M. lhe cortasse o pênis, sendo que a ferida foi profissionalmente suturada. Na sequência, o cordial vizinho da granja tentou comer o órgão genital com a sua vítima. Enquanto a câmara filmava, o ex-soldado então matou seu visitante com estocadas e cortes no pescoço, dependurou-o pelos pés e esquartejou o cadáver. M. armazenou a carne em porções em seu *freezer*.[44]

Não ficou de fora efetivamente nenhum clichê consoante ao deformado homem burguês e ao sujeito da cisão: especialista em computadores, empreendedor e adaptado (com vistas à viagem de horror rumo à morte, a vítima chega até a tirar férias, para que tudo se mantenha na legalidade), aparentando ser, de fato, "psiquicamente saudável" conforme as relações capitalistas — algo que, aliás, nenhuma outra pessoa pode confirmar com maior competência senão que o próprio psicólogo da polícia —, dono de uma casa de madeira de extremo bom gosto (possivelmente, uma espécie de Eldorado para arquitetas de interiores), ex-soldado (primeiro sargento)[45] e, do ponto de vista familiar, dentro da mais rígida normalidade: "O pai era

---

[44]Conny Neumann, Sven Röbel, Wilfried Voigt. "Ich will dich schlachten". In: *Der Spiegel* 51, 2002.

[45]No original, *Oberfeldwebel*. [N. do T.]

policial, o irmão tomou um rumo mais tarde e tornou-se pastor. Armin M. permaneceu junto à sua mãe, de quem cuidou até que viesse a morrer". [46]

Aqui, ao menos no que se refere às fantasias, não se trata de modo algum de uma absoluta exceção. Essas figuras chegam a pulular na normalidade pós-moderna, sendo que já estabeleceram, inclusive, um tipo de moda:

É certo que, após matar o berlinense de 43 anos, M. procurou mais vítimas. Em diversos fóruns de canibais na *net* (!), em agosto respondeu, por exemplo, ao anúncio de Michael, "da Alemanha", que oferecia o seu corpo: 24 anos, 1,85 metros, 75 quilos. "Estás interessado?" "Franky" estava interessado: "Hei de esquartejar e comer a tua fina carne!" E, em setembro, escreveu a Hänsel que procurava um "extremo carniceiro": "Matar-te-ei como um especialista e, depois, hei de esquartejar-te e comer-te inteiro juntamente com meus outros amigos canibais. De teu mestre carniceiro." Em 7 de setembro de 2001, um certo Bernd informou, inclusive, pelo endereço "darmopfer@gmx.de", que gostaria de ser comido vivo [.... As] milhares de ofertas nos locais de travessura da *web* desconhecem quaisquer limites. Nem quando se trata de torturar e devorar seres humanos, e, em especial, jovens e esbeltos [...]. Nesse meio tempo, também se tornou uma moda entre os fãs de torturas sangrentas e perversas o ato de chocar inofensivos clubes de hobby, ou, então, ocultar-se por detrás de seus afáveis rótulos. Assim é, por exemplo, que supostos canibais já conversaram sob a rubrica "*Aldi-Fanclub*" [...]. Há mais ou menos dois anos, uma plataforma da internet particularmente brutal foi a favorita declarada de tais exibições. Podia-se topar, ali, com o vídeo privado de um casal que, nu, esquartejava um cadáver e regozijava-se, em especial, com os seus órgãos genitais. Ou, então, com cenas de acidentes em que vítimas gemiam com membros decapitados — filmes que, à primeira vista, provinham dos arquivos policiais. No entanto, há muito que o correspondente endereço não alberga horror o suficiente. É mais para quem dirige lata-velha,[47] dizem os durões [...]. O que impele os seres humanos a tais fantasias? E o que leva alguns a ir, por fim, às vias de fato? Nos dias de hoje, psicólogos e criminalistas república afora procuram explicar,

[46]Ibid.
[47]No original, *für Manta-Fahrer*. [N. do T.]

no caso de Armin M., o que não se pode explicar [...]. E o caso há de ter os seus respectivos fãs [...]. "Não são poucos aqueles que, na Alemanha", diz o criminalista Rudolf Egg, de Wiesbaden, "pagariam muito dinheiro para assistir ao vídeo que a polícia confiscou"... [48]

É muito parecido com aquilo que se dá com os que cometem atentados suicidas e extermínios desenfreados: para cada um que parte para a ação há milhões que brincam com esta em sua imaginação, ou, ao menos, desejam deleitar-se com as imagens do terror. Em rigor, o canibalismo e o autocanibalismo representam somente variantes dos impetuosos ataques assassínios. [49] Vigora aqui, a um só tempo, a mesma lógica de destruição e autodestruição. E, com certeza, é o estágio final da Eu S.A. [50] que os "amigos canibais" celebram, quando se juntam para a realizar a carnificina como quem tenciona praticar música em família, ou, então, brincar com trem de ferro no porão reservado ao hobby. O homem que, junto com seu carniceiro, come o seu próprio pênis decepado como se tratasse de uma última refeição simboliza apenas o homem empreendedor da *New Economy*, o qual se sacrifica a si mesmo no altar da economia industrial e ainda reputa isso muito bacana. [51]

O moderno sujeito-objeto atingiu, aqui, a sua última e ainda concebível forma de aparência, a qual completa seu autodesmanche de uma maneira horrível. Tem-se, aqui, a medida mais extrema da distância para com o mundo, a qual se reverte num autodistanciamento igualmente extremo. De maneiras distintas, também um Adolf Eichmann ou um Timothy McVeigh, autor, já executado, do atentado de Oklahoma City, representaram a "capacidade de distância" constituída pela relação de valor e cisão. Há muito que o símbolo [52] se tornou real, e o horror, de tocaia no fundo do sujeito da concorrência, irrompe mais e mais imediatamente na superfície dos indivíduos por

[48] Ibid.

[49] No original, *des Amoklaufs*; do malaio *meng-âmok*, "matar com ira cega". [N. do T.]

[50] No original, *Ich-A.G.*. [N. do T.]

[51] No original, *eine geile Sache*. [N. do T.]

[52] No original, *Sinnbild*. [N. do T.]

ocasião da crise mundial do sistema produtor de mercadorias. | 191
No economismo realista da forma vazia, a dissolução do si-
-mesmo dilacerado em sua forma subjetiva dá à luz o monstro,
o *alien* que se esconde em toda boa criatura burguesa. E cumpre
sempre manter a compostura[53] e não fazer bagunça durante a
refeição! Tanto em nome da capacidade de distância do sujeito
do valor e da cisão como em vista da "potência emancipatória".

A DEMOLIÇÃO DAQUILO QUE TUDO DEMOLE

Digamos adeus, pois, à ilusão de querermos atribuir à forma
do sujeito enquanto tal alguma espécie de potência positiva a
ser "salva". Concentremo-nos na tarefa de organizar, por um
lado, a polêmica conteudístico-concreta acerca da seleção, da
apropriação ou da negação das potências prenhes de conteúdo,
dos artefatos da história. Isso diz respeito, de saída, sobretudo
à questão das forças produtivas no sentido mais amplo, isto é,
à relação entre as conquistas pré-modernas e modernas, bem
como à relação específica entre as forças produtiva e destrutiva
na modernidade produtora de mercadorias. E, por outro lado,
concentremo-nos ao mesmo tempo em levar adiante a crítica
radical da forma moderna do sujeito e da reprodução, para então fazermos, de fato, tábula rasa a esse propósito. Neste último
sentido, cumpre determinar a consequência de um modo de
proceder que gostaria de denominar lógica da negação.

Em verdade, essa lógica é bastante simples, mas termina
por ser obscurecida mediante a indeterminação que vigora na
relação entre forma e conteúdo. Em si, a sociedade do valor
e da cisão representa um programa-de-tábula-rasa;[54] é uma
negação em si mesma, ou, em última análise, a negação brutal
de todo o mundo sensível e social. Só pode tratar-se, então,
de libertar o mundo dessa negação diabólica e objetivada. A
emancipação é sempre a libertação de algo negativo, e, portanto,
de uma maneira muito determinada, a negação emancipatória

---

[53]No original, *Contenance*. [N. do T.]
[54]No original, *Tabula-rasa-Programm*. [N. do T.]

é uma negação da negação. Nessa medida, trata-se justamente de fazer tábula rasa da lógica-de-tábula-rasa capitalista. Não se trata de outra coisa.

Em parte com fascínio, em parte com apreensivo horror, Kant foi chamado, como se sabe, de "demole tudo" filosófico. Essa caracterização deve ser tomada ao pé da letra, pois o raciocínio[55] kantiano não exibe outra coisa senão a pura forma de reflexão do sujeito do valor, da cisão e do Esclarecimento, e não a sua crítica justamente. A crítica, se conta ser, pois, uma crítica séria, consiste então precisamente em demolir o próprio "demole tudo", e, como resultado prático, de seu lado, a "demolição de tudo" do ponto de vista realmente social.

Salta aos olhos, pois, que a demolição do demole tudo não pode ser, ela mesma, uma demolição de tudo, pois o demole tudo não constitui exatamente "tudo", mesmo que lhe seja inerente (à sua lógica) a tendência em se tornar tudo, e, com isso, dissolver o mundo em seu vazio formal, destruindo-o como mundo sensível. A demolição mesma do demole tudo é justamente idêntica à salvação de "tudo", na medida em que pode ser arrancada à demolição esclarecida e capitalista de tudo. Trata-se de se tornar capaz de tomar distância em relação ao tipo de capacidade capitalista de distanciamento, e também de se distanciar desta última real e radicalmente. A precedente e já detectada capacidade capitalista de distância constitui uma pura potência de destruição, sendo que exaltá-la como algo positivo e passível de transformação significa, em rigor, malograr tomar a distância decisiva e trair as efetivas potências. Assim como menos multiplicado por menos resulta em mais, apenas a negação emancipatória da negatividade capitalista resulta naquela liberdade positiva consoante ao tratamento adequado da qualidade própria dos conteúdos, em vez de continuar expondo-os à demolição de tudo ocasionada pela lógica do valor e da cisão.

Clarifica-se, a partir disso, a rabulice[56] e a distorção que

---

[55]No original, *Räsonnement*. [N. do T.]
[56]No original, *Rabulistik*. [N. do T.]

seria, no fundo, imputar à negação emancipatória, exatamente por sua consequência, o fato de ela não ser fundamentalmente outra coisa senão uma "demolição de tudo" — porque tenciona justamente demolir o demole tudo! O que essa anticrítica pode vir a significar senão que a defesa indireta da forma do sujeito ou do fetiche em geral, e, com isso, do demole tudo? O argumento curiosamente associativo parte da ideia de que só é possível imaginar o mundo no modo da lógica da cisão (talvez, de alguma maneira mais atenuada), porque, do contrário, tudo o que resta seria supostamente nada, o que só pode resultar, porém, em querer conservar ao menos um momento daquela lógica que, de fato, transforma "tudo" em "nada".

Vemos, aqui, uma negação da negação precisamente às avessas, a saber, a negação ao menos parcial da negação emancipatória, a tentativa de impedir os demolidores do demole tudo no intuito de salvar-lhe "alguma coisa", alguma "potência", a qual a cada vez só poderia vir à tona como um momento da destrutiva demolição de tudo. Também aqui menos multiplicado por menos resulta em mais, mas este mais é, ele mesmo, um outro menos, uma negatividade absoluta que se impôs como um positivo totalitário, ou seja, como o sujeito masculino do valor e da cisão que tem de ser simplesmente eliminado, e nada além disso. Nesse ponto, em todo caso, não pode haver nenhuma espécie de relativização, sendo-nos imperioso decidir sem subterfúgios e hesitações.

O SUBJETIVO NA CRÍTICA DO SUJEITO OU A DIALÉTICA DOS SOFTIES[†]

Assim como a constituição social do fetiche em geral e a forma moderna do sujeito em particular exibem uma relação paradoxal, a desestabilização libertadora dessa forma também se vê obrigada a se envolver, de certa maneira, com o paradoxo. Isso pode levar a irritações, porque a própria forma do sujeito como "inimigo" não é evidentemente tão fácil de apreender

---

[†] *Softies*, aqui, no sentido de "moderados". [N. do E.]

como um objeto exterior, embora tal forma jamais seja somente interior, senão que também sempre se contrapõe aos indivíduos alienados, ao mesmo tempo, como um poder exterior. Também nesse sentido é preciso afiar conceitualmente a lógica da negação, para não deixar nenhum esconderijo à apologética.

Poder-se-ia, então, com uma certa justiça, alegar contra a argumentação até agora exposta que ela age como se não fosse, ela mesma, a argumentação de um sujeito, nem mesmo da parte de um sujeito que formula a crítica de tal forma. É justamente isso que constitui o momento paradoxal desta constelação. Não se pode e nem se deve, é claro, questionar o fato de que é exatamente assim que as coisas se dão. Mas o que se segue disso? A anticrítica poderia, com uma certa razão, dizer ainda: tu te escondes, ages como se já estivesses para além da forma fetichista, como se não fosses mais nenhum sujeito masculino abismado na lógica da cisão e como se formulasse a crítica deste último, por assim dizer, a partir "do exterior". Por isso, não te gabes, com o peito estufado, como se estivesse "por cima de tudo", como metafeminista e devorador de sujeitos, senão... — senão o quê?

Cumpre perguntar, de saída, até onde tal anticrítica pretende chegar. Pois, se se trata apenas das dificuldades em "explodir" a forma do sujeito baseada na lógica masculina da cisão, junto com o contínuo histórico das relações fetichistas, então pode ser que se trate apenas do problema de descobrir como, com que meios e de que maneira é possível se desvencilhar dessa "redoma de ferro" constituída pela forma. Um conflito acerca disso não poderia adquirir nenhuma precisão particular, haja vista que seria somente um debate a propósito das modalidades, das táticas, das maneiras de abordar e, em especial, sobre o modo de exposição teórica respectivamente à escolha de um alvo comum e indiscutível. Ainda estamos, com efeito, apenas no começo da crítica ao sujeito, à cisão e ao seu modo de reflexão teórica, de sorte que nem poderia ser diferente, achando-se nossa exposição dessa crítica ainda eivada desse modo.

Mas se a isso não se vinculam quaisquer outras sugestões de

como eliminar o sujeito do valor e da cisão da melhor maneira possível, para aí então levar adiante a exposição teórica da crítica radical, vigorando, ao contrário, a censura feita logo acima, esta é, no mínimo, capaz de ser interpretada. A mensagem subliminar não tem obrigatoriamente de ser a seguinte, mas, nesse caso, decerto poderia ser: não ajas como se atacasses seriamente a forma do sujeito sob todos os seus aspectos, como se isso pudesse ocorrer em geral! Isso é impossível, de modo que tu tens de "encarar" o fato, não tentes ser algo diferente daquilo que és e do que nós somos! Vá com calma e, de resto, escute: "algo" do sujeito tem de permanecer, independentemente do que for... Com isso, porém, estaríamos novamente às voltas com a questão acerca do fundamento da negação. Assim como não se pode estar levemente grávida, assim também não se pode empreender a crítica do sujeito de leve.

Há, de fato, muito que se diga a respeito das modalidades de transformação. Com efeito, não se pode adotar uma real posição social para além da determinação formal profundamente enterrada nos indivíduos, isso é evidente. Mas é perfeitamente possível indicar um ponto de partida imanente e um caminho rumo à crítica e à transformação. Que os indivíduos não são absorvidos pela forma fetichista tal "como as formigas pelo formigueiro" (Anselm Jappe), eis algo que se faz notar, e justamente como sofrimento. Trata-se, não em último caso, de um sofrimento constante ocasionado pela relação de gênero consoante à cisão, o qual resulta na incapacidade de estabelecer qualquer relação. O sofrimento é o ponto de partida concreto. O processamento desse conteúdo da experiência pode constituir, desde logo, um ponto de vista virtual "externo": a saber, a reflexão crítica das próprias relações sociais e de gênero. Seria ridículo denegar essa possibilidade e tencionar entregar a efetiva existência de tal crítica à esfera do irreal.

Aqui, "virtualidade" não significa, no sentido pós-moderno, a arbitrariedade de um *"anything goes"* [vale-tudo], ou, então, o nivelamento da diferença entre realidade e exposição medial, senão que a autopercepção distanciada e crítica na realidade capitalista, ainda não superada e constituída pela lógica do valor e da cisão; quer dizer, aquela adoção da distância em relação à destrutiva "capacidade de distanciamento" capitalista. Neste sentido, a crítica é "virtual" segundo a sua própria essência, pois é a negação de uma relação real e ainda não superada que se dá, de início, apenas no plano do pensamento. Podemos nos ver realmente "presos" nessa relação, mas também podemos negá-la com base na experiência de sofrimento, ou seja, adotando uma perspectiva transcendente do ponto de vista ideal ou virtual, ângulo a partir do qual a crítica espera tornar-se prática. O conceito pós-moderno de virtualidade significa propriamente o contrário disso, ou seja, a substituição da crítica por uma "percepção" meramente diferente da realidade, passível de ser interpretada à vontade e de qualquer modo.

Nesse sentido precisamente avesso ao pós-moderno, o ponto de vista virtual da crítica possibilita, por um lado, que se inicie um processo de transformação prática certamente difícil de lograr, que se estende das próprias atitudes do dia a dia até à revolução das instituições sociais. Que, porém, tal processo prático se dê sob uma forma contraditória, descontínua etc., eis algo que não altera em nada o fato de o ponto de vista virtual da crítica também permitir, por outro lado, que, no campo relativamente autônomo da teoria, a lógica da crítica à forma do sujeito se desenvolva, já, em seus fundamentos, formulando-se com toda precisão e em todos os aspectos essenciais; mesmo que tal crítica ainda não possa ser esgotada, já que só se consuma completamente nas experiências da prática negatória. Torna-se visível, aqui, sob a forma de uma oposição entre teoria e prática, o momento consoante à cisão burguesa da reflexão social a ser transformadoramente invertido.

Se e na medida em que surge no horizonte de uma anticrítica meramente defensiva, o argumento acima mencionado é, porém, dirigido justamente contra a formulação teórica do ponto de vista virtual da crítica, e, em rigor, inclusive contra sua possibilidade. Sendo ele mesmo um argumento teórico, formaria, já de si, o ponto de partida para qualquer apologia da forma do sujeito. Com isso, estaria implícita uma decisão em relação a um conflito que se agita no peito agoniado da lógica masculina da cisão. Pois, a experiência do sofrimento não se vê de modo algum obrigada a nos conduzir "objetivamente" ao ponto de vista da crítica; tal experiência também pode muito bem nos levar — especialmente a partir da posição "masculina" — a uma afirmação compensatória da relação de sofrimento que se alimenta, não em última instância, da supremacia estrutural masculina: num sentido prático, converte a vivência da cisão num hábito diário; no campo da teoria, dá-se a conhecer como aquela majestade filosófica que não se manifesta apenas como uma atitude, senão que também se objetivou no próprio modo teórico.

Se já sofremos, então que soframos ao menos na falsa consciência da reflexividade, com a qual teríamos vantagem sobre a parte cindida. Eis o verdadeiro "estar acima das coisas"! A consciência da suposta superioridade no e pelo sofrimento proporciona a compensação, a qual, no nível sexual imediato, vem à luz como heterossexualidade irrefletida, e, sob o aspecto social e teórico, surge como afirmação quase natural do sujeito da cisão. Quer dizer, do ponto de vista prático-cotidiano e ainda mais sob a forma teórica objetivista-contemplativa: o aspecto de Tântalo é compensado mediante o aspecto de Procrusto, sendo que, por detrás, já há alguém à espreita — Hannibal Lecter.

Com esta determinação da oposição, bem como de suas possíveis implicações, ainda não fica estipulada uma clara distribuição dos modos de comportamento. Aquele que formula coerentemente a crítica teórica ainda pode, apesar disso, agir na prática diária e nos seus relacionamentos em plena conformidade com a lógica masculina da cisão. E inversamente: àquele que aprendeu, em algum sentido, na prática diária ou no contexto dos movimentos sociais, a revogar modos de comportamento típicos da lógica da cisão, sempre será permitido, apesar de tudo, no âmbito da formação teórica, ater-se firmemente ao modo da cisão, e, com este, à apologia da forma do sujeito (ou, então, a algum de seus momentos). É claro que outras combinações também são possíveis. A relação, a título de uma relação de contradição, só pode ser resolvida num movimento contraditório.

Mas, aqui, tratamos unicamente da formulação teórica da crítica radical. E eis o que está em jogo nesse caso: que ainda não ultrapassamos, do ponto de vista prático-social, a forma do sujeito baseada na lógica da cisão, eis algo que não pode ser usado como um argumento contra a formulação da crítica teórica a tal forma. E tampouco pode constituir um argumento o fato de que não se "possa" ou "deva" formular essa crítica em sua plena consequência. E tanto menos pode valer como argumento o fato de que "algo" contido nesta forma do sujeito "teria" de ser conservado para fins emancipatórios, devendo ser transportado a uma sociedade pós-forma do valor.

Há ainda um outro aspecto relativo a essa possível anticrítica. A esse propósito, se poderia virar uma vez mais a ponta da lança e dizer: justamente na medida em que tu, à maneira do princípio-da-tábula-rasa, trucidas a pobre da forma do sujeito e a pobre essência masculina da cisão, tu mesmo te revelas involuntariamente como um sujeito masculino, apetrechado com todos os atributos da militância e com todo armamento da forma. Tencionas, por assim dizer, cindir impiedosamente a cisão para, aí então, entrar em cena na pose de um suprassujeito.

Tal argumento, porém, resultaria de novo no rechaço e na retorção rabulista da inafugentável lógica da negação emancipatória. Se seguíssemos à risca essa inversão das coisas, jamais seriam possíveis, no fundo, uma negação e uma desestabilização das relações formais negativas. Pois, de fato, uma negação e uma superação ativa não se tornam pensáveis e tampouco viáveis se a própria crítica da forma subjetiva não tiver, também ela, um momento subjetivo, haja vista que ela mesma vem à tona, antes de mais nada, a partir da forma do sujeito como consequência do sofrimento transformado do ponto de vista emancipatório.

A fim de poder empreender uma guerra contra alguém ou algo, há que se encontrar no mesmo solo. Para acertar as contas com a forma, cumpre derrotá-la, digamos, com suas próprias

ROBERT KURZ

armas. Como dialética da negação, o elemento subjetivo presente na crítica do sujeito é, pois, indispensável. Justamente nesse sentido, não somos obrigados a admitir passivamente o fato de que ainda não conseguimos, para a nossa tristeza, superar a forma do sujeito, mas, antes do mais, redirecionar ativamente essa imanência contra a própria forma.

Isso não significa que a negação e aquilo que deve ser negado seriam, justamente por isso, idênticos, de sorte que a negação deveria ser relativizada, ou, então, desprezada de um modo geral. Numa tal caracterização ganhariam expressão apenas a falta de vontade ou a insuficiente capacidade de perscrutar a lógica da negação emancipatória. A crítica radical só continua sendo "subjetiva", porque e na medida exata em que se volta contra a própria forma do sujeito, quer dizer, na potência negatória em relação ao princípio realista negativo, contra o qual (e contra ele apenas) o momento subjetivo há de se voltar a título de um momento conscientemente aniquilador. Isso quer dizer que, em relação ao sujeito destrutivo, baseado na forma do valor e na lógica da cisão, (ainda) não é possível encontrar uma referência diferente, apta a respeitar a alteridade e levar em consideração a lógica própria às coisas, senão que apenas a sua própria lógica destrutiva, e justamente no intuito de destruir a destruição. Não se trata, é claro, de assassinar o assassino, ou, então, de violentar o violentador, mas de impedir que se assassine e se violente as pessoas (também no sentido mais amplo e metafórico do desenvolvimento capitalista das forças destrutivas), o que não pode ocorrer sem um momento de "contradestruição", o qual só se tornaria supérfluo numa sociedade livre da forma fetichista e, com esta, da forma do sujeito.

Em contrapartida, a dessubjetivação[57] condiz, desde o início, com os conteúdos que fazem referência ao mundo. Assim, por um lado, o processo de transição irá redirecionar o momento subjetivo contra o próprio sujeito, mas, ao mesmo tempo, face aos objetos e às relações sociais, tratará de desenvolver os

---

[57]No original, *Entsubjektivierung*. [N. do T.]

TÁBULA RASA

momentos atinentes àquilo que não é mais subjetivo, ou seja, relativos ao que já não se objetiva negativamente. Justamente por isso, o momento subjetivo, negatório e emancipatório em relação ao próprio sujeito não é, em absoluto, idêntico a este, quer dizer, à forma do sujeito e às suas consequências: se esta última se relaciona de uma maneira subjetivo-negatória com o mundo e de um modo positivante consigo mesma, o primeiro (o momento emancipatório), num movimento precisamente inverso, relaciona-se com o mundo de uma maneira não subjetiva e prenhe de referências ao conteúdo, mas de um modo subjetivo-negatório com a forma subjetiva enquanto tal.

Isso significa tornar-se subjetivo do ponto de vista negativo-transformador justamente contra aquilo diante do qual o sujeito, de acordo com o seu próprio conceito, jamais pôde colocar-se enquanto sujeito em seu sentido próprio e positivo, mas sempre apenas como objeto da auto-objetivação; portanto, contra o que sempre permaneceu oculto no ponto cego de sua autopercepção: quer dizer, como sujeito apenas no sentido de abolir o sujeito; sendo que única e exclusivamente para essa finalidade, visando a tal ato neste momento histórico ou ponto dialético de mudança, a subjetividade torna-se absolutamente indispensável inclusive. Todavia, mediante a inversão da negação da referência ao mundo e da autorreferência negativa dos indivíduos à forma do sujeito, isso resulta, desde logo, numa subjetividade que não pode mais ser entendida enquanto tal. Exatamente sob esse aspecto, a equivocada e açodadamente generosa "renúncia" ao momento subjetivo não seria, em verdade, nada mais que uma "renúncia à renúncia", isto é, justamente na pose da autodenominada ausência de sujeito na referência feita à destruição da forma, a efetiva vontade de deixar viva essa forma do sujeito.

De uma maneira ou de outra, em sua auto-objetivação, o sujeito sempre se coloca como um objeto; por isso, quando as coisas ficam sérias, ele sempre pode recolher-se do lado do objeto. Quanto mais subjetivo, tanto mais objetivo: "sou pequeno e puro é o meu coração, de sorte que nele ninguém entra, sendo

ROBERT KURZ

o espírito do mundo a única exceção".[58] Nunca houve o sujeito, mas sempre e somente a objetividade, e, para o nosso próprio contentamento, ainda mais subjetivos podemos ser no banal sentido burguês. Justamente esta capacidade de camuflagem do sujeito da cisão precisa ser rompida brutalmente e sem nenhuma espécie de compostura, mesmo que, por ocasião de tal rompimento, algo espirre e manche muitas coisas ao redor da mesa.

Em algum momento, portanto, homem e mulher terão de deflagar, juntos e "masculinamente", o grande golpe contra a masculinidade desagregadora; e isso com a mesma falta de consideração exibida pelo próprio sujeito do valor, a qual este normalmente gosta de executar com o mínimo de ruído. Seria uma ilusão inconsolável imaginar que a forma do sujeito pudesse ser, de algum modo, tranquilamente superada, ou, inclusive, meramente minimizada sem esta passagem através da negação dura e franca. Se o capitalismo, enquanto forma de reprodução, não se deixa reeducar com vistas a um tratamento vegetariano do mundo, tampouco o sujeito consoante a essa forma. O animal de rapina precisa ser alvejado. Aqui malogram igualmente todos os estratagemas e filosofemas chineses, os quais, diante dessa forma, atuam como uma vovozinha, propagando, por exemplo, a "ação através da não ação", ou, então, exortando-nos a esperar contemplativamente à margem do rio até que, sem golpe ou tiro, o inimigo passe por si e ao nosso lado qual um cadáver. Se seria ou não possível acertar as contas com outras coisas dessa maneira, o fato é que com a forma do sujeito não é!

A anticrítica lançada contra o aspecto subjetivo da crítica do sujeito termina por reincidir sobre si mesma, pois a renúncia a tal momento subjetivo não seria, de sua parte, outra coisa que a tentativa de agir como se já nos encontrássemos para além da forma fetichista e do sujeito, como se nos fosse facultado existir confortavelmente enquanto não sujeitos em meio e em

---

[58]No original, *Ich bin klein, mein Herz ist rein, ist niemand darin als der Weltgeist allein*. [N. do T.]

referência à forma subjetiva. Com isso, no entanto, nenhuma transformação seria lograda, senão que apenas aquela "ausência de si-mesmo" no sentido de Hannah Arendt, tal como sempre esteve à espreita no fundo da "forma sujeito" e tal como se exteriorizou em suas mais terríveis barbaridades. A "nostalgia de não precisar mais ser um sujeito", e, sobretudo, quando se trata precisamente de não precisar mais ser subjetivo contra o próprio sujeito, não é nada mais que a nostalgia de, sem empreender qualquer luta, poder ser e continuar sendo um sujeito masculino da cisão, mas sem precisar sofrer a tortura ínsita a tal relação: estar "lá em cima", e, se possível, na posição constante de missionário, de sorte a não ser obrigado a se sentir "por cima", podendo ser superior sem ter de suportar o peso da superioridade.

Mas, a ser assim, a pertinente anticrítica ao caráter subjetivo da crítica radical do sujeito não pode ser compreendida, a partir da perspectiva da crítica, apenas como sinônimo de deficiência e inconsequência, senão que também como contra-ataque ativo por parte do próprio sujeito da cisão. Com vistas a tal defesa, este último não possui somente a opção de sua atuação blindada, isto é, da simples afirmação em que o sujeito "declara" ser e querer ser aquilo que é. Também no nível da relação direta de gênero não há apenas o chauvinista[59] secundário, mas também e sempre a cada vez o tipo *softie*, o homem dos grupos masculinos, o qual tenciona obter fraudulentamente para si uma emancipação que, em verdade, nem de longe é o que pretende ser. É o hétero durão e próprio à cisão, o qual, como sempre, encerrou os impulsos homossexuais rechaçados com pânico nas paredes do porão do inconsciente, mas que apetrecha o seu exterior com os acessórios gays[60] e femininos, como se adornasse uma árvore de Natal com lantejoulas. Os *softies* e os homens pertencentes aos grupos masculinos apenas brincam com os atributos da feminilidade; não no intuito de superar a relação da cisão, senão que a fim de acimentá-la de

---

[59]No original, *Chauvi*. [N. do T.]

[60]No original, com sentido pejorativo, *Schwulen*. [N. do T.]

uma maneira particularmente pérfida. Trata-se do homem que pretende ser "masculino" com uma energia intacta e, além de tudo, apoderar-se do "feminino", que, enfim, quer "possuir tudo"; assim como, inversamente, a mulher que tenciona "possuir tudo", a ocupação profissional e a carreira, incluindo a concorrência acotoveladora, mas também, ao mesmo tempo, o cindido "ser feminino", a família, os filhos, bem como uma vida doméstica burguesa. O que, é claro, só pode fracassar de ambos os lados, porque, como se sabe, não há vida autêntica em meio à falsa.

Não tenciono e nem posso aprofundar-me aqui, mais demoradamente nos problemas associados aos modos práticos de comportamentos da relação diária entre os gêneros, os quais, de qualquer maneira, não podem ser preferencialmente solucionados mediante uma discussão teórica. No nível da reflexão crítica, trata-se, antes do mais, de saber como a "dialética dos *softies*" pode apresentar-se na argumentação teórica e em relação à crítica do sujeito, ou, então, face à sua recusa ou denúncia. Como apologista teórico e positivante do sujeito, o *softie* — do qual emana a alma da cisão tal como a alma da mercadoria emana do economista — poderia fiar-se na estratégia de tomar para si o papel da inocência perseguida; mais ou menos à maneira do antissemita, que sempre se apresenta como perseguido e acantoado por judeus. Em sua imitação[61] da "feminilidade", o sujeito da cisão se veria obrigado a acusar de modo bastante similar a dura negação da forma subjetiva, a lógica-de-tábula-rasa da crítica ao sujeito, de proceder de uma maneira demasiadamente "masculina" e bélica, de não ter deixado a "masculinidade" para trás etc. Com isso, é claro, a inteira situação seria colocada de ponta-cabeça, e, paradoxalmente, a negação do sujeito seria boicotada mediante a própria invocação da crítica do sujeito. A contrapelo disso, seria preciso mobilizar a antiga divisa dos autônomos, a saber, "sentimento e severidade": sentimento aos conteúdos e às relações, mas

---

[61]No original, *Mimikry*. [N. do T.]

severidade contra a forma do sujeito — e que não se confunda, por gentiliza, uma coisa com a outra!

NÃO HÁ UMA DIALÉTICA DO ESCLARECIMENTO. PARA ALÉM DO CONCEITO HEGELIANO DE «AUFHEBUNG»

Essas ponderações, contudo, também englobam a compreensão positiva da dialética que até hoje vigora nas teorias da crítica social. Quando Adorno e Horkheimer falam, por exemplo, de uma "Dialética do Esclarecimento", não têm em mente, com certeza, uma dialética da forma e do conteúdo, quer dizer, da negação da forma destrutiva (forma sujeito) e da positiva transformação de conteúdos culturais. Por exemplo, é apenas marginalmente que se fala, em geral, das célebres "forças produtivas". Aos mentores da "Escola de Frankfurt" é bastante claro que a invocação de determinados artefatos, potências da ordem do conteúdo, técnicas etc. seria algo simplesmente banal no contexto da problematização por eles lançada, passando ao largo do efetivo tema. Quando falam de "Dialética do Esclarecimento", contam essencialmente designar uma relação ou um processo que se desenrola no interior da própria forma do sujeito. É nisso que consiste propriamente a contradição e a inconsequência de seu pensamento: por um lado, eles veem a tendência à destruição e à dissolução do inteiro mundo sensível na abstração realista que, *a priori*, acha-se na "forma sujeito"; com isso, acercam-se da crítica da forma enquanto tal. Por outro lado, no entanto, a constituição desta forma ainda se apresenta como o ponto de partida primordial e verdadeiro da emancipação, de sorte que o seu pensamento termina por se enredar numa aporia insolúvel.

Cumpre aqui reter, porém, que a "Dialética do Esclarecimento" de Adorno e Horkheimer é, em última análise, uma dialética negativa de fio a pavio. Não fazem uma contabilidade de leiteira à maneira da "crítica *light* do sujeito", mas insistem na aporia que, para eles, é insolúvel. Veem a potência emancipatória, antes do mais, num passado irresgatável do sujeito, enquanto o presente vem à luz caracterizado essencialmente pelo desenvolvimento de sua potência de destruição. Nessa medida, em tal nível, a Teoria Crítica sem dúvida deságua no pessimismo cultural, o qual não representa apenas uma especialidade do pensamento antiesclarecido de direita, senão que também uma possível consequência do próprio pensamento de esquerda, que ainda se adere à lógica do Esclarecimento, uma vez que tenha acedido a um determinado patamar reflexivo. De resto, tal consequência é bem mais proba do que o raciocínio exposto por todos os atuais adeptos ortodoxos de Adorno e evocadores positivos do sujeito (em especial, após o 11 de Setembro), os quais tratam de inverter novamente essa dialética no intuito de imputar à forma capitalista do sujeito, uma vez mais, e justamente em sua agonia, essa potência libertadora que Adorno e Horkheimer já entreviam, há quase sessenta anos, como algo extinto.

A aporia só se deixa solucionar mediante o reconhecimento de que não há uma dialética do Esclarecimento e que, como tal, o sujeito moderno tem de ser determinado como algo puramente negativo (pois, em sua essência, Esclarecimento não quer dizer outra coisa senão que a reflexão positiva justamente dessa forma). Se fosse o caso de falar de uma dialética histórica num sentido novo, totalmente distinto, crítico do valor e da cisão, então só poderia estar em jogo, em primeiro lugar, aquela contradição entre forma e conteúdo; e, em segundo lugar, essa determinação diria respeito à inteira e até hoje atuante "história das relações fetichistas", já não podendo constituir, pois, uma específica "dialética do Esclarecimento". A moderna compreensão acerca da dialética remete-se, porém, somente à dialética formal do sujeito e do objeto, e, em última análise, apenas à relação face ao mundo do sujeito do valor e da cisão, bem como à relação que este último estabelece consigo mesmo. E, nesse sentido instituído, a dialética precisa ser totalmente rechaçada como meio emancipatório; pode ser remetida unicamente de

TÁBULA RASA

forma negativa ao processo imanente, ínsito à forma do sujeito, de destruição de si mesma e do mundo.

Em *Dialética negativa*, Adorno adota um tom que, em certa medida, aponta para a direção certa; quando, por exemplo, já no prefácio, diz que tomaria como sua a tarefa de "romper, mediante a força do sujeito, a ilusão da subjetividade constitutiva".[62] Com isso, porém, termina apenas por atingir o limite de sua aporia sem solucioná-la, pois, em sua referência puramente negativa à forma do sujeito enquanto tal, o conceito de "força do sujeito" é compreendido, aqui, somente de maneira implícita, sem jamais ser explicitado. A necessária conversão à subjetividade operada contra o próprio sujeito não é inequivocamente explorada enquanto tal em sua determinação puramente negatória, senão que permanece refém da referência positiva à "liberdade autoritária do sujeito",[63] que, aí então, sob a forma do próprio sujeito não superado, deve libertar-se novamente de sua consequência destrutiva. Desse modo, a razão de tal sujeito tem de ser inutilmente acusada a cada vez de "interditar esse desenvolvimento rumo à liberdade, que se acha presente em seu próprio conceito".[64] Mas, em tal conceito, bem como na realidade que a ele subjaz, não existe nenhuma "liberdade", senão que apenas a opressão fetichista da forma, a qual é meramente declarada, na linguagem do Esclarecimento típica de Orwell, como sendo uma "liberdade" paradoxal.

Noutras palavras: aquela "força" deve ser negatória, mas sem negar o essencial. A subjetividade negatória dirigida contra o próprio sujeito não é, pois, compreendida como uma superação transformadora do sujeito, senão que, em rigor, como a sua (inútil) autorregeneração, ou, ainda, em última análise, como sua "efetivação" bem lograda, o que poderia lembrar as mal afamadas "forças autorregenerativas do mercado". Assim, ao fim e ao cabo, a negação inconsequente recai novamente sobre a aporia, em roupantes sempre novos e torturantes, quando, por exemplo:

[62]*Negative Dialektik*, 7ª Edição, 1992, p. 10.
[63]Ibid., p. 31
[64]Ibid., p. 47.

A dominação universal do valor de troca exercida sobre os seres humanos, a qual denega *a priori* aos sujeitos a possibilidade de serem sujeitos e que rebaixa a subjetividade mesma à condição de um mero objeto, relega aquele princípio de universalidade que diz fundar a hegemonia do sujeito à esfera da inverdade. [65]

A negatividade consoante ao valor de troca surge, aqui, ao menos no plano do desejo, como algo completamente externo ao sujeito, de sorte que aquela auto-objetivação factualmente presente no conceito de sujeito precisa ser imaginada como algo apto a ser eliminado do sujeito ainda compreendido em chave positiva, uma vez que se tenha eliminado o valor de troca — como se fosse possível ou se "devesse", em todo caso, ser fundada a "verdadeira hegemonia do sujeito". De passo em passo, Adorno esbarra a cada vez na mesma aporia, porque não consegue compenetrar-se de nenhuma determinação inequivocamente negativa e transformadora da conversão à subjetividade contra o sujeito, senão que a negação deve permanecer sempre sobre o solo ontológico do próprio sujeito positivo. Nessa medida, em que pese a sua polêmica contra a necessidade ontológica, o próprio Adorno permanece preso neste ponto da ontologia, consoante justamente à ontologia do sujeito (esclarecido).

O que malogra, aqui, é a negação da negação no sentido emancipatório, a saber, a negação da negação do mundo[66] à base da própria forma do sujeito. Em rigor, Adorno pretende negar esta última, mas, porque se aferra a um conceito positivo e indeterminado da forma subjetiva, precipita-se mais e mais, a cada vez, na negação invertida da negação emancipatória; apenas levanta o braço no intuito de bater para, no mesmo instante, erguer a voz contra o braço levantado, de sorte que o golpe nunca é desferido. Com isso, em última análise, também não foge à fechada dialética do sistema hegeliano, na qual a negação da negação sempre significa, de antemão, a afirmação da forma subjetiva e a negação do mundo sensível.

[65]Ibid., p. 180.
[66]No original, *Welt-Negation*. [N. do T.]

Na vulgar dialética marxista, a dialética hegeliana é levada adiante em sua lógica positiva sem quaisquer interrupções, sendo apenas remetida ao materialismo, igualmente vulgar, das forças produtivas e das relações de produção, em vez de referir-se ao idealismo objetivo do espírito universal e da história consoante à sua alienação. Tudo se passa, pois, como se a negação da negação concernisse a um processo histórico progressivo, desta feita, tornado materialista, no qual uma dada formação decorre necessariamente da outra, negando-a e conservando, a um só tempo, algo dela consigo, a saber, as respectivas "forças materiais de produção", as quais teriam tornado-se demasiadamente limitadas à antiga formação.

Como, porém, nessa lógica o antigo conceito esclarecido de progresso e desenvolvimento completado por Hegel permanece conservado, de modo intacto e incompreendido, como um momento da própria constituição burguesa (em vez da história, de modo geral), os dialéticos "materialistas" também não se dão conta que eles mesmos conservam, de uma maneira igualmente intacta, a lógica atinente à forma capitalista do sujeito. Pois, quer em sua versão objetivo-idealista, quer em sua versão materialista, algo permanece o mesmo: a negação dialética da negação significa, em verdade, a continuidade da forma subjetiva que ainda se conserva, de modo implícito, na versão materialista. A negação hegeliana da negação sempre é uma negação da negação emancipatória, inclusive antes que esta seja formulada enquanto tal.

No entanto, meras forças produtivas, artefatos, conteúdos disparatados, técnicas etc. não podem constituir nenhuma dialética, senão que tal tarefa só é facultada à forma da consciência. Somente em sua radicalização enquanto forma moderna do sujeito é dado a esta última constituir uma dialética subjetiva-objetiva, cuja estrutura e dinâmica foram exploradas afirmativamente por Hegel. Tanto sob a forma dos indivíduos como no papel de "sujeito automático" do global movimento social, que, em Hegel, figura como espírito universal, vontade etc., o sujeito também se acha silenciosamente conservado na versão materialista enquanto portador irrefletido do "desenvolvimento da força produtiva". Nos dois casos, ele forma o verdadeiro suporte da dialética e da negação da negação, a qual é denominada "supressão".[67]

Em sua famosa significação tripartite, o conceito de supressão corresponde exatamente tanto à metafísica esclarecida da história, posteriormente aprimorada sob a forma da teoria do desenvolvimento, como também à exigência, a ela ligada, de um automovimento meramente imanente do sujeito do valor e da cisão.

Como bem se sabe, supressão significa, em primeiro lugar, manutenção ou conservação:[68] é nessa acepção que se acha inscrita a constante identidade do sujeito do movimento em desenvolvimento, o qual se conserva acima de todas as mudanças (sujeito do espírito universal em Hegel e "sujeito automático" da valorização do valor em Marx, juntamente com a reflexão consciente do sujeito do conhecimento masculino-contemplativo a eles subjacente). Mesmo em sua alienação, tal sujeito mantém-se perto de si próprio, para então sempre voltar a si mesmo como algo que vem a ser "para si".

Em segundo lugar, supressão significa elevar-se,[69] escalar rumo a um novo nível, tanto de desenvolvimento objetivo como de conhecimento (o que, em Hegel, dá no mesmo). O retorno do valor e do sujeito de valor da alienação em direção à insuperável identidade acontece como um processo de "vir-a-ser-para-si" mediante degraus cada vez mais elevados, até que, enfim, o iluminado e derradeiro estado da forma "refletida em si mesma" e de sua respectiva consciência "em si e para si" seja alcançado; factualmente idêntico à devastação do mundo, ao Armagedom da história de imposição capitalista.

Em terceiro lugar, supressão também significa, num certo sentido, eliminação[70] ou superação,[71] mas justamente não do portador do evento como um todo, a saber, do sujeito. É o

[67]No original, *Aufhebung*. [N. do T.]
[68]No original, *Aufbewahrung oder Konservierung*. [N. do T.]
[69]No original, *Höherheben*. [N. do T.]
[70]No original, *Beseitigung*. [N. do T.]
[71]No original, *Überwindung*. [N. do T.]

mundo e a remissão sensível a ele que, sucessivamente e em graus cada vez mais elevados, são eliminados. Em contrapartida, o sujeito vazio da forma, ou, se preferir, a "forma sujeito", nunca se coloca enquanto tal na perspectiva de um rompimento, senão que sempre apenas na perspectiva da continuidade, tal como esta é afiançada pelos demais níveis de significado do conceito de supressão. A conversão materialista de tal conceito operada pelo marxismo não modifica nada nesse caráter auto-afirmativo, que pende para o lado da identidade do valor, do movimento de supressão; o que decerto também corresponde ao caráter afirmativamente imanente do marxismo consoante ao movimento dos trabalhadores, referido ao mero reconhecimento na forma.

Assim como o movimento imanente, o resultado aqui também é tautológico: ao fim e ao cabo, o que se vê não é o rompimento com a forma sujeito ou com a lógica do valor e da cisão, senão que a "consciência refletida em si" pertencente à forma mesma do sujeito, a sua própria consciência positiva, ou, por assim dizer, a consumação, desta feita consciente, de uma constituição fetichista que até então medrava apenas de um modo natural. E tal seria, então, o fim assaz infeliz da história, a supressão da consciência fetichista em si própria, o paradoxo de uma consciente falta de consciência. Na versão marxista, seria o "retorno a si" das categorias capitalistas na forma do Estado operário, a suposta inatividade das categorias como "refletidas em si mesmas", e, em verdade, a condição do mundo como um universo fisicamente arruinado. No plano que designa o sujeito do conhecimento, se trataria da situação do rei filósofo "refletido em si", o qual pode estar de acordo com tudo, porque tudo sabe e não se vê mais obrigado a fazer nada por si mesmo, tendo adentrado, por assim dizer, no nirvana da contemplação de si mesmo.

Enquanto conceito positivo da crítica, o conceito de supressão só serve, pois, à história de imposição imanente, ao desenvolvimento da relação de valor e cisão em seu próprio terreno e no interior das fronteiras de sua identidade fetichista; ou seja, trata-se meramente de um outro nome dado à "modernização", ou, então, à progressiva fixação do mundo na forma do valor, bem como à progressiva cisão, as quais são levadas a cabo até o completo desenvolvimento do impulso à morte nelas contido, contra a própria existência física. Não se trata, por isso, de uma arbitrária e bizantina elucubração conceitual, de um mero conflito a propósito de algumas palavras, senão que da questão mesma que se coloca quando o conceito de supressão, até agora empregado de forma não problemática nos textos críticos do valor e da cisão, é rechaçado a fim de que se fale, em seu lugar, em superação e rompimento.

Isso também equivaleria ao fim da dialética moderna, à superação do movimento sujeito-objeto que deságua na autodestruição. A "Dialética do Esclarecimento" seria, nessa medida, não a oposição entre um conteúdo subjetivo já de si emancipatório e a sua inversão destruidora — a qual, neste sentido, nem mesmo existe —, senão que apenas o automovimento do sujeito, em si sempre destrutivo e que precisa ser refreado. Há que se romper a continuidade identitária da forma do sujeito para, aí então, explodir os grilhões da lógica do Esclarecimento e fugir à sua potência auto-ofuscante. *Ceterum censeo subjectum delendum esse.*

DOMINAÇÃO SEM SUJEITO
Acerca da superação de uma
crítica social limitada

I

Um dos vocábulos mais preferidos da crítica social de esquerda, papagueado com a aceitação impensada do óbvio, é o conceito de "dominação". Num sem-número de tratados e páginas soltas, os "dominadores" foram e são considerados como grandes e difusos malfeitores, para esclarecer os sofrimentos da socialização capitalista. Esse quadro é lançado retrospectivamente sobre a história inteira. No linguajar especificamente marxista, o conceito de dominação estende-se àquele de "classe dominante". Com isso, a compreensão acerca da dominação adquire uma "base econômica". A classe dominante é a consumidora da mais-valia, da qual se "apropria" com ardil e deslealdade, e, evidentemente, violência.

Salta aos olhos que a maior parte das teorias da dominação, incluindo as marxistas, reduz o problema em termos utilitaristas. Quando ocorre apropriação do "trabalho alheio", quando há repressão ou violência explícita, então isso se dá para uso e abuso de algum indivíduo qualquer. *Cui bono*, eis ao que se reduz a problematização. Uma tal maneira de considerar as coisas não faz jus à efetividade. A própria construção das pirâmides dos antigos egípcios, que engoliu o mais-produto[1] dessa sociedade numa porção não desprezível, não se deixa remontar forçosamente a um ponto de vista do uso (totalmente econômico) por parte de uma classe ou casta. O massacre mútuo dos diversos "dominantes" por razões de "honra", fica nitidamente excluído de todo mero cálculo com vistas à utilidade.

[1]No original, *Mehrprodukt*. [N. do T.]

DOMINAÇÃO SEM SUJEITO

A redução da história humana a uma infindável luta por "interesses" e "vantagens", empreendida por sujeitos de um seco egoísmo utilitário,[2] vê-se simplesmente obrigada a reduzir ou distorcer muitas aparências reais para ser capaz de reivindicar um valor decisivo de explicação. A concepção segundo a qual tudo o que não é absorvido pelo utilitário cálculo subjetivo seria uma mera vestimenta de "interesses" sob formas religiosas e ideológicas, instituições ou tradições, torna-se risível, quando o real gasto com essa suposta vestimenta suplanta em grande medida o núcleo substancial do pretenso individualismo. Com frequência, se teria de afirmar justamente o contrário, ou seja, que os pontos de vista atinentes ao individualismo, contanto que sejam reconhecíveis, exibem uma simples vestimenta ou uma mera exterioridade de "algo diferente", que se manifesta nas instituições e tradições sociais.

Poder-se-ia então dizer que existe, aqui, simplesmente, um típico anacronismo do pensamento burguês. Uma constituição social e uma maneira de pensar capitalistas, isto é, modernas, são impostas às épocas pré-modernas, cujas reais relações deixam de ser, com isso, apreendidas. Isso significaria que a redução da dominação ao individualismo e à luta de interesses seria então válida, ao menos, para a própria modernidade, de cujo solo também nasceu essa mesma maneira de pensar. Não se pode negar, de fato, que a imagem aparente das sociedades modernas, incluindo a psique dos seres humanos que "ganham dinheiro", parece fundir-se ao individualismo abstrato.

Mas, precisamente o caráter abstrato desse "usufruto", situado para além de todas as necessidades sensíveis, é, ao mesmo tempo, aquilo que denega tal superfície. Quando o individu-

---

[2]Não é insignificante o fato de que o egoísmo utilitário seja afirmado, com sinais invertidos, igualmente pelos opositores do marxismo. Em especial os ideólogos liberais e neoliberais, adeptos radicais do mercado, tomam por algo evidente que um certo egoísmo fundamental nos seja "inato", a "nós seres humanos"; sendo que desde a "fábula das abelhas" (1705), de Bernard de Mandeville, bem como da "mão invisível" [*invisible hand*] presente na teoria de Adam Smith (1776), a soma social do egoísmo utilitário e privado vale como bem-estar público ou "bem comum".

alismo é retraduzido no nível sensível das necessidades, ele | 215
então adquire algo de fantasmagórico, de totalmente irracional. Tal como é introduzido na forma totalitária do dinheiro, o individualismo parece ser, paradoxalmente, algo perfeitamente independente face aos indivíduos e àquilo que lhes é "próprio". Esse caráter estranho do interesse egoísta, supostamente imediato, permaneceu oculto na fase histórica da ascensão do capitalismo, enquanto o individualismo moderno e constituído ainda não havia se separado completamente do conteúdo sensível da riqueza. Poderia parecer, então, que o individualismo seria efetivamente a mera forma de uma luta pelo ("parco") mais-produto material, como se tratasse de uma fundamentação comum à toda história até hoje existente, a qual teria sido superlativamente simplificada apenas na modernidade capitalista e, por conta disso, finalmente descoberta enquanto tal.

Essa concepção marxista vulgarizada, idêntica àquela do *Manifesto comunista*, decerto se mostra ridícula face à efetividade do capitalismo tornado maduro. Hoje, o individualismo constituído emancipou-se de uma vez por todas de qualquer conteúdo de necessidade sensível na forma do dinheiro. O mais-produto material já não pode ser definido como objeto-de-apropriação com vistas ao uso e ao abuso por parte de um indivíduo qualquer; ele se tornou visivelmente independente como uma monstruosa finalidade em si. A capitalização do mundo e os projetos abstratos e abundantes de utilização adquirem uma semelhança desesperada com a construção das pirâmides no umbral da civilização, ainda que sob formas sociais de relação totalmente diversas (mercadoria e dinheiro).

Aos seres humanos que já não reclamam pela satisfação das necessidades, senão que apenas por "vagas de trabalho", será preciso atestar um tipo de imputabilidade que denuncie o seu assim chamado individualismo como mera consumação de um princípio religioso secularizado. Isso também vale aos que, enquanto proprietários, gerentes, políticos e assim por diante, veem-se obrigados a manter em funcionamento esse princípio independente. Também sua utilização é meramente secundária, a qual é comprada cada vez mais às expensas de seu próprio prejuízo.

Pode-se inferir que a modernidade detém, pois, algo em comum com todas as formações sociais preexistentes. E que não consiste no individualismo abstrato, o qual teria desvelado-se, por fim, no capitalismo. Precisamente ao contrário, tal elemento em comum é, antes do mais, aquilo que não se confunde com nenhum cálculo político ou econômico de interesses, sendo que, na modernidade, o que vem à luz paradoxalmente como individualismo não constitui, na realidade, nada próprio ao indivíduo, mas algo que dele se assenhora. Também os dominadores são dominados, haja vista que nunca dominam efetivamente por necessidade própria ou por mera satisfação, senão que em prol de algo que se acha pura e simplesmente para além deles mesmos. Nisso, eles também sempre prejudicam a si próprios, levando a cabo algo que lhes é estranho e aparentemente extrínseco. Sua pretensa apropriação da riqueza converte-se em autorretalhação.

Sob uma forma modificada, a redução utilitarista dá-se igualmente nas modernas teorias não marxistas ou não liberais da dominação. O usufruto abstrato e econômico é, aqui, meramente substituído por um usufruto não menos abstrato do "puro poder". Se o marxismo vulgarizado presume uma base ontológica do "interesse econômico", outras teorias burguesas da dominação pressupõem ou a base biológica, geneticamente ancorada, de um "impulso ao poder" (bem como um impulso à agressão) ou, no mínimo, constantes antropológicas e a-históricas. Arnold Gehlen, por exemplo, vê a necessidade da dominação na existência das instituições sociais em geral, as quais teriam ocupado o lugar do instinto no intuito de guiar o comportamento. Uma concepção que ressurge, de modo atenuado, naquelas sábias máximas de mesa de bar segundo as quais "o ser humano" seria, em si mesmo, um animal desenfreado, tendo de ser institucionalmente domado pelo Estado autoritário.

O poder ou a dominação sempre surgem, no melhor dos casos, como domesticáveis para o direito, o qual teria então de

ROBERT KURZ

ser definido igualmente como região ontológica. Ecleticamente, | 217
todo esse tipo de derivações de dominação duplica-se nas fórmulas dualistas de dinheiro e poder enquanto "meios" daquela
concebível sociabilidade. Conforme o temperamento e a situação histórica, a domesticação mediante o direito pode, então,
ser compreendida como desnaturação ignóbil, a qual obscurece
a verdadeira imagem humana da luta pela existência (*survival
of the fittest*), ou, de modo inverso, como progresso em direção
à verdadeira imagem humana de uma dominação depurada. A
própria dominação permanece um princípio eterno, sendo que
a sua "diferenciação" reformista continua a ser, no limiar do
encobrimento, a única forma possível de emancipação, tendo
Habermas, diga-se de passagem, como seu profeta. Com isso,
estaria provado que toda história até hoje transcorrida foi, no
fundo, necessariamente a história das social-democracias.

O marxismo sempre lutou contra as teorias "reacionárias"
da dominação apenas a partir de uma outra perspectiva da dominação, ou seja, a partir da perspectiva de sua determinação
econômica, enquanto que o pensamento de uma supressão[5]
da "dominação do ser humano pelo ser humano" continuou
no nível de uma promessa fraca e abstrata, para um futuro
indeterminado e além de toda teoria e prática. Se, no entanto, a
dominação constitui um princípio ontológico, seja por motivos
econômicos, biológicos e/ou antropológicos, então permanece-
ria tão somente a pergunta por quem domina ou deve dominar,
bem como a questão de que maneira se efetua a dominação.
Como modelos de explicação, "impulso ao poder", prazer e/ou
usufruto do puro poder, ou, então, cálculo econômico com fins
utilitários chegam sempre ao mesmo resultado: à diferença de
sua determinação ontológica, a existência empírica da dominação é um produto da vontade subjetiva. O sujeito da dominação
exerce o domínio, porque quer dominar, porque "tem algum
proveito nisso".

Esse recuo da dominação empírica sob a forma de um mero
elemento subjetivo torna-se fatalmente impregnante nos cri-

---

[5]No original, *Aufhebung*. [N. do T.]

térios mesmos da dominação. Enquanto as teorias biológicas e/ou antropológicas da dominação acham-se, normalmente, inclinadas a afirmar a ordem existente, ou, quando muito, a reivindicar outra ordem ainda mais autoritária, os marxistas (que tencionam substituir o tipo de dominação existente por uma outra forma de domínio, "de acordo com as classes") e os anarquistas (que são a favor de uma anulação imediata e insubstituível da dominação) denunciam preferencialmente os dominantes empíricos como porcos subjetivos. Às vezes, isso pode ser inutilmente denegado mediante afirmações teóricas opostas, quando a objetividade estrutural da dominação é, de modo ilusório, trazida ao campo visual para além dos sujeitos existentes. Mas o efeito surpreendente jamais perdura por muito tempo. Os temerosos enfoques de uma penetração teórica da sistemática falta de sujeito da dominação não são preservados. Quanto mais o pensar se aplica às relações em particular, à práxis ou à agitação com objetivos sociais, tanto mais ele se torna novamente subjetivo, tanto mais o reducionismo vulgar converte-se rudemente num mero cálculo de interesses. Aqueles que dominam são "injustos", embolsam para si todas as vantagens, exploram, conduzem arbitrariamente um regimento "à sua disposição", vivem felizes e contentes às expensas da maioria, sendo que também poderiam agir de outro modo, haja vista que sempre sabem exatamente o que fazem.

A grosseira redução da dominação a um cálculo utilitarista exige, portanto, uma redução grosseira da consumação da dominação a um sujeito autônomo da vontade. Essa redução deixa-se demonstrar praticamente à vontade na literatura marxista e de esquerda. Um conceito subjetivo de dominação é axiomaticamente pressuposto, sendo que as análises detalhadas são então empreendidas diante desse pano de fundo. Sem qualquer precondição, a "assimetria entre capital e trabalho no processo de produção" é invocada para, aí então, de uma maneira rasteiramente subjetiva, afirmar-se:

que os empreendedores individuais ou as administrações, na medida em que dispõem exclusivamente dos meios de produção, também têm

ROBERT KURZ

à sua disposição o poder exclusivo (!) de designar esses meios, bem como os trabalhadores a eles integrados pela organização trabalhista, para certos fins aplicativos, dispondo outrossim dos produtos que daí são gerados conforme seus próprios (!) cálculos de valorização.[4]

Aqui, a "valorização" é inteiramente reduzida ao cálculo individualista, subjetivo e particular, dos portadores da dominação, uma concepção que caracteriza, por assim dizer, o marxismo tradicional atinente ao movimento dos trabalhadores e à nova esquerda, a despeito de todas as contradições (as quais, atualmente, tornaram-se desimportantes). Com ainda mais coerência, o "grupo marxista" (GM), por ocasião de sua autodissolução, expressa essa mesma redução numa espécie de canto de cisne. Critica-se os dominantes pela falta de pudor em sua atitude, pelo fato de

que cada trabalhador que ganha seu dinheiro (!) precise de agradecer-lhes pela oferta de um posto de trabalho. Os quais, de maneira inversa, assumem não poder evitar demissões, porque as imposições do mercado, sobre as quais que eles próprios têm controle (!), não lhes permitiriam agir desse modo.[5]

Essa afirmação dificilmente pode ser mal entendida, haja vista que o "grupo marxista" define seus empreendimentos de agitação junto às "vítimas do capital" como necessidade de "não se deixar mais utilizar pelas imposições que outros ampararam",[6] abreviando o tratamento prático com a repressão da forma social da mercadoria de tal modo que termina por ver nele, uma vez mais, apenas a impertinência de "delegar, como problemas, os efeitos desagradáveis de volta a seus criadores (!)".[7]

A pressão agitadora passa nitidamente ao largo de todas as compreensões rudimentares e obscuras da natureza da relação do valor, soterrando toda reflexão que lhe diz respeito e impelindo a uma interpretação segundo a qual, de repente, todos

---

[4]Cf. Josef Esser. *Gewerkschaften in der Krise,* Frankfurt, 1982, p. 226.
[5]Cf. MSZ 4/91 (última edição), *Der Fall MG,* p. 8.
[6]Ibid., p. 5.
[7]Ibid.

os "capitalistas", políticos e gerentes "detêm o poder" das leis do sistema produtor de mercadorias. O desemprego, tal como sugere sistematicamente a grosseira afirmação agitadora do "grupo marxista", não constitui uma lei de estrutura do sistema produtor de mercadorias, mas um negativo ato de vontade dos "dominantes". Tal é, pois, o conceito burguês e esclarecido de dominação de 1789, o qual, a despeito das inúmeras categorias do capital desde então impingidas, nunca aportou na crítica econômica de Marx.

A valorização do valor, a máquina social atinente a um fim em si mesmo privado de sujeito, é, para Esser, um dos sociólogos sindicalistas de esquerda atuante nos anos 1970, bem como para as seitas agitadoras do "grupo marxista", igualmente remissível, em termos subjetivistas, ao puro portador volitivo, o qual, mediante sua suposta "vontade de exploração", cria a inteira organização com o nome de "capitalismo". Por isso, também faz parte do tradicional e agitador repertório argumentativo das esquerdas, dentre as quais os *Realos*,[8] partidários devotos do Estado e crentes na economia de mercado, o ato de denegar as imposições da socialização efetivada pela forma mercadoria, denunciando-a como pura manobra de dissimulação e de desvio por parte daqueles dominantes que teriam forjado o argumento da repressão apenas com vistas à sua própria vantagem (possivelmente, por "avidez pelo lucro").

Mesmo no nirvana político em que ele descansa em paz desde então, pode parecer ao "grupo marxista" um tipo de golpe baixo compará-los a um publicista reformista, ou, até mesmo, aos "realos" (também se poderia acrescentar aqui, é claro, os autônomos). No entanto, no que se refere à questão atualmente decisiva acerca da crítica à sociedade, tal grupo não se mostrou efetivamente melhor nem no mais ínfimo ponto. O problema consoante ao fim em si mesmo privado de sujeito continuou sendo-lhe algo oculto, ou, em todo caso, não foi mobilizado teoricamente.

[8]Adeptos "realistas" do Partido Verde alemão; opõem-se aos *Fundis* ("fundamentalistas"), que esposam uma perspectiva marxista e antiliberal. [N. do T.]

II

A restrição do capital e de seu caráter nocivo a organizadores subjetivos, a sujeitos da vontade e do interesse, não só constitui um grave erro teórico, senão que também tem consequências práticas fatais. Com as veneráveis palavras de ordem de agitação contra a vontade maligna e o subjetivo cálculo utilitário dos dominantes, já não é possível apreender a efetividade progressiva nem se pode alcançar os sujeitos constituídos por essa mesma realidade. Salta aos olhos que o caráter autofinalístico e autodestrutivo da máquina capitalista suplantou o individualismo de quaisquer organizadores e proprietários. E, por outro lado, as "vítimas e servos do capital e do Estado" se acham tão aclarados e esclarecidos no que tange ao conteúdo objetivo de realidade daquelas imposições que os marxistas terminam, insistentemente, por relegá-los ao interesse subjetivo dos dominantes.

O argumento subjetivista servia à fase histórica de ascensão do capital, quando os trabalhadores, ainda presos a esse invólucro social, viam-se obrigados a se converter em sujeitos formados pela mercadoria. Contanto os distintos sujeitos da mercadoria se formem e empreendam a luta por seus interesses financeiros sobre o solo da forma mercadoria, desde que eles criem e mobilizem as instituições e as formas de intercâmbio necessárias para tanto, a crítica à sociedade pode permanecer reduzida a um ponto de vista subjetivista. Com efeito, desde o início, esse argumento não veio à luz em termos teóricos, mas continuou encoberto, porque o inteiro movimento prático da crítica ainda podia permanecer imanente ao capital.

A partir de tal imanência são apresentadas, sob uma forma pura e abstrata, as posições aparentemente radicais do marxismo vulgarizado, como, por exemplo, a posição do supramencionado "grupo marxista"; mas a qual, atualmente, está ultrapassada e ridicularizada, já que o capital, enquanto relação global, atingiu seu estágio maduro (eivado de crises), tornando impossível, desse modo, uma crítica imanente a seus pontos principais. A repressão da forma mercadoria é algo objetivo, mas não no sentido antropológico, senão que meramente histórico. Pode ser superada, mas apenas conjuntamente com a própria forma mercadoria. O martírio da agitação subjetivista e de sua imanência reside apenas no fato de ela não se acercar desse problema da superação. Porque os "efeitos desagradáveis" devem advir somente da vontade e do cálculo utilitarista dos dominantes, os quais, a despeito da forma social privada de sujeito, poderiam supostamente agir de outro modo, tendo, por isso mesmo, de ser eliminados já nessa forma, de sorte que as "vítimas e os servos" poderiam desvencilhar-se dos "efeitos" sem precisar, porém, tocar em sua própria forma como sujeitos da mercadoria.

Para o agitador, porém, a vantagem dessa conclusão limitada é apenas aparente; em todo caso, quando não tenciona ser "reformista". Pois, o axioma de sua agitação já é, *per se*, reformista, haja vista que não determina criticamente a carência sensível em sua forma social. Nesse ponto, ele continua compatível com a consciência constituída mediante a forma mercadológica de seus destinatários que "ganham dinheiro"; mas, querendo ou não, termina por cair, com isso, nas presas da repressão material. Enreda-se na insolúvel contradição de reclamar, por um lado, que os sujeitos tornem válidas as suas carências sensíveis sem levar em conta as repressoras leis de estrutura consoantes à forma da mercadoria; e, por outro lado, efetua esta reivindicação no interior da própria forma da mercadoria, ou, no mínimo, omite silenciosamente o fato de que apenas dessa maneira ela pode ser entendida. O "grupo marxista", por exemplo, às vezes murmura em seus tratados que a "acertada economia planejada" não poderia, a bem dizer, operar com "dinheiro"; mas isso teve de parecer superficial e incompreensível, na medida em que, anteriormente, este mesmo grupo havia agrupado-se em torno da concepção de dinheiro à base do dia a dia capitalista, ao qual sempre apela em nome do "individualismo" das senhoras e dos senhores da classe dos trabalhadores.

A partir desse dilema, também cumpre explicar a razão pela qual a teoria intimamente ligada à agitação não pôde lograr uma elaboração sistemática da crítica radical à relação entre dinheiro e mercadoria contida nos escritos de Marx. Uma reabilitação teórica do marxismo histórico atinente ao movimento dos trabalhadores, bem como de seu conceito de socialismo, seria tão impossível quanto uma mediação social da crítica categorial da economia. Com a crítica radical do dinheiro, não se pode fazer agitação panfletária sem mediações; o que também vale de modo inverso: aquele que faz panfletagem de massas imediatamente não pode desenvolver nenhuma crítica radical do dinheiro. O suposto "fazer papel de bobo"[9] das "vítimas e servos" precisa sempre ser atacado naquela forma privada de sujeito, a qual constitui o efetivo "artífice" social. A agitação malogrou, a ser assim, por si mesma, e não em virtude da idiotice das massas, ou, então, por conta das pressões impostas pela defesa constitucional. A inatividade dos agitadores passou ao largo dos ativistas e dos movimentos crítico-sociais, os quais foram censurados apenas a título de "pensamento equivocado", "inconsequência" etc., apesar do fato de que o mais importante não fora sequer dito e aprimorado; com efeito, foi a própria inconsequência dos marxistas que deixou intacto o abismo intransponível entre o cálculo de interesses constituído monetariamente e a crítica do capital.

A mobilização da "assimetria entre capital e trabalho", *per se* sempre imanente ao capital e a qual podia movimentar somente uma contradição no interior deste último, chegou ao seu fim do ponto de vista histórico. Os momentos da teoria marxiana nela presentes terminam por perecer, convertendo-se em documentos históricos e, com isso, o marxismo morre em todas as suas variantes. Mas, com o conceito de crítica ao fetichismo, a teoria marxiana contém um acesso completamente distinto da realidade efetiva, o qual havia permanecido, até agora, na escuridão. O marxismo não pôde empreender nada com ele, e, sobretudo, nada em termos práticos. Por exemplo, para o "grupo marxista" (a fim de estender, de passagem, um pouco mais o seu obituário), o problema do fetichismo não é apreendido de modo sistemático nas análises do "capital" ínsi-

---

[9]No original, *Gelackmeiertwerden*. [N. do T.]

DOMINAÇÃO SEM SUJEITO

tas ao seu documento original de fundação. À época, porém, tal grupo sentiu-se encorajado a denunciar a "conversa fiada sobre a reificação e a alienação"[10] e denegar expressamente uma penetração fetichista da vida burguesa nas "esferas derivadas" (formas de pensar, sexualidade, arte e assim por diante). Mas, em vez de libertar o problema do estatuto de "conversa fiada" e acatá-lo teoricamente, ignorou-se completamente sua enverga- dura para, aí então, de uma maneira quase positivista, partir para cima das categorias econômicas. A crítica concomitante e assaz vaga das concepções do capital como uma "relação pes- soal de dependência" e das "teorias vulgares dos agentes" [11] viu-se obrigada, desse modo, a permanecer ineficaz. O próprio "grupo marxista" não se deteve aí, haja vista que, em sua forma- ção teórica agitadoramente limitada, teve de recair, a cada vez e até mesmo de forma crescente, num conceito de dominação subjetivista.

Toda teoria da dominação referida a um cálculo utilitário econômico ou político tem, de fato, dificuldades de se desven- cilhar de um conceito de "dependência pessoal", a não ser que proceda de um modo meramente superficial. O problema da coisificação[12] das relações sociais e da dominação é tomado de uma maneira muito limitada quando se reduz ao aceite de que, na forma da mercadoria, "os seres humanos se utilizam uns aos outros como meios para seus fins individuais". [13] O aferrar-se à subjetividade previamente dada e constituída, a qual não é com- preendida em sua constituição privada de sujeito, não pode ser, desse modo, superado. Essa concepção limitada parece saltar, açodada e imediatamente, da constituição dos sujeitos formada pela mercadoria em direção à "exploração capitalista". A coisificação e a "mútua utilização" reduzem-se, então, rapida- mente à ideia de que, na dependência do trabalhador, apenas não se trata de uma dependência "pessoal" pelo fato de ele não

[10]Cf. *Der Aufbau des "Kapital" (I)*. In: *Resultate der Arbeitskonferenz*, número 1, Munique, 1974, p. 73.

[11]Ibid.

[12]No original, *Versachlichung*. [N. do T.]

[13]*Resultate der Arbeitskonferenz*, Op. cit.

ROBERT KURZ

continuar dependente ao longo da vida do capitalista João ou José, senão que, antes do mais, da "classe capitalista" de modo geral, bem como de "suas" instituições. O conceito subjetivista de dominação é, aqui, criticado como algo "pessoal" no sentido mais rudimentar, mas não chega a ser solucionado, sendo apenas transposto num sujeito coletivo da dominação.

De fato, o "grupo marxista" relativiza a sua própria crítica das teorias "vulgares" de dominação, pessoais e moralizantes, no instante mesmo em que distorce o sentido da referência marxiana à coisificação (fetichista), dando a entender que, "por outro lado", na "mesma afirmação oculta-se a indicação de que, junto com a abstração que perfaz o conteúdo social de sua atividade, os indivíduos produtores de mercadorias terminam por se sujeitar a outros indivíduos".[14] A argumentação esquiva-se do problema do fetiche, voltando a cair sempre na questão de como solucionar a relação coisificada numa organização subjetiva. Assim, o conceito de "sujeito automático" (Marx), o nível verdadeiramente sem sujeito da relação fetichista, é basicamente perdido.

Que indivíduos produtores de mercadorias se "sujeitam a outros indivíduos" mediante a abstração da forma mercadoria, eis uma afirmação que, tomada por si só, permanece pura e simplesmente falsa. Tal concepção poderia valer, ao contrário, e quando muito, contanto que a constituição mercadológica dos sujeitos ainda não estivesse plenamente elaborada, desde que, portanto, o resto das outras tradições pré-modernas ainda estivessem atuantes. Desde que ainda houvesse alguma incerteza sobre quem se dirigiria a quem por "senhor", a abstração mesma da mercadoria ainda não constituía, em seu sentido pleno, para os indivíduos, "o conteúdo social de sua atividade". Hoje, o mestre-de-obras diz com a mais elevada polidez ao seu auxiliar: "Senhor X, por favor, traga-me com o carrinho vinte paletas com os prospectos do depósito". Por outro lado, tratar outra pessoa por "você" não significa nenhum rebaixamento, mas, ao contrário, confiança igualitária (que se lembre tam-

[14]Ibid.

bém da hierarquia nitidamente absurda do aperto de mãos em muitas firmas). Os conceitos mais recentes de administração operam de uma maneira totalmente consciente com tais formas de tratamento igualitárias.

Não se trata, aqui, em absoluto, de uma mera superficialidade formal, atrás da qual se esconderia a antiga "subordinação guilhermina a outros indivíduos". Nenhum sujeito da mercadoria, modernizado até às últimas consequências, ainda tem a sensação de se "subordinar" a um outro indivíduo enquanto tal. E essa espontânea apreciação valorativa não ilude. Aquilo que os indivíduos atualmente percebem como sendo sua heteronomia é, desde sempre, um funcionalismo abstrato do sistema, o qual já não é absorvido por nenhuma subjetividade. Todos os funcionários das hierarquias de função são percebidos tais como são: executores subalternos de processos destituídos de sujeito, indivíduos aos quais não apenas não nos "subordinamos", mas que são até mesmo julgados em virtude de sua "competência funcional."

Em seus irracionalismos, um superintendente odiado é medido menos segundo os padrões de relacionamento humano satisfatório do que, antes do mais, pelo fato de seu comportamento ser disfuncional face ao funcionamento (por exemplo, econômico-empresarial), quer dizer, se ele não cumpre "seu serviço" a contento. Uma pessoa "casca grossa", em contrapartida, com formas corretas ou igualitárias de convívio, que se fia no "êxito", pode ser aceita precisamente porque "faz seu serviço" ("eu faria do mesmo modo"). Por essa razão, não se pode falar, aqui, de "subordinação" a um outro indivíduo, já que, em primeiro lugar, em sua função, o executor não constitui uma contraposição individual nem é percebido como tal; e, segundo lugar, porque a própria identidade individual não é sequer tocada enquanto sujeito monadizado[15] da mercadoria. Noutro tempo e noutro lugar, se poderia atribuir a qualquer momento, à maneira empresarial, uma função executora a outros indiví-

---

[15]No original, *monadisiertes*. [N. do T.]

duos, e, depois disso, se fosse possível, sair para tomar uma | 227
cerveja com eles.

O discurso acerca da "subordinação a outros indivíduos",
que deve ser efetuada pelos seres humanos produtores de mercadorias exatamente com "a abstração que perfaz o conteúdo social de sua atividade", ignora, é claro, o problema por completo.
Trata-se de um tipo de discurso que se fia em categorias próprias a um conceito superficial e subjetivo de dominação, posta
ecleticamente em curto circuito com o problema, ainda não
trabalhado, a respeito da inexistência fetichista do sujeito. Com
tal agitação, não se pode mais atingir a efetiva heteronomia dos
indivíduos produtores de mercadorias nem a consciência que
dela possuem .

Mas, com isso, a base mesma do sistema é apreendida de
uma maneira equivocada. Que os sujeitos da mercadoria "fa-
çam uso uns dos outros com vistas aos seus fins individuais"
não constitui o cerne do tema em questão e tampouco, por
isso mesmo, a sua elucidação. Trata-se, antes do mais, da mera
forma de aparência de "algo diferente", ou seja, do fetiche sem
sujeito que se adere aos sujeitos em ação. Seus "fins individuais"
não constituem aquilo que parecem ser; de acordo com a sua
forma, não constituem fins individuais, autoestabelecidos, e,
por isso, o seu conteúdo é igualmente pervertido, desaguando
na autodestruição. O essencial não está no aceite de que os
indivíduos fazem uso uns dos outros com vistas aos seus fins
individuais, senão que no fato de que, ao parecem que assim o
fazem, terminam por executar em si próprios uma finalidade
totalmente diferente, supraindividual e privada de sujeito: o
automovimento (valorização) do dinheiro.

III

A diferença não poderia ser mais aguda: para o marxismo
vulgarizado, o automovimento do dinheiro, a valorização do
valor, consiste precisamente naquela aparência que deve ser remetida aos fins, à vontade e ao agir subjetivo dos seres humanos,
e que, portanto, deve ser dissolvida no interior da subjetividade

DOMINAÇÃO SEM SUJEITO

("falsa", dominadora). Uma crítica radical e coerente do fetichismo precisaria, em contrapartida, de modo justamente inverso, denunciar como aparência a própria subjetividade empírica, isto é, seria obrigada a dissolver as finalidades, a vontade e o agir subjetivo dos seres humanos produtores de mercadoria em sua verdadeira privação de sujeito, como mera execução de uma forma fetichista pressuposta a todos os sujeitos. Não para se subordinar, digamos, ao "sujeito automático", mas a fim de conseguir apanhá-lo como tal e superá-lo.

Apenas essa inversão possibilita, pois, reconhecer de modo geral o escândalo da completa falta de consciência no nível da determinação social da forma, a qual constitui a precondição para ultrapassá-la. O marxismo vulgarizado e as teorias convencionais da dominação, ao procederem de maneira diferente, dissolvendo a falta de sujeito no próprio sujeito (burguês, formado pela mercadoria) como aparência ou mera ilusão, terminam por se converter em cúmplices do fetiche, tornando-se incapazes de criticá-lo em sua objetividade. A contradição ínsita à agitação aparentemente radical acha-se profundamente arraigada no conceito de sujeito. A invocação sem qualquer mediação do sujeito pressuposto e apriorístico não é, ironicamente, nada senão que a forma teórica da subordinação à inexistência fetichista de sujeito.

A eterna maldição lançada conta os dominantes e a eterna alegação de que nas formas modernas do dinheiro e da mercadoria seria possível uma organização totalmente diferente e mais humana, desde que uma vontade distinta e melhor pudesse conduzi-la, decerto acabou por se converter, com o passar do tempo, numa terapia ocupacional para os mais idiotas dentre os críticos da sociedade. Hoje, este círculo ilustre engloba tanto o que restou dos ortodoxos e aparentemente radicais marxistas quanto os "realos". Mas, independentemente destes irremediáveis não pensadores,[16] há muito que a teoria da dominação se acha em curso. Desde a virada do século, ou, no mais tardar, desde os anos 1920, os mais sagazes dentre os críticos

[16]No original, *Nicht-denkern*. [N. do T.]

ROBERT KURZ

sociais e analistas de época do Ocidente se debatem mais e mais com as aparências da falta de sujeito.

Um produto haurido destes esforços foi a tese da burocratização. Nas análises burguesas de época, as quais não se achavam tão fixadas num grupo maligno de pessoas chamado "burguesia", tal como a literatura do moinho marxista de orações, desde cedo assombrava o dístico do "mundo administrado". Na célebre sociologia dos partidos políticos de Robert Michels[17] e, em especial, na teoria de Max Weber, começou a se desenvolver um conceito estrutural da verdadeira falta de sujeito inerente à dominação moderna. Weber estabelece o conceito geral da burocracia junto aos "interesses" dos poderes sociais, mas o faz de uma maneira algo superficial, na medida em que a chama de "instrumento de precisão", o qual "se pode colocar à disposição dos interesses da dominação, sejam eles puramente políticos, sejam eles puramente econômicos, ou, então, quaisquer outros."[18]

Mas, simultaneamente, ele também se refere à dinâmica "objetiva" e destituída de sujeito própria do processo moderno de burocratização, o qual se distancia das teorias habituais da dominação:

O funcionário de carreira constitui apenas um membro particular, encarregado de tarefas especializadas, num mecanismo incessantemente progressivo, o qual lhe prescreve essencialmente uma rota de marcha [...]. Além disso, os dominados não podem, de seu lado, evitar nem substituir o aparato burocrático existente de dominação. A ligação do destino material das massas ao modo sempre correto de funcionamento das organizações capitalistas privadas, estruturadas de uma maneira cada vez mais burocrática, aumenta continuamente, sendo que o pensamento acerca da possibilidade de sua desconexão torna-se, com isso, mais e mais utópico. A burocracia possui caráter

---

[17]Cf. Robert Michels. *Zur Soziologie des Parteiwesens in der modernen Demokratie*, 1911.

[18]Cf. Max Weber. *Wirtschaft und Gesellschaft,* Tübingen, 1972, p. 571 (1ª edição, 1922).

DOMINAÇÃO SEM SUJEITO

racional: regra, finalidade, meios e impessoalidade objetiva dominam seu comportamento.[19]

Na retórica consoante à luta de classes da esquerda, a tese da burocratização penetrou, primeiramente, e sobretudo, nos trotskistas, os quais se reputavam guardadores do Graal das pertinentes advertências de Lênin e tinham nas mãos o problema que os obrigava a explicar uma pretensa dominação não capitalista sobre a "classe dos trabalhadores" no interior de um Estado, por eles defendido, com "alicerces econômicos socialistas". Daí, a fórmula da dominação burocrática lhes ter sido muito bem-vinda. Com ela, decerto não seria dado lograr um conceito da inexistência do sujeito da dominação. Tratava-se, antes do mais, especialmente para a União Soviética, apenas de substituir prontamente o antigo sujeito da exploração e da dominação da "classe capitalista" pelo sujeito da dominação supostamente transitório da "casta burocrática". O conceito subjetivo de dominação não foi, com isso, colocado em questão do ponto de vista teórico, ainda que tenha sido involuntariamente debilitado. O conceito de burocracia constitui, antes do mais, uma espécie de tapa-buraco[20] teórico, tendo sido usado com escusas, com cautela e à parte do conceito de "classe dominante" no próprio sentido do termo. Mesmo Trotski introduz, à força, este conceito titubeante de burocracia no antigo esquema, o qual, em Weber, ressoa apenas levemente:

Na sociedade burguesa, a burocracia defende os interesses da classe dos proprietários e dos bem formados, a qual dispõe de inúmeros meios para controlar a sua própria administração. No entanto, a burocracia soviética sublevou-se sobre uma classe que acaba de se libertar da miséria e da escuridão, privada de qualquer tradição em dominar e comandar (!). Enquanto os fascistas, depois de atingirem o canonicato, associaram-se à alta burguesia mediante interesses e amizades comuns, bem como laços de matrimônio, a burocracia da

---

[19]Max Weber. Op. cit., p. 570.
[20]No original, *Notnagel*. [N. do T.]

ROBERT KURZ

União Soviética apropriou-se dos costumes burgueses, mas sem ter uma burguesia nacional ao seu lado.[21]

À primeira vista, Trotski não abandona nem mesmo interpretativamente o conceito subjetivo de dominação atinente ao marxismo vulgarizado, de cunho coletivo e pessoal. A burocracia é introduzida como um tipo de subdelegado socioeconômico, que, por acaso, perdeu seu chefe e, agora, reina por conta própria, mas sem resultar na "autenticidade" da dominação (de classes). Esse modo de pensar a partir de meras categorias sociais (classe dos trabalhadores, alta burguesia, burocracia), cuja constituição através da forma social privada de sujeito não entra, nem de longe, em nosso campo visual, sendo percebidas como tais apenas de modo acrítico, em sua mútua e subjetiva referência de ação, não foi capaz de oferecer nada de novo, em termos teóricos, à tese da burocratização. O conceito trotskista de burocracia permaneceu empiricamente limitado, tendo sido instrumentalizado somente a fim de conseguir apresentar o desenvolvimento incompreendido da União Soviética com um aspecto de plausibilidade típica do marxismo vulgarizado.[22]

Um passo adiante foi dado pela Teoria Crítica, cujos defensores entreviram as impendentes mudanças com uma clareza bem maior do que o vulgarizado marxismo partidário. Os teóricos da Escola de Frankfurt tomaram distância da mera retórica da luta de classes, cujo desbotamento foram os primeiros a pressentir (sem conseguir, entretanto, ultrapassá-lo em termos teóricos); valeram-se da tese de burocratização da sociologia ocidental, tentando moldá-la a uma visão de conjunto crítico-social (mais e mais pessimista). A esse propósito, Max Horkheimer esboçou uma imagem peculiar da dominação, na qual os conceitos do marxismo vulgarizado e das teorias sociológicas da burocratização fundem-se de modo eclético:

A burguesia acha-se dizimada, a maioria dos burgueses perdeu a sua

[21]Cf. Leon Trotski. *Die verratene Revolution,* 1936, p. 242.

[22]Isso também vale para todos os empenhos posteriores, tais como, por exemplo, as análises empreendidas por Ernst Mandel, o qual nunca superou limitações teóricas de seu "mestre".

independência; se não se rebaixam à condição do proletariado, ou, antes ainda, da massa de desempregados, acabam decaindo na dependência de grandes grupos empresariais ou do Estado. O que sobrou como *caput mortuum* do processo de transmutação da burguesia é a burocracia industrial e estatal de alto nível".[23]

Enquanto Weber ainda formula o problema de uma maneira ambígua, enquanto para Trotski e seus discípulos ocidentais ainda domina inequivocamente o conceito de dominação subjetivo, baseado na diferença de classes, em contraposição ao conceito de burocracia, Horkheimer (que evidentemente se acha mais próximo de Weber do que de Trotski) tematiza, já, a dissolução do conceito de dominação de classes mediante o desenvolvimento real das próprias sociedades ocidentais. Todavia, a expressão "*caput mortuum*" indica que ele ainda não se desvencilha da insistente representação subjetivo-sociológica da dominação. Esta se acha profundamente ancorada no pensar esclarecido ocidental, o qual, por princípio, estabelece a "subjetividade" como algo abstrato e apriorístico. Todas as relações sociais devem e precisam, de alguma maneira, ser derivadas desse sujeito literalmente quimérico, o qual permanece o ponto de partida e de chegada de todas as análises.

Em todas as suas variantes, a tese da burocratização parece aproximar-se de um conceito de dominação privado de sujeito. Mas, ao mesmo tempo, ela indica a oposição exercida pela concepção esclarecida de sujeito, que tende, de pronto, a enfadar-se quando já não sabe como seguir adiante. Que tanto Weber quanto Horkheimer e Adorno, e, diga-se de passagem, igualmente Freud, terminem por deslizar rumo a um pessimismo antropológico, eis o que os irmana, sem querer, aos reacionários pessimistas da cultura que eles, por outro lado, sempre criticaram. Essa afinidade impura[24] não resulta somente das experiências catastróficas do período relativo à Guerra Mundial, senão que também das contradições internas

---

[23]Cf. Max Horkheimer. *Autoritärer Staat,* redigido no início de 1940, Frankfurt, 1968, p. 35.

[24]No original, *unkoschere.* [N. do T.]

da ideologia do sujeito à base do Esclarecimento e do marxismo, a título de seu seu apêndice vermiforme.

O conceito de burocracia reflete de um modo meramente negativo a desgraça tanto das teorias burguesas quanto das teorias marxistas da dominação. Todavia, no que diz respeito à explícita inexistência do sujeito da dominação, tal conceito continua incompreendido e puramente descritivo. O apego à ideologia burguesa do sujeito em geral, e, com ela, a um conceito subjetivo de dominação, deixa entrever pouco mais do que mera constatação de um fenômeno sociológico, o qual não pode ser derivado a não ser de uma forma "técnica" e "organizatória". O conceito de tecnocracia, entrementes tornado corrente, é o eco deste caráter irrecuperável que até hoje não foi superado. A dominação da burocracia ainda é discutida em termos teórico-subjetivos, apesar de que a sua verdadeira falta de independência (ao contrário dos grupos humanos dominantes que, aparentemente, deixam-se determinar com facilidade, como, por exemplo, a nobreza ou a burguesia) remete àquele "outro" obscuro, o qual já não pode ser apreendido pelo espírito do Esclarecimento. Não é de admirar, portanto, que a própria Teoria Crítica não tenha logrado tomar para si sistematicamente a crítica marxiana do fetichismo. Essa incapacidade não deriva de uma fraqueza analítica, senão que remete, antes do mais, a uma restrição fundamental da racionalidade ocidental, a qual não se torna consciente nem mesmo nas variantes críticas de seu próprio caráter de fetiche.

IV

Fiando-se na tese da burocratização, a dissolução das antigas e subjetivas teorias da dominação prolongou-se no interior das mais modernas tentativas do estruturalismo, do funcionalismo estrutural e da teoria do sistema. Aqui, a sistemática falta de sujeito é, por fim, francamente tematizada, não meramente como (lamentável) resultado histórico da modernidade, senão que, pela primeira vez, como verdadeiro princípio da pura e simples socialização humana. Tomando como ponto de partida as análises estruturais da linguagem levadas a cabo pela linguística, impô-se o seguinte pensamento: constitutivos não são nem sujeito nem a práxis dos sujeitos, mas as "estruturas" privadas de sujeito, nas quais e em virtude das quais se constitui o respectivo agir. Não é o ser humano (o sujeito humano) quem fala, senão que é "a linguagem que toma a palavra". Ou, para expressar de modo sarcástico: o ser humano "é falado".

Esse enfoque teórico, descerrado por Ferdinand de Saussure ("linguística estrutural"), alongou-se rapidamente rumo à etnologia (Claude Lévi-Strauss) e à psicanálise (Jacques Lacan), para, a partir daí, alçar-se sobre a história, a sociologia e a filosofia. A seu ver, aquilo que vigora em toda parte não são, em última instância, os indivíduos e sujeitos humanos, senão que estruturas privadas de sujeito, em atividade como se fossem sujeitos (não conscientes e atuantes, mas "determinantes"). Se o ser humano não fala, mas "é falado", então tampouco pensa, sendo, antes do mais, "pensado"; e nem age social, política e economicamente, senão que "é agido" etc. Anunciou-se, a ser assim, nada menos do que a morte mesma do sujeito.[25]

Ninguém externou tal consequência filosoficamente de forma mais coerente do que Michel Foucault, o qual, em função de sua obra extremamente contraditória, é facultativamente tratado como estruturalista, pós-estruturalista, ou, então, como pós-moderno:

No momento em que se tem plena consciência de que todo o conhecimento humano, toda a existência humana, toda a vida humana e talvez toda herança biológica do ser humano acha-se assentado em estruturas, ou seja, numa totalidade formal de elementos que estão submetidos a relações descritíveis, o ser humano cessa de ser, por assim dizer, o sujeito de si mesmo para se tornar, a um só tempo, sujeito e objeto. Descobre-se que o que torna possível o ser humano é uma reunião de estruturas que ele decerto pode pensar e descrever, mas das quais ele não é nem o sujeito nem a consciência soberana. Essa redução do ser humano às estruturas que o envolvem, parece-me característica do modo contemporâneo de pensar, e, dessa maneira,

[25]Um resumo da gênese e da difusão teóricas é dado por: Günther Schiwy. *Der franzosische Strukturalismus*, Reinbek, 1969.

ROBERT KURZ

a ambivalência do ser humano como sujeito e objeto já não constitui, agora, uma hipótese frutífera e tampouco um tema frutífero de pesquisa.[26]

Mas, já que o verdadeiro tema de Foucault é, ao mesmo tempo, o "poder" em sua acepção nietzschiana (e ele cumpre a façanha de ser, paradoxalmente, um nietzschiano estruturalista ou um estruturalista nietzschiano), o conceito de dominação sem sujeito parece, desse modo, dar cabo da antiga tese de burocratização. Lá, onde tudo é "poder", mas nada mais constitui um "sujeito", findam igualmente as antigas e subjetivas teorias da dominação, para as quais o "poder" é inconcebível sem a presença de um sujeito-do-poder, em cuja vontade o "poder" pode ser dissolvido. Foucault, é claro, não se regozija com isso, mesmo levando em conta sua admiração por Nietzsche e em que pese o fato de que a "vontade" permaneça sendo algo importante para ele. Mas a vontade é, por assim dizer, um companheiro perdido, o qual, ao externar-se, pode apenas levar a efeito "funções" da "estrutura", "querendo" ele ou não. Tal como a vontade acha-se presente em toda parte, expressando-se em "desejos", do mesmo modo o "poder" atua em toda parte como uma estrutura privada de sujeito, em cujas formas a vontade pode expressar-se. Foucault tenta remontar esta constelação sem fim até os mais finos poros da psique: até a "microfísica do poder" (versão alemã de 1976), a qual também constitui o título de uma de suas coletâneas de textos.

Com isso, a práxis emancipatória decerto se tornou, definitivamente, desesperada. Ou, mais precisamente: o vínculo entre práxis e fundamentação teórica parece estar despedaçado para todo sempre. Agir a despeito da teoria, eis, pois, o que prega a divisa explícita ou implicitamente. O próprio Foucault engajou-se apaixonadamente no grupo de "informação dos presídios" (GIP), tomando parte nas revoltas dos presos. Levava, digamos, uma vida dupla como "professor de história dos sistemas de ideias" no Collège de France, em Paris, e como "opositor

---

[26]Cf. Michel Foucault. *Von der Subversion des Wissens,* Frankfurt, 1987, p. 14 (trata-se de uma citação de uma conversa com Paolo Caruso, em 1969).

da normalidade" (através igualmente de sua própria situação como homossexual). No entanto, o dilema de Foucault não é de ordem pessoal nem apenas o mesmo do estruturalismo, senão que, ironicamente, análogo ao do rival "humanista" e existencialista tão veementemente criticado. Inclui-se, aqui, igualmente, a Teoria Crítica. Por fim, Foucault chegou até a se referir de forma expressamente positiva a Adorno.

A práxis desesperada, sem qualquer mediação e que não se deixa mais fundamentar é uma consequência geral desse sistema de ideias, em que pese todos os demais antagonismos. Os estruturalistas já haviam visitado, em seu conjunto, a escola formada pelas teorias ocidentais do sujeito (marxismo, existencialismo, fenomenologia, *Teoria crítica*). Seus ataques ao humanismo ideológico também sempre constituíram, digamos, uma autoquerela. Nessa medida, o próprio estruturalismo representa uma forma decaída do pensamento esclarecido, a qual destrói a si mesmo até as últimas consequências, culminando em sua completa dessubjetivação.[27] Se esse processo de des-subjetivação continua a ser, para a *Teoria crítica*, um processo histórico, resultando na extinção de uma promessa, ou, então, no declínio de uma dada realidade, os estruturalistas reconhecem que jamais houve um sujeito no sentido do Esclarecimento.

Se até os assim chamados povos selvagens agem no interior de estruturas desprovidas de sujeito, tal como procura mostrar a etnologia de Claude Lévi-Strauss, então cumpre dizer que a "estrutura" é completa e ontológica, pois pode haver, com efeito, "processos diacrônicos", mas não propriamente uma história. Já que é idêntico à "morte do sujeito" em geral, o conceito derradeiramente alcançado de dominação sem sujeito destrói igualmente o rival imaginário da dominação, a saber, o contrassujeito emancipatório. O pensamento de uma dominação privada de sujeito é, por conseguinte, obrigatoriamente, idêntica à irremediável separação entre teoria e práxis. O estruturalismo apenas levou ao fim e ao cabo o itinerário intelectual

---

[27]No original, *Entsubjektivierung*. [N. do T.]

ROBERT KURZ

do Esclarecimento. Por isso, o brado irado de Sartre e dos marxistas ortodoxos na França foi tão desacreditado quanto o dos administradores do legado deixado pela Teoria Crítica na Alemanha. E, em virtude disso, aos laboriosos literatos acadêmicos de segunda classe, bem como aos artiodáctilos[28] e ruminantes, foi dado vomitar uma grande e unívoca pasta de pensamento contendo todas as teorias ocidentais da dominação e do sujeito desde a virada do século, acomodando-a sobre a paciente folha de papel.

Ao conceito de "estrutura" corresponde, pois, o conceito de "sistema", quer como sinônimo, quer como postulado da "totalidade de relações [...] que se conservam e se alteram independentemente dos conteúdos que elas terminam por unir".[29]

O estruturalismo roça, aqui, a teoria do sistema, a qual se desenvolveu a partir da sociologia positivista anglo-saxã, e, sobretudo, a partir de Talcott Parsons.[30] Fazendo jus ao desvio anglo-saxão, a teoria do sistema não titubeia e tampouco possui qualquer escrúpulo teórico-subjetivo que a impedisse de dissolver o sujeito da dominação, e, com este, o sujeito em geral, nas leis cibernéticas de movimento consoante aos "sistemas". Niklas Luhmann, funcionário administrativo alemão que ascendeu à condição de grande teórico, aluno de Parsons e um dos teóricos contemporâneos mais destacados da teoria dos sistemas, parece, inclusive, sentir um prazer insidiosamente secreto quando, valendo-se da linguagem ministerial, descreve o mundo social como uma máquina de relações privada de sujeito, logrando compreender o ponto de partida do Esclarecimento apenas como uma ideologia obsoleta e pré-científica:

[28]No original, *Paarhufern*. [N. do T.]

[29]Frase de Foucault numa entrevista de maio de 1966, citado por Schiwy, Op. cit., p. 204.

[30]Que Parsons tenha sido, de seu lado, aluno de Max Weber e continuado a desenvolver a teoria deste último no ambiente positivista e pragmático do pensamento anglo-saxão, eis algo que indica as ligações subcutâneas e as mediações existentes no processo imanente de destruição do pensamento esclarecido ocidental, aludindo, de resto, ao conceito de dominação sem sujeito.

DOMINAÇÃO SEM SUJEITO

A teoria do sistema rompe com este ponto de partida, deixando de ter, por isso, qualquer aplicação para o conceito de sujeito. Ela o substitui pelo conceito de de sistema autorreferencial. Pode formular, então, que cada unidade empregada neste sistema precisa obrigatoriamente ser constituída por este próprio sistema, não podendo referir-se ao seu ambiente.[31]

A força explosiva desta afirmação só se tornará evidente quando se compreender que, por "ambiente" deste sistema, não se entende outra coisa senão que os "sujeitos" até hoje existentes, quer dizer, os efetivos seres humanos com sua consciência efetiva, suas carências, seus desejos, suas ideias e assim por diante:

> Não afirmamos, evidentemente, que poderia haver um sistema social sem uma consciência existente. Mas a subjetividade, a presença da consciência, a subjacência da consciência é tomada como ambiente do sistema social, e não enquanto sua autorreferência.[32]

Não se faz necessário um pouco de (involuntário) humor negro, quando os sujeitos humanos são degradados à condição de mero "ambiente" de seu próprio "sistema" social. O sistema não é outra coisa senão o sistema das relações entre os seres humanos, mas que destes se tornou estruturalmente independente. A história pode então ser compreendida, em suma, como a "diferenciação" continuamente progressiva dos subsistemas pertencentes ao "sistema" ontológico que constitui a sociedade. Esta se torna, mais e mais, um "sistema de sistemas", o que implica, porém, o fato de que a independência das "autorreferências" sistêmicas, face à consciência humana e subjetiva, consolida-se de uma maneira ainda mais implacável. Já que os sujeitos só podem pensar e agir em referência a tal "sistema dos sistemas", bem como no interior de seus respectivos subsistemas, eles continuam, *per se*, reduzidos do ponto de vista funcional, limitados ao nível das relações entendidas "como tais", pensáveis somente à medida que se acham destituídas

---

[31]Cf. Niklas Luhmann. *Soziale Systeme. Grundriss einer allgemeinen Theorie*, Frankfurt, 1991, 4ª edição, p. 51.

[32]Ibid., p. 234.

ROBERT KURZ

de sujeito. A "autorreferência" do sistema consiste, por conseguinte, no processo sem sujeito de movimento, diferenciação e desenvolvimento sobre o plano que designa as relações sociais, as quais precisam ser consideradas, em termos estruturais, independentemente dos efetivos seres humanos que lhes subjazem a título de mero "ambiente". Este árido funcionalismo já não se assusta perante a cabeça de Medusa formada pela inexistência de sujeito, haja vista que ele mesmo constitui tal cabeça.[33]

O "sistema" é sempre preexistente, não apenas no nível macro, senão que também no microplano do relacionamento humano de modo geral:

Todo contato social é compreendido como sistema, até mesmo a sociedade, enquanto totalidade das considerações de todos os contatos possíveis. A teoria global dos sistemas sociais eleva-se, em outras palavras, à pretensão de apreender o inteiro âmbito de objetos da sociologia, e, nesse sentido, tenciona constituir uma teoria sociológica universal.[34]

Visto por este ângulo, até mesmo um casal constitui um "sistema", e, inclusive, uma pessoa solteira (enquanto sistema para si mesma, na robinsonada de sua autorreferência social). Porque o inteiro martírio do sujeito é eliminado mediante a total amputação deste belo, mas ressecado membro, torna-se então possível, com toda inocência, a partir da banal descrição de relações "sistêmicas" nos níveis micro e macro da sociedade, chegar a um sistema indutivo de abstrações, um tipo de *I Ching* da sociologia destituída de conceitos, na qual todas as relações imagináveis recaem sobre tipos ideais, podendo ser então diferenciadas e/ou praticamente "calculadas". Junto com o sujeito, todo conceito do todo da sociedade é extinguido. Sob tal ótica, a "dominação" bem desaparece totalmente ou adquire um significado completamente novo. Se para Foucault ela ainda

---

[33]"Enquanto a teoria, no que diz respeito aos conceitos e afirmações de conteúdo, escreveu-se como que por si própria, os problemas de arranjo custaram-me muito tempo e muita ponderação", diz Luhmann no prefácio a seu livro *Soziale Systeme* (Op. cit., p. 14).

[34]Ibid., p. 33.

DOMINAÇÃO SEM SUJEITO

representa uma espécie de oponente, decerto privado de sujeito, indelineável e imbatível, Luhmann sequer chega a perguntar: E agora? Para a teoria do sistema, toda crítica à dominação é tão sem sentido quanto uma crítica à circulação sanguínea ou à evolução. Já que todo tipo de relação sempre engendra, com necessidade lógica, um sistema de relações para além daqueles que se correlacionam, inacessível em sua própria legalidade, o que até então parecia ser "dominação" pode igualmente constituir apenas uma função imprescindível aos sistemas. E, já que os sujeitos sempre formam um mero "ambiente" de sistemas, no sentido de que cada sistema é uma componente de um outro sistema, estabelecendo outrossim relações com os demais sistemas, a dominação não pode ser outra coisa senão um tipo de campo de força formado por sistemas, quiçá comparável às relações gravitacionais atuantes num dado sistema solar.

V

O marxismo conseguiu não apenas não permanecer impermeável aos desenvolvimentos do estruturalismo e da teoria do sistema, salvo, é claro, no caso dos ignorantes limitados à prática dos movimentos, mas também germinou, quase simultaneamente, a partir de seu próprio solo, uma variante teórica aparentemente estruturalista, a qual reverberou, por seu turno, em projetos não marxistas (como em Foucault, por exemplo). É sabido que coube aos trabalhos de Louis Althusser causar tal efeito. Althusser foi e continua a ser, sob muitos aspectos, um marxista tradicional (e também, diga-se de passagem, um marxista partidário do Partido Comunista Francês, embora incomodado e, com frequência, oposicionista). Mas, com o auxílio de pensamentos "estruturalistas", tentou fundamentar uma nova leitura de Marx.

Esta última não representou, em absoluto, um mero flerte com a terminologia estruturalista, tal como Althusser tentou mais tarde atenuar,[35] senão que constituiu uma componente integralmente genuína do "processo" estruturalista e da teoria

---

[35]Cf. Louis Althusser. *Elemente der Selbstkritik*, Berlim, 1975.

do sistema "contra o sujeito". Já no texto *Pour Marx*, escrito em 1965, o próprio Althusser designa como sendo sua meta "traçar uma linha de demarcação entre a teoria marxista e as formas do subjetivismo filosófico (e político) nas quais ela se insinuou, ou, então, que a ameaçam".[36]

A efetiva meta ainda se acha, aqui, velada pelo conceito de "subjetivismo", frequentemente instrumentalizado no vocabulário marxista mediano, e o qual, em si mesmo, não implica nenhuma reflexão sistemática acerca do conceito de sujeito de modo geral. Mas, logo depois, Althusser tornou-se muito mais claro, tal como bem podem mostrar exemplos selecionados quase que arbitrariamente em sua *Œuvre*:

O processo de alienação desprovido de sujeito (ou a dialética) consiste no único sujeito que Hegel reconhece. No processo mesmo não há sujeito: o próprio processo é o sujeito, precisamente na medida em que ele possui sujeito [...]. Se possível, elimina-se a teleologia, restando a categoria filosófica de um processo destituído de sujeito incorporado por Marx. Esta é a herança positiva mais relevante que Marx e Hegel tomaram para si: o conceito de um processo privado de sujeito. Este conceito sustenta *O capital.* [...] Falar de um processo sem sujeito implica, todavia, o fato de que a expressão 'sujeito' constitui uma expressão ideológica.[37]

As consequências que Althusser deduz com vistas à "nova leitura" da principal obra de Marx,[38] contêm todos os momentos essenciais do estruturalismo e, em rigor, até mesmo da teoria do sistema, tal como elucida o resumo, em nada inadequado, de Günther Schiwy. De acordo com ele, haveria um conhecimento fundamental que o marxismo teria de incorporar, a saber, que

o ser humano não se acha no centro do universo e nem sequer no centro de si mesmo, já que tal centro não existe em absoluto. Isso apenas atesta, porém, a desconfiança marxista em relação a toda concepção humanista de ser humano e face àquela de *Homo economicus*,

---

[36]Cf. Id. *Für Marx*, Frankfurt, 1974, p. 11.

[37]Cf. Id. *Lenin und die Philosophie,*. Reinbck, 1974, p. 65.

[38]*Lire le capital*, 1965, junto com J. Ranciére, R. Balibar *et alli*.

DOMINAÇÃO SEM SUJEITO

como se o homem fosse o sujeito e a meta da economia, assim como a concepção de *Homo historicus*: o ser humano como sujeito e objeto da história mundial. Em realidade, os verdadeiros sujeitos da atividade econômica não são os seres humanos que ocupam postos de trabalho, e tampouco os funcionários que os alocam, e menos ainda os consumidores, senão que as condições de consumo, distribuição e produção. Essas condições formam um sistema complexo, cujas estruturas são estranhas ao ser humano, mas que o determinam até naquilo que lhe é mais íntimo. Apenas a má compreensão ideológica e humanista transforma, a cada vez, tal conhecimento científico na ilusão da decisória interioridade humana, capaz de determinar o curso das coisas.[39]

Cumpre indagar, é claro, como Althusser adequa essa interpretação com as posições "revolucionárias". De fato, mediante a eliminação do sujeito, Althusser facilitou as coisas para o marxismo consoante à velha crítica da dominação. O que mais ele poderia querer? Com efeito, o estruturalismo não exclui, em absoluto, os "processos diacrônicos", sendo que a teoria do sistema também admite largamente conversões, crises e até mesmo transformações de sistema. Ocorre que estas últimas, conforme sua essência, acham-se tão privadas de sujeito quanto o "funcionamento" e o movimento do próprio sistema. É justamente nesse sentido que Althusser entende a sua reinterpretação do marxismo. Ele o ultrapassa não com vistas ao que vem adiante, isto é, mediante uma incorporação sistemática da crítica ao fetichismo, e tampouco disputa com o seu suposto rival, senão que acolhe o inteiro marxismo atinente ao movimento do trabalhadores em seu cerne, de modo completamente inalterado, ainda que sob a nova forma de uma "normatividade de movimento" estruturalista e destituída de sujeito.[40]

---

[39]Cf. Günther Schiwy. Op. cit., p. 76.

[40]Valeria a pena investigar até que ponto tal compreensão de *O capital*, em última instância toscamente "determinista", já estava presente (ainda que formulada de uma maneira não metódica ou metateórica) na antiga social-democracia; ou seja, se Althusser não se limita, em rigor, a converter a compreensão marxista do antigo movimento dos trabalhadores num conceito sistemático.

ROBERT KURZ

Tudo permanece no lugar que estava: a burguesia, o proletariado, a luta de classes, os intelectuais oscilantes etc. A diferença é que, desta feita, não se trata mais de sujeitos autônomos que, boxeando, permanecem historicamente atracados, mas precisamente do "funcionamento" de um processo contraditório privado de sujeito. Todos agem tal como têm de agir conforme a sua "função sistêmica". Althusser não tem coragem, nem por um instante, de mexer inocentemente no afamado "instinto de classes" do proletariado. A burguesia dá cumprimento às funções sem sujeito necessárias à conservação do sistema, o proletariado leva a cabo (haja vista que se trata de um processo contraditório do sistema) sua função antipódica e privada de sujeito da crítica ao sistema, e, desse modo, desenvolve-se a luta de classes igualmente destituída de sujeito enquanto resultante sistêmica. A derradeira consequência deste "processo sem sujeito" só pode ser a transformação do sistema, certamente privado de sujeito, no socialismo, o qual então terminará por se converter, de sua parte, não é de admirar, em mais um (outro) sistema destituído de sujeito.

Tudo somado, a construção de Althusser parece extremamente escassa. Que não representou nenhuma renovação do marxismo, senão que seu enterro teórico, eis o que também foi reconhecido de uma maneira particularmente rápida. Em verdade, o marxismo sempre viveu da ideologia esclarecida do sujeito autônomo e existente *a priori*. Amputá-lo e, ainda assim, continuar simplesmente a destrinçar o antigo novelo era, pois, uma empresa fadada ao insucesso. A deformidade desdentada que a ela sobreviveu não pôde ser, afinal, a noiva radiante da renovação da humanidade. Todavia, não apenas a ênfase revolucionária do marxismo viu-se forçada a evadir-se com a interpretação estruturalista, qual o ar de um balão furado, senão que, com isso, também a inteira justificativa prática acabou sendo-lhe retirada contra a própria intenção de Althusser. Pois, se tanto a luta de classes quanto o próprio acalentado socialismo constituem meros "processos destituídos de sujeito", quem está apto a garantir um conteúdo filantrópico e resultados que se fiam nas necessidades humanas? Os informes da

DOMINAÇÃO SEM SUJEITO

frente de "construção socialista" do Leste e da práxis dos "movimentos de libertação" sulistas tornavam-se cada vez piores e mais alienantes. Althusser foi apenas um dentre os diversos coveiros do marxismo, sepultadores que, na França, em breve tratariam de cumprir tal tarefa de um modo muito mais aberto e menos oprimido.

Tal como já se dera em relação aos estruturalistas de maneira geral, a antiga ideologia do sujeito, em todas as suas variantes, também se arvorou contra a sua destruição na interpretação que Althusser faz de Marx. Todavia, nem as regulamentações do partido comunista, que temia um "soterramento do engajamento revolucionário", nem as polêmicas ensejadas por Sartre ou Alfred Schmidt foram capazes de deter o processo teórico de destruição do sujeito do Esclarecimento, uma vez que ele já havia sido posto em marcha. Essas tentativas tiveram um efeito tão inócuo quanto o debate análogo travado, por exemplo, entre Jürgen Habermas e Niklas Luhmann.[41] As teorias ocidentais do sujeito, tal como foi dito, já haviam destruído-se há muito tempo, expondo a si próprias as aporias ínsitas ao conceito de sujeito como "dialética do Esclarecimento". O estruturalismo e a teoria do sistema apenas inferiram as consequências preexistentes. Com isso, a longa história da teoria do sujeito ocidental atingiu o seu definitivo fim.

De fato, é praticamente impossível contestar o profundo conteúdo de verdade dos conceitos de "sistema", "estrutura" e "processo" destituídos de sujeito face à observável dimensão empírica das relações burguesas modernamente tardias ou "pós-modernas". O estruturalismo e a teoria do sistema só falam sobre o caso que está efetivamente em jogo, quer dizer, sobre o que realmente aparece. Os esclarecidos ideólogos humanistas do sujeito, inclusive aqueles do marxismo, não questionam o "caso" de uma maneira superficial, mas tencionam criticá-lo. No entanto, seu ponto de vista é assaz precário. Pois, veem-se obrigados a acatar um sujeito apriorístico que "se esqueceu" de

---

[41]Cf. Jürgen Habermas/Niklas Luhmann. *Theorie der Gesellschaft oder Sozialtechnologie. Was leistet die Systemforschung*, Frankfurt, 1971.

que ele é tal e qual, bem como daquilo que ele mesmo fez. A lira tocada por esse conceito de sujeito ressoa sempre a mesma canção: cumpre reconstruir uma consciência perdida da feitura[42] subjetiva dos processos sociais. Isso equivale, em rigor, ao mais ordinário rousseauísmo, haurido do puro século XVIII, enriquecido de modo deficitário e superficial com os resultados das modernas ciências particulares e com os termos condizentes com a crítica marxista da economia. O pensar à base do Esclarecimento é basicamente incapaz de conceber a "feitura" de "algo" sem um sujeito que lhe seja preexistente; um fazer privado de sujeito não lhe aparece apenas como uma abominação, senão que também como uma impossibilidade lógica. Que aqui, na sociedade existente, algo não se encaixa, passa-lhe totalmente desapercebido (em especial, na sua variante marxista); mas, deve tratar-se de uma "falha", a qual, de sua parte, foi causada subjetivamente, a saber, mediante a "vontade de exploração", ou, então, por meio da "vontade de poder" dos dominantes. Os fortes argumentos do estruturalismo e da teoria do sistema conduzem, por fim, à ideia de que a adoção desse olvidado sujeito apriorístico constitui uma "metafísica" insustentável, ou, ainda, que tal sujeito nunca existiu nem poderá existir do ponto de vista lógico.

Essa posição é forte, mas também irrecuperavelmente afirmativa. É ela que leva água para o moinho de toda crítica à sociedade. Não pode ser alterada pela desesperada "práxis malgrado a teoria" de Foucault, nem pelo etéreo projeto "secundário" da luta de classes entrevista por Althusser; esta também era, desde há muito, a posição básica secretamente mantida pela Teoria Crítica. De outro lado, a práxis social do "sistema" moderno, que se converteu num imediato sistema mundial, presta-se mais do que nunca a críticas, tornando-se, em rigor, insuportável. É notório que esse "sistema global", ironicamente junto com a ideologia crítica do sujeito, atingiu seu fim histórico acumulativamente catastrófico.

No entanto, a práxis crítica e revolucionária precisa ser

[42]No original, *Gemachtheit*. [N. do T.]

passível de fundamentação, tendo de ser, desse modo, fundamentada uma vez mais. Durante anos, os movimentos práticos, os partidos e as restantes seitas marxistas (tal como, por exemplo, o mencionado "grupo marxista") "seguiram adiante" de maneira teoricamente ignorante. Não haviam penetrado nem superado o desenvolvimento teórico e seus próprios resultados, mas ou não os levaram em consideração ou simplesmente os dispensaram considerando-os "falsos" ou "imbecis". Parecia tudo tão "simples"; os seres humanos precisavam apenas seguir seus "interesses", ou, então, serem levados a isso; parecia que a "práxis" podia ser fundamentada, em termos primários, a partir de si mesma. O castigo a ser pago por essa ignorância sem fundo é, precisamente, o fracasso do ponto de vista prático, e isso em definitivo. Que todos os antigos marxistas e suas respectivas organizações, revistas etc., agora abatidos pelo colapso que acometeu o Leste europeu, terminem por morrer como moscas no outono, eis algo que, em si mesmo, possui um elemento libertário. Anunciada por Althusser já na metade dos anos 1960, a mais nova "crise do marxismo" foi, de fato, sua última crise.

Se agora o pensamento crítico-social e a práxis transcendente (não a partir de inveteradas reações ideológicas, mas porque a práxis mesma clama por isso) ainda são possíveis, e se isso precisa ser levado a cabo recorrendo-se à irredutível teoria marxiana, o único caminho é aquele que passa pelo "obscuro continente" da crítica do fetichismo, o qual foi encoberto pelo marxismo esclarecido, de cunho ideológico-subjetivo. Não por acaso, Althusser atribuiu expressamente ao conceito de fetichismo a alcunha de "ideologia" descartável.[43] Cabe provar até que ponto a reincorporação sistemática do conceito de fetichismo possibilita uma metacrítica da modernidade burguesa para além do próprio marxismo, isto é, em que medida é possível engendrar um conceito basicamente diferente de consciência social, apto a explodir efetivamente as férreas peias teóricas do estruturalismo e da teoria do sistema, e não apenas

---

[43]Cf. Louis Althusser. *Elemente der Selbstkritik*, Op. cit., p. 63.

proporcionar uma última e nova infusão, diluída até a insipidez, da esclarecida metafísica rousseauísta da subjetividade apriorística. Somente aí, então, a crítica da dominação poderia ser novamente fundamentada, somente então seria possível uma re-historização[44] do movimento da estrutura destituído de sujeito, tornado aparentemente a-histórico.

VI

Levado à risca, isto é, livre das reduções do marxismo esclarecido e ideológico-subjetivo, o conceito marxiano de fetichismo contém uma crítica à metafísica humanística e apriorística do sujeito ao menos tão intensa quanto a iniciativa do estruturalismo e da teoria do sistema. Trata-se, por certo, de uma crítica completamente diferente, a qual é bem mais revolucionária do que afirmativa. Já que Althusser passa ao largo disso e atribui o conceito de fetichismo exatamente à interpretação humanista e subjetivo-apriorística de Marx, descartando-o pura e simplesmente, ele mesmo desconstrói qualquer enfoque que vise a uma solução crítica, desembocando obrigatoriamente na rua sem saída do estruturalismo.

Não é de modo algum acidental o fato de o conceito de fetiche da mercadoria ser conquistado a partir da analogia com as relações pré-modernas, sendo que tampouco se trata, aqui, de uma mera analogia. Com ele, espera-se denominar aquela identidade da história humana, até hoje transcorrida, que vincula a pré-modernidade e a modernidade burguesa num *continuum* da "pré-história" (Marx), e somente para além desta última começaria a "verdadeira" história do ser humano. Tal afirmação de Marx, tão obscura quanto surpreendente, só se torna clara perante o pano de fundo formado pela crítica do fetichismo, a qual, por seu turno, é inconciliável com a metafísica esclarecida do sujeito. Se a modernidade mesma deve ser incluída na "pré-história" juntamente com suas formas subjetivas, ela pertence a um processo que, de fato, permanece inconsciente no nível da determinação social da forma. Mas,

[44]No original, *Re-Historisierung*. [N. do T.]

não como impossibilidade lógica da consciência nesse nível em geral, senão que como um processo do vir-a-ser,[45] no qual só é dado constituir a autoconsciência social depois de uma longa e dolorosa história do desenvolvimento. Essa constituição acha--se diante de nós, sendo que ela há de vir à luz na superfície social como revolução contra a forma da mercadoria, quer dizer, contra a última e suprema constituição fetichista da pré--história humana, cujo fracasso prático explode o horizonte do fetichismo em geral.

A partir dessa ideia básica, cumpriria desenvolver uma nova e dupla estratégia teórica, tanto contra o estruturalismo e/ou a teoria do sistema quanto contra o pensamento do Esclarecimento, humanista e subjetivo-apriorístico; seria possível, assim, formular igualmente a identidade interna desses dois contraentes como formas de ascensão e declínio do pensar teórico presente na modernidade burguesa. Ambos são, em igual medida, incapazes de empreender uma crítica da forma da mercadoria fetichista enquanto tal, isto é, até a sua manifestação sob a forma de dinheiro. O humanismo esclarecido do sujeito mantém-se cego face à real constituição do fetiche sem sujeito inerente ao seu sujeito metafísico e supostamente "olvidado", o qual deve ser "recriado" eternamente em vão. O estruturalismo e a teoria do sistema renunciam a essa tentativa, sem entretanto captar suas premissas, e muito menos violá-las. Percebem a constituição destituída de sujeito consoante à "pré--história" até então existente, mas pura e simplesmente como lógica a-histórica da sociabilidade, ou, inclusive, enquanto identidade de uma constituição humana e não humana de sistemas vivos (privados de sujeito). Tal como, por exemplo, na constatação de que os "complexos processos se deixam caracterizar pelo acaso, pela não linearidade e pela contradição; e a relação entre mutação e evolução, entre desvio e inovação constitui o fundamento da vida (sendo que isso também significa: do

---

[45]No original, *ein Prozess des Werdens*. [N. do T.]

ROBERT KURZ

desenvolvimento), dos organismos unicelulares até a sociedade (!)."[46]

A redução da história à cega história natural, a uma idêntica e mutante inexistência de sujeito, "dos organismos unicelulares até a sociedade", remonta, de certa maneira, ao despertar da sociologia moderna de Comte e Spencer, quer dizer, a uma consideração supostamente biológica na qual as relações naturais e sociais "da vida" são tratadas como se fossem constitutiva e estruturalmente idênticas, de modo que cada distinção básica entre a sociedade (ser humano) e a natureza pode ser denunciada como "estreitamento humanista" (Luhmann). Ocorre, porém, que o estruturalismo e a teoria do sistema englobam o processo de desenvolvimento das sociedades modernas, bem como de seus sistemas de conhecimento, e, por essa razão, despontam como construtos muito mais elaborados.[47] Também Marx fala, pois, da "história natural" das formações históricas da sociedade, até hoje existentes, sob influência da modernidade, mas não num sentido afirmativo, senão que numa chave crítico-revolucionária: a saber, como uma situação superável e que deve ser superada em termos práticos, cuja superação culminaria naquele "fim da pré-história".

Essa perspectiva somente é possível, porque, apesar da comprovável inexistência de sujeito no nível da determinação social da forma, Marx não decai na chã equiparação das leis abstratas do sistema, "dos organismos unicelulares até a sociedade", senão que descerra uma diferenciação entre "primeira natureza" e "segunda natureza". Essa diferenciação é decisória para a historização crítica de "leis naturais da sociedade", aparentemente sem história, operada num metanível. O conceito de fetichismo constitui a chave para a compreensão desse nexo de relações.

---

[46]Cf. Helmut Willke. *Systemtheorie*, Stuttgart/Nova York, 1982, p. 10.

[47]Mas, também Comte, que vê a biologia como "ciência fundamental", da qual ciência social teria "crescido", fala que a tarefa da biologia seria a investigação das relações do órgão ativo num meio determinado (Cf. Auguste Comte. *Die Soziologie. Die positive Philosophie im Auszug*, Leipzig, 1933, p. 31).

A "segunda natureza" significa que a sociabilidade dos seres humanos, a qual perfaz sua própria essência, constitui-se e exibe-se, de modo análogo à primeira natureza, como uma essência externa a eles mesmos, que lhes é estranha e não é integrada do ponto de vista subjetivo. Trata-se, de fato, de uma constituição destituída de sujeito formada pelo agir e o fazer humanos, ainda que se efetive meramente como função de um processo privado de sujeito – precisamente como requer o linguajar da teoria do sistema. A comparação com outros sistemas viventes é inevitável, haja vista que quase todas as possíveis populações biológicas agem, diferenciam-se e desenvolvem-se de modo "sistêmico" (como, por exemplo, sociedades de animais ou plantas, sistemas celulares etc.), mas sem que tivéssemos de supor um sujeito no sentido do Esclarecimento.

Mas, já preexiste, aqui, uma ignorância básica da teoria do sistema. Pois, a analogia não é uma identidade, isto é, a primeira e a segunda natureza não podem, em absoluto, ser igualadas. O fato da constituição destituída de sujeito, de processos privados de sujeitos e de formações de sistema no nível da segunda natureza não constitui, pura e simplesmente, um dado da história natural, senão que um dado da história de segunda ordem, elevada a outra potência. Sua precondição é que o ser humano abandone a mera história biológica e natural da primeira ordem. Simultaneamente, a constituição privada de sujeito consoante à segunda ordem é, desde logo, a condição de possibilidade para que tal abandono se torne possível.

O ser humano abandona a primeira natureza (e, com isso, contrapõe-se a ela, ainda que continue sendo parte dela) na medida em que se desacopla do instinto dos animais. Ele constitui o animal sem instinto (aqui reside, em todo caso, o momento de verdade da teoria de Arnold Gehlen). Mas, com isso, estabelece-se a necessidade de consciência como uma subjetividade contraposta à primeira natureza. Conforme o célebre dito de Marx, o que distingue o pior mestre-de-obras da melhor abelha é o fato de que a sua construção tem de passar, previamente, por sua cabeça. Desse modo, o ser humano contrapõe-se à primeira natureza enquanto sujeito, mas só lhe é dado fazê-lo como ser humano, isto é, como ser social. Contudo, na qualidade de ser social, ele é, por seu turno, constituído sem sujeito, como constituição de segunda ordem destituída de sujeito. Isso significa apenas que o ser humano não se criou imediatamente como sujeito social nem tampouco foi criado por um deus-sujeito,[48] mas, como animal desacoplado, só pôde nascer sem sujeito. Nasce então como sujeito em relação à primeira natureza, mas necessariamente não sabe quem ele mesmo é, sem saber e sem ter consciência daquilo que se tornou, a saber, uma criatura social ou um ser natural de segunda ordem.

A diferenciação da primeira natureza, a conformação do ser humano como sujeito em contraposição a esta última, é, pois, ela mesma, uma formação necessariamente destituída de sujeito. O ser social "nascido" e não criado só pode surgir como um sistema de segunda ordem e privado de sujeito. Essa privação de sujeito de segunda ordem constitui o preço inevitável para o advento do sujeito face à inexistência de sujeito de primeira ordem, imediatamente natural e biológica. "Surgem", assim, sistemas de segunda ordem destituídos de sujeito, sistemas simbólicos (códigos) do ser humano nascido e nascente. No fundo, a constituição do fetiche consiste precisamente nisso. Os próprios primeiros graus do desenvolvimento já não têm mais nada a ver com os sistemas consoantes à primeira natureza. Numa consideração superficial, os sistemas totêmicos, por exemplo, constituídos pelo critério da "afinidade sanguínea", podem até parecer estreitamente próximos à primeira natureza. Fundamentalmente, porém, os animais constituem, no máximo, formações de pares ou de manadas instintualmente guiadas (e não simbolicamente codificados); até mesmo o jovem sexualmente maduro (ou nubente) já não estabelece nenhuma relação particular com os seus genitores. O sistema de afinidade sanguínea é, já de si, um sistema simbólico de segunda ordem, e o qual não mais se deixa fundamentar biologicamente. Supostamente, trata-se da mais antiga constituição fetichista do ser humano.

[48]No original, *Gott-Subjekt*. [N. do T.]

Seria uma tarefa específica investigar a ordem e a diferenciação históricas dos sistemas fetichistas. Sob tal ótica, a história não é mais determinada, de uma maneira englobante, como "a história das lutas de classes" (tal como ainda corresponde ao nível de conhecimento do *Manifesto comunista*), senão que como "a história das relações de fetiche". É claro que, como isso, as lutas de classes (bem como outras formas de querela social) não desaparecem pura e simplesmente, mas são rebaixadas a uma categoria interna a algo superior, a saber, à constituição fetichista destituída de sujeito e suas respectivas codificações e/ou leis funcionais. Convertida em forma social de reprodução sob a figura do capital, a forma da mercadoria constitui, desse modo, a derradeira e mais elevada forma de fetiche, ampliando ao máximo o espaço da subjetividade face à primeira natureza. Apenas sobre o solo dessa constituição fetichista secularizada e depurada de toda religiosidade,[49] a qual incorpora um englobante caráter sistêmico e se desenvolve a ponto de se tornar o real "sistema mundial" (Immanuel Wallerstein), puderam surgir, em geral, os conceitos de "estrutura" e "sistema".

Assim como a anatomia do macaco, de acordo com Marx, precisa ser explicada a partir da anatomia do ser humano, e não inversamente, a natureza da constituição fetichista só pode ser derivada, em geral, do seu grau mais elevado de desenvolvimento, quer dizer, a partir do fetiche da mercadoria como fetiche do capital; apenas nesse grau ela se torna reconhecível e, simultaneamente, obsoleta. A partir da constituição e da crise

---

[49]Que a secularização do fetiche não deva ser igualada, obrigatoriamente, a uma forma de consciência "superior", eis o que se mostra uma curiosa ironia. Pois, na mesma medida em que a pretensa "superstição religiosa" cede terreno ao Esclarecimento, o qual não está esclarecido acerca de si próprio, também desaparece a consciência sobre a condução externa do ser humano. Enquanto o sujeito esclarecido imagina que suas ações são resolvidas do ponto de vista subjetivo, volitivo e teórico (não conseguindo mais perceber, assim, a sua própria determinabilidade formal fetichista, nem mesmo de uma maneira indireta ou fantasticamente travestida), os seres humanos pré-modernos ao menos sabiam que, na qualidade de chefes, príncipes e divinos reis, seu agir não era "autodeterminado", senão que constituía um cego instrumento de "poderes celestes".

do fetiche secularizado da modernidade, pode-se reconstruir o modo como se criou, sob o influxo dos efeitos colaterais e involuntários de ações isoladamente praticadas, uma relação por detrás das costas dos sujeitos agentes; a qual se condensa de uma maneira "sistêmica", engendrando tanto codificações quanto regularidades que ninguém nunca havia "cogitado", e que, dessa forma, não brotam de nenhum pacto consciente. Com isso, destrói-se igualmente, em definitivo, o projeto rousseauísta de "contrato social", o qual nos debates hodiernos sobre a superação da crise formada pela mercadoria, tem uma sobrevida fantasmagórica, sendo ainda inflacionariamente reciclado pelo alarido conceitual imanente e ilusório (sobretudo, pelas esquerdas desmanteladas).

VII

Poderia parecer, à primeira vista, que, juntamente com o conceito de constituição fetichista, não apenas o antigo conceito subjetivo-esclarecido de dominação se tornaria obsoleto, senão que, em geral, o próprio conceito de dominação. A destruição do sujeito precisaria ser apreendida, então, sob a égide do conceito de mera marionete.[50] Tal entrega imediata do conceito de dominação seria, digamos, inaceitável do ponto de vista tático. Ela pareceria, em primeiro lugar, dissuadir os seres humanos das pressões realmente experimentadas (e vivenciadas com tudo aquilo que têm de penosas), as quais também determinam, até nos poros, o cotidiano das sociedades fetichistas secularizadas do mercado total e do Estado democrático de direito. Que essa repressão não pode mais ser remetida a um sujeito determinado, sendo apenas "estrutural", não muda em nada o seu caráter, e tampouco o fato de ainda ser digna de ódio.

Em segundo lugar, tal conceito de marionete serviria, em certa medida, de desculpa à "dominação do ser humano por meio do ser humano". Desde que passaram a existir certas reflexões sobre o caráter sem sujeito das efetivas determinações

[50]No original, *Marionette*. [N. do T.]

DOMINAÇÃO SEM SUJEITO

sociais, desde que os conceitos de "papel" e "estrutura" desceram do Olimpo científico rumo à consciência cotidiana, eles terminaram sendo instrumentalizados de uma maneira mais ou menos ingênua com vistas à justificativa, à autojustificativa e ao autoapaziguamento dos portadores de certas funções de dominação. Que alguém "apenas" faça o seu serviço, cumpra o seu "dever", atue em conformidade com o seu "papel", entregando-se, ademais, às próprias "estruturas", eis aí afirmações que há muito compõem o repertório padronizado da falsa e desviante legitimação do exercício da dominação. Assim é, pois, que o conhecimento crítico se transmuda em afirmação trivial.

Isso se revela particularmente exasperante lá, onde as funções de dominação não se acham rigidamente formalizadas como nas relações econômicas e burocráticas, mas são, antes do mais, informalmente executadas, vindo à luz em atribuições estruturais de papel, tal como, por exemplo, nas relações de gênero, ou, então, de ensino (e também em preconceitos raciais e discriminações). O autoapaziguamento do homem forçosamente heterossexual, o qual, a despeito das educadas reverências que presta diante do feminismo, não está efetivamente interessado em superar a si próprio, revela-se na medida em que se diz que, em rigor, não é ele mesmo como pessoa que porta determinadas manifestações dominadoras na relação de gênero, senão que, à força e contra a sua vontade, ele "apenas" executaria uma estrutura sócio-histórica hegemônica e sem sujeito; o que saltaria aos olhos em diferentes graus e em formas implícitas ("mudas") e/ou explícitas de expressão próprias a uma irrefletida e repressiva ação masculina.

Assim como o sistema produtor de mercadorias pode transmudar, aparentemente, todas as próprias formas de crítica em mercadorias, tornando-as, com isso, em algo "estruturalmente" inofensivo, assim também a consciência de dominação masculina e forçosamente heterossexual, juntamente com suas obsoletas exigências de autonomia e soberania, parece fazer pender todo conteúdo epistemológico consoante à crítica da estrutura dos gêneros rumo a uma forma mais elevada e elaborada de autoafirmação. Justamente para não precisar realmente abrir mão de seu ponto de vista "senhoril" de dominação, crescente e inconfesso, e não ter de deixar a crítica chegar à "identidade" imposta, ou, até mesmo, ao seu próprio corpo, o ser-homem deixa-se remontar com alívio, por assim dizer, à falta de sujeito e a seu respectivo conceito. Não sou eu quem a constitui, senão que a própria estrutura. Trata-se quase da constituição atinente à consciência do criminoso insano, o qual se persuade da própria inocência, porque "não pode fazer nada a respeito", apesar do fato de possuir plena ciência de si próprio e de suas ações. A fim de poder continuar sendo o que é e no intuito de poder continuar praticando a dominação, o homem forçosamente heterossexual, soberano e identitário está preparado para declarar-se inimputável, cedendo a exigência de sujeito à "estrutura" ou ao "sistema": ao poder monstruoso da falta de sujeito, a qual não lhe machuca concretamente (tal é, quiçá, em geral, o secreto sentido psicológico da teoria de Niklas Luhmann e de seu êxito considerável).

É claro, porém, que o abandono do conceito de dominação e da metáfora das marionetes não deve ser meramente rechaçado em função de razões supostamente táticas, para se conseguir afirmar uma posição negatória face às relações avaliadas como odiosas e sentidas como insuportáveis. O problema também precisa ser ruído do ponto de vista teórico. A inteligência quase "feminina", por exemplo, da autoafirmação masculina "estruturalmente" pseudorrefletida remete, de fato, em seu paradoxo, a um problema teórico, a saber, à pergunta pela relação entre a constituição fetichista e a subjetividade. O reconhecimento de que a estrutura e o sistema não têm nada de ontológico e que tampouco se acham abismados na natureza orgânica, mas de que "nasceram", em sua alteridade, sobre o solo da segunda natureza, tornando-se tão reconhecíveis quanto obsoletos no grau de desenvolvimento relativo ao sistema produtor de mercadorias, ainda não resolve o problema da relação interna entre a falta de sujeito e a sua presença. Se o conceito de fetiche conduz, antes de mais nada, de maneira espontânea, à reprodução da ótica estruturalística e teórico-sistemática (aproximando-nos de seu conteúdo afirmativo), mediante uma conceitualidade simplesmente modificada e um prolongamento historicizante, se a metáfora das marionetes e a negação do conceito de dominação impõem-se, em geral, espontaneamente, então se torna patente, com isso, que ainda há um "elo perdido"[51] no interior da reflexão teórica.

O sujeito não desaparece, pura e simplesmente, como um mero erro, senão que decerto continua a existir, ainda que, desta feita, como mero sujeito interno da própria constituição fetichista destituída de sujeito. O problema, porém, é que o fetiche não constitui um "ser" independente, exterior e com consciência própria, o qual se poderia, por assim dizer, fixar mediante endereço e número residencial. A inexistência de sujeito não é, de seu lado, um sujeito que se poderia "dominar", senão que constitui dominação, determinando-se, paradoxalmente, como algo a um só tempo próprio e estranho, interno e externo. Antes de mais nada, Marx apreendeu metaforicamente essa questão no conceito de "sujeito automático", como aquele em que o "valor" invisível, onipresente e objetivado da reprodução fetichista capitalista reina cegamente. No contexto da crítica da economia política e da determinação econômica formal do capital em geral, essa definição metafórica pode até ser satisfatória; mas, para o exame detalhado da constituição fetichista e do problema do sujeito enquanto tal, ela é insuficiente. Com isso, Marx expressou somente o paradoxo e o sem sentido da relação, pois, com efeito, "automatismo" e subjetividade excluem-se reciprocamente.

Evidentemente, é difícil conceber a metarreflexão da relação nas formas de pensar dessa relação mesma, as quais, porém, já se acham pressupostas. A consciência constituída mediante o fetiche chega espontaneamente à conclusão de externar o "ser" codificante e legalizador para, aí então, junto ao sujeito, assentar-se como marionete. Mas, o "exterior" é um "nada" (o "Nada"). O sujeito é uma marionete que puxa os seu próprios barbantes. Isso, porém, é impossível, ou, antes ainda, é a metáfora para algo impensável no interior das formas preconcebidas

[51]No original, em inglês, *missing link*. [N. do T.]

de pensar. Para o sujeito, há, a título de grandezas referentes, ou bem objetos inconscientes (natureza) ou bem outros sujeitos. Assim, o fetiche só pode ser ou objeto, isto é, natureza, e, desse modo, inafugentável,[52] ou precisamente um outro sujeito exterior.[53] Os conceitos de fetiche e de segunda natureza remetem, porém (sendo que esta é justamente a diferença em relação à teoria do sistema, a qual desconhece qualquer distinção entre a primeira e a segunda natureza), ao aceite de que há "algo" que não se deixa absorver pelo dualismo sujeito-objeto, que, por si mesmo, não é nem sujeito nem objeto, senão que constitui essa própria relação.

Em rigor, o estruturalismo, bem como a teoria do sistema e as concepções teóricas análogas, têm um caráter teórico transitório, do mesmo modo como o sistema produtor de mercadorias do capital, a título de formação social, tem um caráter transitório.[54] A destruição unilateral do sujeito não pode

[52]Os axiomas e codificações sociais são, então, determinados enquanto natureza, isto é, a primeira e a segunda natureza são igualadas, tal como aparece, a título de ontologização, na teoria do sistema. A natureza, no entanto, torna-se justamente objeto ao ser reconhecida em sua insuperável "regularidade natural" desprovida de sujeito. Aquilo que foi rebaixado à condição de objeto também é incompreensível como não sujeito, na medida em que, como tal, a sua "regularidade" não é passível de instrumentalização, senão que permanece pressuposta a toda instrumentalização. O pensar instrumental pressupõe, pois, a não instrumentalidade no âmbito que designa o ser-objeto.

[53]A consciência religiosa da pré-modernidade ainda não possui quaisquer problemas com isso. Como Deus e/ou o mundo divino, o mundo anímico e a animação da natureza, o sujeito exterior é algo dado de uma maneira evidente. Mas, por isso mesmo, a própria subjetividade do ser humano ainda é apenas embrionária, de sorte que não pode existir nenhum conceito de sujeito no sentido rigoroso do termo, já que a própria natureza ainda não constitui objeto, ainda não representa uma falta de sujeito regular e calculável, senão que se faz ela mesma sujeito e/ou se vê guiada por sujeitos (quer dizer, para expressar em conceitos modernos, num patamar em que ainda não é formulável). A separação sujeito-objeto ainda não se deu de uma maneira coerente, ou, então, apenas se esboçou, sendo que a natureza aparece, nessa medida, tão incalculável quanto os seres humanos.

[54]A relação do capital constitui o primeiro e único modo de produção dinâmico apto a se dinamizar e se transformar desde dentro, remetendo-se,

manter-se por si só, quer dizer, o sujeito não pode ser deixado de lado como um mero erro ou uma marionete, porque não se pode rechaçar a questão acerca do "sujeito do sujeito" na forma pressuposta de pensar. Um retorno à consciência religiosa é tão pouco factível quanto uma mera operacionalização do sujeito decaído nas estruturas internas da já adotada ou impendente falta de sujeito, tal como parece dar a entender o lado trivialmente pragmático da teoria do sistema. A própria "ficção heurística"[55] de Rousseau de um contrato social "esquecido", o qual ainda tenta dar uma solução à problemática através do outro lado, era assaz cambaleante e pouco acreditada. Nem a dissolução da segunda natureza no sujeito, situada no despertar de uma modernidade ainda orgulhosa e aberta para o adventício, nem a sua dissolução no objeto, o qual se acha no final de uma modernidade tornada pusilânime e insegura de si, pode explicar a contento a constituição fetichista e, com esta, o problema da dominação.

VIII

O ponto decisório está no fato de que é preciso haver uma instância no interior da constituição sócio-humana, e, desse modo, igualmente no interior de cada ser humano tomado isoladamente, a qual se coloque para além do dualismo sujeito-objeto.[56] Para a consciência do Esclarecimento, há apenas sujeito (consciência) ou objeto, mas nenhum terceiro termo. O

com isso, para além de si mesmo e impelindo a si próprio à autossupressão. Nessa medida, encerra em si a inteira "pré-história" e, ao mesmo tempo, tende a suprimi-la. As sociedades pré-modernas e não europeias decerto se desenvolvem, mas, em contrapartida, não ocasionam nenhuma dinâmica autodestrutiva nesse mesmo sentido.

[55]No original, *Hilfskonstrukt*. [N. do T.]

[56]Nessa forma, o problema é análogo ao da modernidade, deixando-se formular nas próprias categorias modernas. Apenas o moderno sistema produtor de mercadorias foi capaz de elaborar o dualismo sujeito-objeto de forma pura. Nas formações pré-modernas, como já foi dito, o problema ainda não seria formulável. Mas, em todo caso, lá ele se acha "latente", mesmo que de um modo ainda não diferenciado. Poder-se-ia dizer, talvez, que o dualismo sujeito-objeto representa, em geral, a determinação universal-abstrata da funcionalidade da "segunda natureza", mas que só

conceito-chave para se compreender este "terceiro" e propriamente constitutivo termo só pode ser o conceito de inconsciente. É, sem dúvida, de Freud o mérito teórico de ter introduzido tal conceito de uma maneira sistemática. Apesar disso, não se falará, aqui (ou, em todo caso, não de modo exclusivo e preferencial), acerca do inconsciente em sua acepção especificamente freudiana. Não é nem de longe algo acidental o fato de que a retomada de Freud faça parte dos momentos constitutivos do próprio estruturalismo. Para a concepção esclarecida de sujeito, a teoria freudiana foi, desde o início, uma contrariedade, porque o conceito de inconsciente foi sentido, com toda razão de ser, como uma espécie de ataque frontal contra seus próprios fundamentos; a destruição do fulgurante e emancipado sujeito da modernidade como um ser inconsciente de si mesmo, dirigido por impulsos inconscientes (e além de tudo sexuais), tinha de parecer algo insuportável. Nisso, todavia, passou-se ao largo daqueles momentos afirmativos da teoria freudiana, os quais só conseguiram ser apreendidos na derrocada histórica da teoria esclarecida do sujeito, caindo, portanto, como uma luva para os estruturalistas.

A ser assim, o inconsciente freudiano ainda não representa nenhuma supressão do sujeito do Esclarecimento, senão que marca um divisor de águas teórico, o qual pode ser desenvolvido tanto na direção das rudes abordagens da falta de sujeito (estruturalismo) quanto na direção de uma metacrítica da constituição fetichista. Pois, em primeiro lugar, Freud elaborou o conceito de inconsciente, sobretudo, de uma maneira unilateral, conforme o seu lado psicológico-individual, mesmo que as referências sociais sejam inabarcáveis e igualmente tratadas em seus escritos teórico-culturais. O verdadeiro problema acerca da constituição social do inconsciente não é, porém, sistematicamente tratado por Freud.

Isso tampouco seria possível sob a égide de suas premissas

---

precisou diferenciar-se na história da "segunda natureza" a fim de tornar-se um objeto de conhecimento na modernidade e, com isso, lograr uma formulação.

DOMINAÇÃO SEM SUJEITO

teóricas; pois, em segundo lugar — e quanto a isso ele permanece um pensador do Esclarecimento —, Freud ontologizou imediatamente seu conhecimento. Em última análise, ele desenvolve as categorias do inconsciente a-historicamente, como se tratasse da estrutura de um inconsciente puro e simples, o que o leva a ontologizar o problema também do ponto de vista teórico-cultural, obrigando-o a determiná-lo como a relação de um inconsciente puro e simples (conjuntamente com sua estrutura) face à cultura pura e simples.[57] Isso permite explicar outrossim sua conclusão profundamente pessimista no que tange à cultura, pois as contradições ontologizadas de exigências pulsionais inconscientes e as conquistas culturais parecem insuperáveis, ou, no melhor das hipóteses, desastrosas. [58]

Em terceiro lugar, e quanto a isso o seu pensamento ainda faz parte do positivismo biológico consoante ao século XIX, Freud acoplou elementos essenciais do inconsciente diretamente à primeira natureza, e, em especial, a um impulso sexual apreendido de um ponto de vista a-histórico. A determinação marxista de uma relação entre a primeira natureza (biológica) e a segunda natureza (constituída mediante o fetichismo, simbolicamente codificada) falta completamente em Freud, o que, é claro, facilita igualmente a ontologização. Na figura da instância fundamental do "id", bem como dos assim chamados impulsos, a primeira natureza atinge direta e imediatamente a sociedade e suas conquistas culturais:

A mais remota [das] províncias ou instâncias psíquicas chamamos de id; seu conteúdo consiste em tudo aquilo que foi herdado, trazido

---

[57]O momento histórico surge, então, tão somente como algo pré-histórico, isto é, enquanto história da formação do ser humano em geral, bem como da cultura em geral. No entanto, dentro dos limites do ser humano formado, culturalmente elevado, faz-se necessário pressupor uma infraestrutura ontológica e a-histórica enquanto relação entre "estrutura pulsional e a sociedade" (Marcuse). Esse construto também não foi superado pelos seguidores de Freud, e, em última análise, tampouco pela Teoria Crítica, haja vista que a ontologizada "base natural" da "estrutura pulsional" permanece intacta como ponto de partida supostamente insuperável.

[58]O mal-estar na civilização.

ROBERT KURZ

desde o nascimento, estabelecido constitucionalmente, e, sobretudo, portanto, os impulsos hauridos da organização corporal [...]. As forças que hipostasiamos por detrás das tensões de necessidade do id denominamos impulsos. Elas representam as reivindicações corporais feitas à vida anímica [...].[59]

Tal imediação não pode ser alterada nem pela diferenciação da "estrutura pulsional" nem pela análise dos "resultados da sublimação" na cultura, haja vista que a mediação histórico-social daquilo que surge como mero (natural, biológico) "impulso", pura e simplesmente não acontece. Isso não significa, é claro, que não haveria, em absoluto, um substrato da primeira natureza no ser humano e que tampouco teria alguma relação com a consciência ou alguma influência sobre a vida anímica do ser humano. Mas, se entre tal substrato (o qual, além da natureza biológica no sentido fisiológico, também precisa conter alguns restos languidescidos do instinto animalesco) e a consciência de superfície do ser humano historicamente formado surge justamente a segunda natureza da constituição fetichista, diferente da primeira natureza, com a sua história monstruosamente longe, então, no que diz respeito à constituição do ser humano, a base natural biologicamente determinada (e determinante) tem um alcance muito menor do que pressupõe Freud.[60]

[59]Cf. Sigmund Freud. *Abriss der Psychoanalyse*, Frankfurt, 1972, p. 9.

[60]A completa negação da base biológica natural constitui, por certo, uma idiotice teórica. Em contrapartida, o aumento ideológico do raio de ação das determinações biológico-genéticas no âmbito social não é apenas tolo, senão que também assassino em suas consequências. Já desde o século XIX, a derivação de fenômenos sociais a partir de determinações biológicas com vistas à legitimação de massacres discriminatórios foi instrumentalizada pelo nacionalismo, pelo racismo e pelo machismo. Essas explicações falsamente biológicas entraram em cena de uma maneira mais ou menos tosca, sobretudo, no contexto das crises de imposição do sistema produtor de mercadorias. Também hoje é possível antever essa conjuntura ideológica em meio à crise mundial do sistema fetichista formado pela mercadoria. O sujeito da mercadoria não quer conscientizar-se de sua própria crise formal e tampouco tenciona tocar em sua "segunda natureza", e, por conta disso, vê-se obrigado a valer-se, uma vez mais, da remissão "científica" à base

DOMINAÇÃO SEM SUJEITO

Finalmente, e em quarto lugar, Freud trata de relacionar o conceito de inconsciente, antes de mais nada, às instâncias "infrabasilares" da aparente consciência do eu, operando uma diferenciação entre o mero "infraconsciente",[61] por um lado, e o *iceberg* anímico do profundo inconsciente estrutural (id), por outro. Além disso, na figura do superego, pressupõe uma outra instância do eu consciente, condicionada por influências externas e, por assim dizer, "superiores", mas cuja determinação não alcança, em todo caso, a constituição fetichista social, senão que continua limitada, em termos fenomenológicos e, digamos, técnicos, como mero "efeito" (em especial, durante a infância) sobre o aparato psíquico individual:

> Enquanto remanescente do longo período da infância, durante o qual o ser humano em formação vive na dependência de seus pais, cria-se em seu eu uma instância particular na qual essa influência paterna se impõe mais e mais. Tal instância ganhou o nome de superego. Na medida em que esse superego se diferencia do eu e lhe contrapõe, ele termina por se tornar um terceiro poder, o qual se vê obrigado a levar em conta o próprio eu [...]. Na influência paterna, evidentemente, não se efetua apenas a essência pessoal dos pais, senão que também a influência de tradições familiares, raciais e populares por

biológica natural (refletida, entrementes, em termos genético-teóricos e genético-tecnológicos). Mesmo que limitada do ponto de vista sociológico, a reflexão socialmente crítica dos anos 1970 deve então ser reabsorvida pela ciência natural e pela tecnologia social. Cientistas americanos tencionaram descobrir, por exemplo, que os não brancos seriam, de fato, geneticamente mais inclinados à criminalidade do que os brancos. Tal construto, que há alguns anos não teria ensejado outra coisa senão gargalhadas, é novo e seriamente colocado em debate. E, se Freud tratou de ligar seu conceito de inconsciente de uma maneira relativamente imediata à estrutura pulsional biologicamente determinada, o próprio inconsciente foi, entrementes, negado enquanto âmbito intermediário estruturado entre a base natural e a consciência de superfície. Na Alemanha, por exemplo, o jornalista Dieter E. Zimmer é um dos representantes dessa regressão teórica, a qual deseja desviar, diretamente e uma vez mais, o problema da consciência para as ciências da natureza (neurologia etc.) e seus métodos positivistas (cf. Dieter E. Zimmer. *Tiefenschwindel. Die endlose und die beendbare Psychoanalyse*, Reinbek, 1986).

[61]No original, *Unterbewusstes*. [N. do T.]

eles perpetuada, bem como as exigências, por eles defendidas, do respectivo meio social. Do mesmo modo, ao longo do desenvolvimento individual, o superego recebe contribuições por parte de sucessores ulteriores e pessoas que substituem os pais, tais como, por exemplo, educadores, modelos públicos e ideais reverenciados na sociedade.[62]

A incorporação das instâncias sócio-históricas é, aqui, algo nitidamente insuficiente. O inconsciente vem à luz apenas na figura daquelas instâncias e/ou "províncias" do aparato psíquico, às quais o eu não tem nenhum acesso consciente. Mas, não é só o reino anímico acima ou abaixo da consciência do eu que deve ser tido como inconsciente. Se tomamos o conceito de inconsciente em termos absolutamente simples e genéricos, independentemente da linha de investigação especificamente freudiana, aí então vem à baila um fato inteiramente distinto. Inconsciente não é, pois, apenas o conteúdo anímico para além da emergente consciência do eu; a própria forma da consciência também é inconsciente. Pois, a forma da consciência não deve, em absoluto, ser igualada à consciência mesma, ou, então, a seus conteúdos e "províncias". E, na forma de si próprio inconsciente da consciência, cumpre procurar igualmente o segredo do "terceiro termo", que não é nem sujeito nem objeto, senão que aquilo que, a título de cega constituição formal da consciência, constitui a subjetividade, a objetividade e a dominação. A forma histórico-social da consciência é aquilo que há de mais profundamente próprio, de mais profundamente alheio e de desconhecido, sendo que, por essa razão, tão pronto ela for tematizada, precisará ser entendida e vivenciada como um "poder" externo e estranho.

Independentemente de seu conceito de inconsciente, a pergunta pela forma (geral) da consciência e pelas ações sócio--humanas já havia sido esboçada antes de Freud por intermédio de Kant e, antes de mais nada, pelo próprio Marx. Tratar-se-ia apenas de agrupar essas concepções teóricas, aparentemente ainda dispersas entre si, de sorte a uni-las do ponto de vista crítico-histórico. Kant foi o primeiro a investigar sistemática e

---

[62]Cf. Sigmund Freud. *Abriss der Psychoanalyse*, Frankfurt, 1972, p. 10.

DOMINAÇÃO SEM SUJEITO

"criticamente" a forma universal da consciência (inconsciente face à própria consciência), mas de uma maneira crítica apenas no sentido de uma retomada de consciência afirmativa de tal forma.[63]

O caráter afirmativo de sua investigação é levado a efeito na medida em que ele ontologiza, à maneira esclarecida, imediatamente os conceitos encontrados das formas universais da consciência, declarando-os como puras e simples formas humanas de consciência (à semelhança da posterior ontologização do conhecimento operada por Freud). Assim é que Kant encontra, pois, as formas gerais da sensibilidade (espaço e tempo abstratos), bem como as formas gerais do entendimento, como as famosas "formas *a priori*" da faculdade de conhecimento, independente de seus objetos; e o "imperativo categórico" como a "mera forma de uma lei geral", quer dizer, como princípio ético com vistas a todas as ações humanas. Tais formas *a priori* de consciência vêm à tona, no entanto, de uma maneira a-histórica e como que gravadas "no ser humano"; o lugar desse "estar-gravado" e sua respectiva relação com a natureza fisiológica é algo que Kant jamais discute.

Ora, Marx, que parece não ter se ocupado muito com Kant e tampouco com seu problema formal da consciência, logra atingir, mediante Hegel, uma historização da história da forma, a qual ele exibe, de saída, como história das formações sociais (político-econômicas); e, ao fazê-lo, ele se depara, evidentemente, com o problema da forma geral da consciência, a qual ele trata, de antemão, historicamente como constituição fetichista, apresentando-a apenas sucintamente em seus elementos fundamentais na parte introdutória de *O capital*, mas a fim de desenvolvê-la mais detidamente, então, mediante suas determinações sociais objetivadas, na figura das categorias econômicas

---

[63]Hegel reproduziu, posteriormente, os fundamentos desse procedimento, historicizando-o, porém, em termos histórico-progressistas, razão pela qual terminou por perder, em parte, o ponto de partida crítico; isto é, ele exibe, dando prosseguimento à crítica de Kant, a história e a fenomenologia da consciência, mas, em grande medida, perde sua consciência do problema no que se refere à forma.

da relação do capital. Todavia, ele não deixa dúvidas de que lidamos, aqui, a um só tempo, com formas de consciência *gerais* e "invertidas". Se Marx não dá prosseguimento a esse tratamento da forma geral de consciência ínsita ao sistema produtor de mercadorias constituído mediante o fetiche, eis algo que se deve ao fato de o seu pensar conter, aqui, uma limitação: a referência ao trabalho (ontologia do trabalho), isto é, o ponto de vista das classes e dos trabalhadores requer um enfoque antagônico-dualista e impele a questão da consciência à respectiva "consciência de classe", de modo que a pergunta pela forma geral da consciência ainda não pode ser empreendida com clareza "anteriormente" ao "antagonismo-de-classes".[64]

Hoje em dia, sob as condições da amadurecida crise do sistema produtor de mercadorias, a crítica do fetiche levada a cabo por Marx só pode ser reformulada e posteriormente desenvolvida de uma maneira adequada enquanto crítica da forma geral da consciência, a qual inclui em si todas as categorias de classes e interesses (e suplanta em muito as meras determinações socioeconômicas num sentido limitado). Apenas recentemente as concepções teóricas de Kant, Marx e Freud puderam, desse modo, ser unidas de um ponto de vista sistemático;[65] somente agora é facultado ousar uma reformulação

[64]Com efeito, o problema consiste no fato de que Marx, sem conseguir reconhecê-lo, confunde dois níveis de problema e, com isso, duas concepções teóricas historicamente incompatíveis; ou seja, por um lado, a luta de interesses no interior mesmo do capitalismo (vulgo luta de classes), a qual pode ser compreendida como o motor da modernização formada pela mercadoria; e, por outro, a crise e a crítica da própria forma da mercadoria (isto é, da constituição fetichista), a qual só agora adentra no campo de visão como algo que se coloca "para além da luta de classes". Os marxistas ligados aos movimentos dos trabalhadores e suas formas mais tardias, tal como o mencionado "grupo marxista", sempre conseguiram referir-se ao "primeiro Marx", mas, justamente por isso, a problematização consoante ao "segundo Marx" viu-se obrigada a permanecer qual um livro fechado a sete chaves.

[65]O que, é claro, não é logrado com uma tentativa tal como a que ora empreendemos, senão que a mencionada aproximação só pode ser formulada, em geral, a título de problematização, sintetizada em algumas poucas teses.

da "história das lutas de classes" como "história das relações fetichistas" (e, deixando para trás as "lutas de classes", ousa-se igualmente retornar à origem do vir-a-ser humano).

IX

A forma geral da consciência e suas categorias não devem ser apreendidas do ponto de vista ontológico, senão que sob um ângulo histórico-genético. Para cada nível de formação vigora uma forma própria e inconsciente de consciência com suas pertinentes "regularidades" e codificações. A forma (respectiva) de consciência constitui uma grade de leitura geral da percepção assim como da relação social e de gênero; a percepção do mundo ou da natureza, bem como a percepção das relações sociocomunitárias são, desse modo, apreendidas na mesma forma inconsciente e matricial, a qual sempre é, simultaneamente, a forma geral do sujeito e a forma geral de reprodução da vida humana. De modo inconsciente, tal forma nasce no processo histórico a partir da acumulação de efeitos colaterais involuntários e de sua condensação, e isso desde que o tornar-se humano realizou sua travessia para além do reino animal.

Tal concepção pode ser estendida tanto para "cima" quanto para "baixo". Pois, em primeiro lugar, dessa maneira é possível chegar a determinações universais da "constituição fetichista em geral", aplicáveis à inteira e preexistente história humana, tal como se indicou acima; possivelmente, poder-se-ia detectar uma cisão na passagem rumo à chamada cultura elevada, a qual corresponderia, por exemplo, à separação marxista entre sociedade primordial e/ou "comunismo primordial" e o começo da sociedade formada por classes. O problema primário seria, então, não mais a pergunta sociológica e utilitarista pela "distribuição desigual dos benefícios", senão que, antes do mais, a questão acerca do modo como a constituição fetichista social altera-se sob as condições de um mais-produto social (novos propósitos fetichistas, como, por exemplo, a construção de pirâmides, isto é, "arranques de desenvolvimento" cegamente conduzidos). Mas, em segundo lugar, as respectivas constituições fetichistas históricas devem então ser expostas a partir de

ROBERT KURZ

um ponto de vista historicamente interno, quer dizer, por um lado, em sua história de construção e ascensão, e, por outro, em sua história de declínio e esfacelamento.

Em todas as instâncias, as determinações constituídas mediante o fetiche acerca do que é "verdadeiro" e "falso", "ético" e "não ético", "justo" e "injusto" etc. deveriam, portanto, ser decifradas em sua respectiva condicionalidade (e, com isso, é claro, igualmente relativizadas). Isso também se aplica ao inconsciente freudiano, isto é, àquelas "províncias" psíquicas que se acham para além da consciência fenomênica do eu. O problema da forma, não tematizado de uma maneira histórico-social por Freud, também se estenderá a essas longínquas "províncias", quer dizer, a matriz da respectiva forma geral de reprodução e de consciência encerra igualmente o id e o superego. A forma de consciência da respectiva constituição fetichista abrange todos os aspectos humanos da vida. Estamos lidando, a ser assim, com uma estruturação e/ou canalização tanto da reprodução social (socioeconômica) quanto das relações sociais e sexuais, ou seja, tanto da consciência do eu e da percepção exterior quanto dos profundos estratos psíquicos (id) e do superego. E, porque tal processo dura, já, no mínimo uns cem mil anos, as variadas formações históricas também se assentaram, por assim dizer, "geologicamente" em diversos graus de decomposição e sedimentação. "Sobre" o substrato primordial e biológico-animalesco, assentam-se inúmeros estratos de constituições fetichistas do passado, atinentes a todos planos da vida social,[66] os quais, no entanto, são dominados e determinados pela respectiva constituição fetichista mais recente e "válida".

Conforme o já mencionado dito marxista acerca da recons-

---

[66]Na formação do moderno sistema produtor de mercadorias, só para mencionar um exemplo, a reprodução e o convívio há muito tempo não são regulados pelas codificações impostas pela afinidade sanguínea; todavia, tal código não desapareceu pura e simplesmente, sem deixar quaisquer pistas, senão que se torna atuante desde o zelo da moderna e pequena família até às formas do direito. Também sob outros aspectos é possível verificar sedimentos arcaicos em variados graus e deformações, o que sempre dá ensejo, a cada vez, a falsas ontologizações, ou, até mesmo, a certas naturalizações.

trução da anatomia do macaco a partir da anatomia humana, o deciframento da constituição fetichista em geral pode ser logrado desde a sua forma mais recente e elevada, sendo que esta constitui, tal como foi dito, a nossa própria forma, isto é, aquela do sistema produtor de mercadorias da modernidade. O que Marx disse a propósito das "relações de classe", ainda na inflexão sociologista de seu próprio enfoque epistêmico, pode ser referido, desta feita, às relações fetichistas: apenas a modernidade secularizou e simplificou tais relações, tornando-as translúcidas e dando a conhecer o seu princípio subjacente. Em todas as instâncias da teoria da sociedade, da teoria do conhecimento, da teoria da consciência, da teoria sexual e psicológica, a viagem pode, agora, ser realizada para trás, isto é, através da história da formação humana, sendo que, com isso, um novo nível da historização surge como algo possível; a precondição para tanto é, por certo, o conhecimento e a crítica de nossa própria formação, cuja crise dá o último impulso em tal direção. Apenas nessa metainstância a reunificação entre práxis e história pode realizar-se.

As consequências para os conceitos de subjetividade e dominação são evidentes. No processo de sua formação em oposição à primeira natureza, o ser humano converte-se em sujeito; inicialmente, entretanto, a forma do sujeito é fraca e embrionária, até o momento em que, depois de uma longa e contraditória história de desenvolvimento constituída por muitas formações, o sujeito, face à primeira natureza, mostra-se em sua forma pura no sistema produtor de mercadorias da modernidade, reivindicando o Esclarecimento. Mas este último, bem como a ciência da natureza e a industrialização, são apenas momentos da forma geral da mercadoria e de sua constituição fetichista, a qual contém em si a inteira história da humanidade preexistente e o problema da constituição fetichista em geral, universalizando-o, pela primeira vez, em termos globais. O sujeito da modernidade, o qual suprimiu em si todas as formas preexistentes de sujeito, é tão pouco consciente de sua própria forma quanto todas as formações prévias; representa, por assim dizer, a forma mais elevada da falta formal de consciência.

Com isso, a determinação geral dá-se a conhecer: um sujeito é um ator[67] consciente, mas que não está consciente de sua própria forma. No entanto, é precisamente essa falta de consciência da forma que inflige às ações conscientes face à primeira natureza e aos demais sujeitos um caráter opressor obscuro e objetivo; a objetivação que se dá mediante a cadeia de ações é, de antemão, cegamente pressuposta pelo sujeito. Assim, a tomada de consciência limita-se a uma ação individual que, à diferença do animal, não é dirigida às cegas, senão que "precisa passar pela cabeça". Em contrapartida, a consciência não apreende o escopo geral e social do agir, que "nasce" historicamente e é pressuposto às cegas. A ser assim, a consciência é uma mera tomada interna de consciência, situada dentro dos limites de uma constituição fetichista que, no entanto, não tem nada de exterior, constituindo, antes do mais, a forma da própria consciência, sendo que é isso mesmo que marca a diferença decisória em relação ao estruturalismo e à teoria do sistema e/ou as concepções limitadas do problema acerca do fetiche.

A consequência disso está no fato de que um fator desconhecido mistura-se continuamente com as ações conscientes, mas o qual não é absorvido pela consciência. A singularidade assim constituída do que é próprio surge, uma vez mais, como singularidade da remissão à primeira natureza e aos outros sujeitos. Em compensação, essa singularidade, condicionada mediante a falta de consciência da forma, dissocia o conjunto da ação e da percepção de um modo necessariamente dicotômico. Porque não está consciente de sua forma e, com isso, de si mesmo, o sujeito se vê obrigado a vivenciar a natureza e os demais sujeitos como simples mundo exterior.[68] A limitação da consciência da ação e da percepção não permite, pois, escalar rumo a uma metainstância e perceber-se a si mesmo (o sujeito)

[67]No original, *Aktor*. [N. do T.]

[68]Para as ditas sociedades pré-modernas, isso só tem validade contanto que uma estrutura dada pelo par sujeito-objeto esteja, em geral, desenvolvida.

na remissão ao mundo exterior, o que possibilitaria compreender, portanto, o complexo global no qual o sujeito e seus objetos do agir e do perceber se acham trancafiados. A falta de consciência da forma por parte do sujeito, a qual constitui uma mera dicotomia entre o sujeito e mundo exterior, rebaixa, com isso, os materiais da percepção e da ação (a natureza e os outros sujeitos) à condição de reles objetos. O dualismo sujeito-objeto resulta do fato de que a metainstância, da qual o ator e seus objetos vêm à luz como um todo comum, não está, por assim dizer, "ocupado"; essa metainstância adquire precisamente a forma privada de sujeito do próprio sujeito,[69] com o que se engendra o dualismo aparentemente inafugentável e intransponível. Seria então possível, a partir disso, uma segunda e complementária determinação do sujeito: um sujeito é um ator que se vê obrigado a rebaixar seus materiais à condição de simples objetos exteriores. Também essa determinação deve ser, é claro, vista sob uma perspectiva histórica, isto é, também a dicotomia sujeito-objeto precisou desenvolver-se a partir de princípios embrionários mediante a longa história das formações, até que conheceu, no sistema produtor de mercadorias consoante à modernidade, sua expressão mais pura e elevada.[70]

[69]Os conceitos teórico-sistemáticos de "auto*poiesis*" (autocriação e/ou autorreprodução) e de "autorreferência" não adotam o ponto de vista de uma metainstância, pois, nesse vocábulo, "autopoiético" e "autorreferente" não é o sujeito, o qual, de resto, é compreendido como mero erro, mas o sistema destituído de sujeito. Com isso, a teoria do sistema apenas reproduz a lógica dos sistemas sem sujeito, mas sem poder criticá-los. Que a própria consciência humana poderia ascender a essa metainstância da "auto*poiesis*" e da "autorreferência", conseguindo, desse modo, suprimir o caráter ofuscante do sistema, eis algo que parece impossível aos teóricos afirmativos do sistema, que nem mesmo levam-no em consideração. É revelador, diga-se de passagem, que o conceito de "auto*poiesis*" tenha sido introduzido pelo biólogo Humberto Maturana no âmbito das ciências da natureza e reinterpretado, sem mais nem menos, por Niklas Luhmann e outros autores na esfera das ciências sociais.

[70]A "impureza" e a precocidade do dualismo sujeito-objeto no passado pré-moderno sempre acaba convencendo, astuciosamente, a que se queira solucionar as dores e a crise dessa situação cindida a partir de uma volta ao passado, pressupondo e atribuindo às sociedades pré-modernas (especial-

ROBERT KURZ

Esse problema acerca da dicotomia sujeito-objeto resplandece, aliás, de certa maneira, em Niklas Luhmann, apesar de se achar positiva e incontornavelmente inflexionado. Em entrevista concedida a uma revista italiana, ele se expressou, inclusive, de forma explicitamente crítica a propósito da exteriorização do sujeito face a seus objetos:

Penso que essa figura da autorreferência, quer dizer, da inclusão do observador e dos instrumentos de observação nos próprios objetos de observação, consiste num atributo específico das teorias universais, do qual se passou ao largo na antiga tradição europeia. Em última instância, trata-se sempre de uma descrição operada desde fora, *ab extra*, como, por exemplo, através da mediação de um sujeito. Eis o que tenciono dizer: a lógica clássica ou a ontologia clássica sempre pressupuseram um observador externo que estaria apto a observar falsa ou corretamente, isto é, a partir de duas valorações; mas não

mente aos chamados povos selvagens) uma relação puramente simpática com a natureza. Esse romantismo passa ao largo do fato de que a dicotomia sujeito-objeto não era, em absoluto, plenamente inexistente nas formações primitivas, senão que era, nestas últimas, apenas menos diferenciada. O antigo ser humano estava, pois, menos apto do que o ser humano moderno para perceber-se à parte de seu ambiente, sendo que, por isso, também não podia perceber seus objetos separadamente de determinadas situações ou constelações, isto é, sua faculdade de abstração ainda era (e hoje, em muitas regiões do globo e em certas populações, ainda é) menos desenvolvida. Mas, ao que tudo indica, essa faculdade deficitária de diferenciação é o contrário da capacidade que permite ascender àquela metainstância a partir da qual a dicotomia sujeito-objeto pode ser suprimida e o complexo global conscientemente percebido. Lidamos, desse modo, menos com um crescente "não mais" do que, a bem dizer, com um minguante "ainda não" (Bloch), até que, em algum momento, seja alcançado o umbral cujo ultrapassamento significaria a supressão da constituição fetichista em geral. O grau reduzido de desenvolvimento da dicotomia sujeito-objeto implica, inclusive, uma maior inconsciência na relação com a natureza e a sociedade. Aquilo que vem à luz como uma relação simpática constitui, em realidade, um alcance mais reduzido do agir constituído mediante o fetiche. Com isso, não se exclui absolutamente o aceite de que, junto com o desenvolvimento de uma capacidade mais intensa de abstração, marcos do conhecimento e certas proficiências também terminam por se perder.

cogitaram que esse observador, para poder observar a efetividade, precisa observar a si mesmo.[71]

Aqui, Luhmann acha-se muito próximo do problema, mas não chega a reconhecê-lo. Pois, na metainstância da autorreferência do observador, ele continua, uma vez mais, esposando uma perspectiva ontológica, isto é, esclarecida. Em Luhmann, a auto-observação do observador não pode observar outra coisa a não ser a própria imanência. A contrariedade não existe realmente, senão que, no máximo, como um defeito na cabeça do observador, quer dizer, ela remontaria ao aceite de que o observador não observa a si mesmo, mas permanece limitado a objetos externos, os quais ele "avalia" sem se aperceber de sua própria participação. Com isso, furta-se igualmente a toda oposição contra as relações, algo que, para Luhmann, só pode advir da posição "*ab extra*". Luhmann reproduz, a ser assim, a versão esclarecida da crítica social, sendo que, por isso mesmo, a escalada da metainstância rumo à autorreferência lhe parece idêntica à eliminação da crítica social fundamental.[72]

A auto-observação do observador de Luhmann continua, porém, incompleta, haja vista que ele não reconhece a sistemá-

---

[71]Cf. Niklas Luhmann. *Archimedes und wir* (Coletânea de entrevistas), Berlim, 1987, p. 164.

[72]Poder-se-ia até mesmo dizer, de certa maneira, que aqui Luhmann volta a ser hegeliano. Pois, para Hegel, a "superação" não se dá fundamentalmente em termos práticos, senão que apenas na mente do observador pensante. Como o voltar-a-si do espírito universal, a história precisa terminar, pois, na reflexão imanente, de sorte que Hegel, de modo completamente inocente, faz com que o todo da filosofia se encerre com ele mesmo e a práxis, por seu turno, com o Estado prussiano. De uma maneira implícita, Luhmann também leva essa pretensão, de forma aparentemente mais modesta, a um determinado patamar epistêmico da funcionalidade sistêmica. Mas, à diferença de Hegel e fiando-se totalmente da tradição positivista, o "sentido" e a história são eliminados por Luhmann (ou, então, rebaixados à condição de meros objetos de uma metarreflexão funcionalista). Desse modo, na prática, ele se torna compatível com o "fim da história" de Fukuyama, justamente porque, na teoria, não se detém de uma maneira enfática e "significativa" na democracia e na economia de mercado, senão que apenas assume, com fina ironia, o sem sentido funcionalista nas instituições ocidentais.

tica imanência objetivada da dicotomia sujeito-objeto. Na metainstância da suposta autorreferência, ele se torna novamente esclarecido (sendo que este é o outro lado da ontologização), na medida em que recair, de sua parte, no esquema do "certo e errado", vendo-se obrigado a declarar o "ponto de vista *ab extra*" como sendo um mero "defeito" ideológico ou imanente à teoria. Contra Luhmann, cumpriria ocupar uma metainstância (ou, então, conservar a metainstância da autorreferência com mais coerência), no intuito de conseguir compreender, então, a dicotomia sujeito-objeto ou o próprio "ponto de vista *ab extra*" como uma genuína componente da estrutura sistemática e da funcionalidade do sistema consoante às modernas sociedades (ocidentais), em vez de considerá-la uma mera falha do observador. Somente aí deixa de haver uma simples dualidade valorativa do que é "certo" e "errado", sendo que o pretensamente "errado" passa a ser reconhecido em sua própria condicionalidade sistêmica. Isso não vale, por certo, apenas para a ideologia do sujeito do Esclarecimento, senão que também para seu crítico Luhmann, cuja teoria, de seu lado, pode ser decifrada como algo que também foi produzido pelo sistema, sendo, pois, sistematicamente funcional (e, nessa medida, não é simplesmente "errada").

Esse deficitário ataque da "autorreflexividade" empreendido por Luhmann (como autorreferência) ao si mesmo na auto-observação do observador decorre da estreiteza desta observação, a qual se satisfaz com a banal constatação de que também o observador e/ou o sistema observador (na figura, por exemplo, da sociologia) precisa ser considerado e refletido enquanto sistema ou subsistema dentro dos limites de um sistema, ou, por outro lado, como ambiente de um sistema. A autorreflexão sempre vem à baila em referência a um respectivo sistema, ou, então, um "sistema em geral", mas não referido a uma determinada forma histórica do sistema, na qual se pode lograr, em geral, um conceito de sistema, e, portanto, tampouco referido à "forma em geral" (que constitui algo diferente do "sistema em geral"). A própria forma da consciência não faz parte, precisamente, dos objetos autorreferenciais do observador previsto por Luhmann, o qual precisa partir, antes do mais, de uma "consciência em geral". O processo de des-historização[73] e ontologização cola-se a essa sistemática cegueira formal, tal como Luhmann apresenta-o de maneira exemplar (levando adiante, com isso, a cegueira formal do pensar esclarecido e, em certa medida, completando-o).

No entanto, o desenvolvimento teórico (incluindo Luhmann) e a destruição teórica do pensamento do Esclarecimento remetem a uma progressiva autocontrariedade do sistema, a qual impele não só à aparência, e, com esta, à reflexão teórica, senão que também à superação prática. Luhmann acredita que, juntamente com o "ponto de vista *ab extra*", a crítica prática e supressora ao sistema também termina por ser eliminada. Mas, precisamente junto a uma ampliada autorreferência do observador, a qual também encerra em si a própria forma da consciência e, com isso, o sistemático caráter objetivado da dicotomia sujeito-objeto e/ou a autocontrariedade objetiva do sistema (produtor de mercadorias), será facultado reformular, a partir da metainstância autorreferencial, não apenas a história, senão que também a própria práxis radical.

A superação prática já não será, pois, nenhuma superação do "ponto de vista *ab extra*", a partir do qual o "sujeito estimador" não é levado em conta, tal como pressupõe a ideologia esclarecida da razão e do sujeito, bem como de seu vermiforme apêndice marxista, com o seu "ponto de vista de classe" baseado na ontologia do trabalho. No entanto, se o autoconhecimento do observador que inclui a si próprio na observação também encerra em si a observação da autocontrariedade do sistema e, com esta, a autocontrariedade do próprio observador (de sua própria forma), logra-se um outro conceito de superação prática: a saber, a identidade entre a superação prática do sistema e a autossuperação prática do observador, o qual, justamente mediante isso, deixa de ser um mero observador, abrindo efetivamente mão, pela primeira vez, do "ponto de vista *ab extra*". Contanto que ele continue a ser um mero observador, também

---

[73]No original, *Enthistorisierung*. [N. do T.]

ROBERT KURZ

a descrição permanecerá, ao fim e ao cabo, uma descrição feita "desde fora". O momento contemplativo constatado tanto por Luhmann quanto por Hegel indica, na realidade, não uma "demasia", mas, antes do mais, uma escassez de imanência (crítico--supressora), isto é, trata-se de um resto ou vestígio do "ponto de vista *ab extra*", do fundo do qual a autocontrariedade prática entre o sistema e o observador não é refletida.[74] A própria autorreflexividade coerentemente conservada conduz, pois, em contraposição a Luhmann, a uma crítica radical do sistema, sob a égide, porém, da autoinclusão do observador/crítico, o qual já não parte de nenhum ontológico "ponto de vista *ab extra*", nem de uma ontologia do "trabalho", nem de uma ontologia do "sujeito"; mas, menos ainda de uma ontologia formada por "sistemas privados de sujeito". A própria dicotomia sujeito-objeto será, antes do mais, historicizada de modo sistemático, em vez de ser meramente rejeitada.

[74]Luhmann, não por acaso, tenta transformar a fundo o conceito de contradição sistêmica na sociedade e torná-lo quase inofensivo, na medida em que se remete, por exemplo, à contradição entre o conceito lógico e o habitual (e/ou sociológico) de contradição, dizendo então que, no sentido lógico, nem a concorrência nem a oposição entre "capital" e "trabalho" constituem efetivamente uma contradição (Cf. Niklas Luhmann. *Soziale Systeme. Grundriss einer allgemeinen Theorie*. Frankfurt, 1987, p. 488). Com isso, no entanto, ele só destrói uma vez mais a ideologia imanente do sujeito, sem lograr ir para além dela. Pois, na metainstância da "autorreferencialidade sistêmica" (à diferença da oposição de classes imanente e sistematicamente funcional) é plenamente possível, em termos lógicos e práticos, formular uma autocontradição não mais "diferenciável" da relação do capital, a saber, a autodestruição do "valor" mediante o cego processo sistemático da concorrência e da cientificação, o qual, totalmente sem sujeito tirânico e/ou precisamente como "sujeito automático", leva ao *crash* histórico e à necessidade da supressão prática do sistema (refletida de uma maneira fenomenologicamente limitada no discurso acerca da "crise da sociedade do trabalho"). A inteira eficácia de Luhmnann reside meramente no fato de ele se valer do conceito de contradição social, imanente ao capital, como uma espécie de *sparring*, visando, com isso, a infletir o conceito de contradição sistêmica na direção da esfera da sociabilidade em geral, como mera "forma de autorreferência especifica" e imanente no interior da funcionalidade do sistema.

X

Em tal historização "autorreferencial", também não se pode mais ocultar o fato de que a dicotomia sujeito-objeto, constituída mediante o fetiche, consoante a um determinado nível de desenvolvimento remete a uma ocupação em termos de gênero. Se nas sociedades ditas não europeias (mas, igualmente nas próprias sociedades agrárias da Antiguidade europeia) a estrutura de gênero à base da relação sujeito-objeto ainda é difusa, nos arranques descompassados de desenvolvimento da sociedade mercadológica ocidental ela se deixa formular, desde a Antiguidade grega, com uma crescente clareza, de sorte a surgir, por fim, da maneira mais aguda, no sistema produtor de mercadorias ínsito à modernidade (relação do capital). Poder-se-ia instituir a seguinte regra geral: quanto mais embrionária a dicotomia sujeito-objeto, menos inequívoca é a sua ocupação do ponto de vista dos gêneros, e quanto mais agudizada essa dicotomia surgir, mais claramente ela é determinada pelo gênero "masculino". Na constituição ocidental e fetichista da forma da mercadoria, o homem tomou historicamente sobre si o papel de sujeito, enquanto que os momentos do âmbito sensível não absorvidos na forma da mercadoria (educação de filhos, doação emocional, atividade doméstica etc.) foram mais e mais delegados à mulher como "criatura domesticada".[75] Em si mesma, a mulher é, pois, estruturalmente degradada à condição de objeto pelo homem em si. Essa prescrição como objeto deve ser diferenciada da maneira pela qual a primeira natureza e os outros sujeitos masculinos surgem, para o próprio sujeito masculino, como remissão ao objeto. A terceira determinação do sujeito, a qual só vem plenamente à baila na sociedade mercadológica ocidental, teria de ser, a partir disso, a seguinte: um sujeito é um ator estruturalmente determinado como sujeito masculino.[76]

[75]Refiro-me, aqui, sucintamente, ao "teorema da cisão" de Roswitha Scholz. Cf., mais detalhadamente, Roswitha Scholz. *Der Wert ist der Mann. Thesen zu Wertvergesellschaftung und Geschlechterverhältnis*. In: *Krisis* 12, Beiträge zur Kritik der Warengesellschaft, Bad Honnef, 1992, pp. 19–52.

[76]Isso não significa, em absoluto, que as mulheres empíricas também

ROBERT KURZ

A partir das determinações logradas até o presente momento, pode-se então reformular igualmente o conceito de dominação. A falta de sujeito da dominação equivale à falta de sujeito da forma mesma do sujeito, a qual constitui uma referência objetivada e impositiva ao agir e perceber. Nessa referência, a natureza e os demais sujeitos (e, de uma maneira específica, a mulher como natureza virtual) são rebaixados à condição de objetos, mas não a partir da subjetividade da vontade inerente à consciência aparente do eu, senão que a partir da falta de consciência de sua própria forma. Esse caráter impositivo que se torna firme na dominação, isto é, sedimentando-se em ações repressivas, não engloba apenas a referência externa ao sujeito, mas, necessariamente, também sua autorreferência. Pois, já que a singularidade da referência ao agir e perceber constitui a singularidade do que é próprio, isto é, a singularidade (falta de consciência) da própria forma, o sujeito também não consegue perceber-se a si mesmo em sua totalidade, senão que continua limitado à consciência fenomênica do eu, constituída mediante o fetiche. Assim, uma parte considerável de si mesmo tem de lhe tornar "mundo exterior"; a autorreferência converte-se numa forma de aparência da referência externa. Ou, dito mais precisamente: o ditado da percepção que parte da forma inconscientemente constituída de consciência também abrange o "si mesmo" do sujeito apenas se este tiver de se relacionar consigo mesmo a título de possibilidade formal de reprodução (como objeto formado pela mercadoria), objetivando os próprios estados de ânimo e as próprias capacidades etc. sob esse aspecto. Desse modo, o sujeito precisa objetivar-se a si mesmo e "dominar-se a si próprio" em nome de sua própria forma inconsciente, e isso até adaptar o seu próprio corpo, o qual, na mais pura e desenvolvida forma fetichista do sistema

não possam galgar à posição-de-sujeito; elas precisam, porém, assumir traços estruturalmente "masculinos", o que conduz, por seu turno, a certas colisões com o papel de feminilidade que lhes é atribuído. Hoje, juntamente com a relação sujeito-objeto em geral, essa contradição agudiza-se de uma maneira particularmente explosiva na crise do sistema fetichista extremamente desenvolvido consoante à moderna produção de mercadorias.

produtor de mercadorias, é literalmente rebaixado à condição de máquina corpórea exterior. Podemos, portanto, indicar uma quarta determinação do sujeito: um sujeito é um ator que se torna um mundo exterior para si próprio e que, com isso, logra objetivar-se a si mesmo.

Dessa maneira, o conceito de dominação readquire a sua dimensão crítica. Do ponto de vista fenomenológico, em suas elaboradas configurações, as teorias subjetivas da dominação, dentre as quais também o marxismo e o feminismo, já descreveram há muito tempo os diversos níveis e as diferentes formas de aparência da dominação, tentando apreendê-las em seu contexto, mas sem conseguir lograr um conceito condizente com tais aparências. Enquanto as velhas teorias subjetivas da dominação ainda continuam insistindo numa abrupta separação dicotômica entre "dominantes" e "dominados", e a "dominação", ao menos do ponto de vista dos "dominados" (povo, classe dos trabalhadores, nações oprimidas, mulheres etc.), surge como algo exterior e confrontável, as abordagens mais recentes e elaboradas procuram ter em conta o fato de que os "dominados" contribuem, também eles, à dominação, praticando, inclusive, as funções de dominação contra si mesmos.

A mais primitiva tentativa de explicação é constituída pelas diversas variantes da "teoria da manipulação", conforme a qual os "dominantes", mediante o controle externo de consciência exercido pela religião[77] e, atualmente, pelas mídias, pela publicidade, pela "propaganda enganosa" etc., manipulam os "dominados" em sua própria consciência, levando-os a agir contra seus "legítimos" interesses. Entrementes, enfoques mais refletidos, corroborados pela própria psicanálise e outras teorias, chegam a falar de uma internalização psíquica da dominação junto aos dominados. Já que aqui não está mais em jogo um suprassujeito manipulador, o qual supostamente executa o derradeiro controle, tais enfoques estão mais próximos do problema da dominação destituída de sujeito, haja vista que o inconsciente

[77]Cf. a esse respeito, a concepção arquiesclarecida do "engodo sacerdotal".

em geral é incorporado ao contexto da teoria da dominação. No entanto, essa reflexão limita-se amplamente a mecanismos psíquicos de autossubordinação, sem que o conceito subjetivo e sociológico de dominação seja superado ou suprimido em seu fundamento. Corre-se, então, o perigo de degenerar na afirmação estruturalista e/ou teórico-sistemática.

Apenas quando o conceito de inconsciente for elevado ao patamar reflexivo da forma de consciência comum a todos os membros da sociedade, e, com isso, da constituição fetichista, o conceito de dominação privada de sujeito poderá ser logrado, sem entretanto decair num novo deficit de explicação. Enquanto forma geral da consciência, forma geral do sujeito (com a reticência sexual anteriormente descrita) e forma geral de reprodução da sociedade, o inconsciente objetiva-se sob a forma de categorias sociais (mercadoria, dinheiro) que abrangem, sem exceção, todos os membros da sociedade, mas, por isso mesmo, constitui simultaneamente a propriedade inconsciente do próprio sujeito. Dentro dos limites dessa constituição social inconsciente, dessas categorias se seguem "funções", codificações, maneiras de conduta etc., mediante as quais irrompem tanto a "dominação de outrem" quanto a "autodominação" em diferentes graus e em âmbitos distintos.

A "dominação do ser humano pelo ser humano" não deve ser entendida, por conseguinte, num sentido subjetivo-externo nu e cru, mas como constituição englobante de uma forma impositiva da própria consciência humana. As repressões interna e externa assentam-se no mesmo patamar de codificação inconsciente. A dominação das tradições, o poder militar e policial, a repressão burocrática, a "muda pressão das relações", a reificação e a autorreificação, a autoviolação e a autodisciplinarização, a opressão sexual e racial, a auto-opressão e assim por diante, constituem tão somente formas de aparência pertencentes a uma única e mesma constituição fetichista da consciência, a qual arma uma rede de "poder" e, com isso, de dominação sobre a sociedade inteira. O "poder" não é outra coisa senão o fluído universal e onipenetrante da constituição fetichista, a forma de aparência sempre dada, tanto interna quanto externamente, da própria falta de consciência da forma.

Nessa medida, o conceito de dominação não deve ser simplesmente dispensado a fim de introduzir, em seu lugar, o conceito de constituição fetichista, o qual rebaixaria o sujeito e suas respectivas exteriorizações à condição de mera marionete. O conceito de dominação e o conceito de "poder" de mediação precisam, antes do mais, ser inferidos, como conceitos, a partir da forma geral de aparência das constituições fetichistas, as quais ressurgem, por seu turno, tanto em termos práticos como do ponto de vista sensível, enquanto espectro da repressão e/ou autorrepressão sob formas variadas e em esferas distintas. A forma de si mesmo que se mantém inconsciente em relação à consciência aparece, então, como dominação em todos os âmbitos. Sob a figura da dominação, e como ser constituído através do fetiche, o sujeito relaciona-se realmente consigo mesmo e com os demais. Nesse processo, as categorias objetivadas da constituição constituem o (respectivo) modelo ou matriz da dominação.

Se o sistema produtor de mercadorias adentra, atualmente, em seu absoluto e maduro estado de crise, a autocontradição da constituição fetichista agudiza-se necessariamente até um ponto insuportável. O resultado disso não é a agradável dissolução no metaconhecimento, senão que o espanto face a esse metaconhecimento, o medo perante a dissolução do sujeito e o ato de aferrar-se, que se aproxima da loucura vociferante, às codificações da forma inconsciente da consciência. Sob essas condições, o "poder" adensa-se uma vez mais de uma maneira extremada. A repressão externa do poderio estatal e da administração da crise, burocrática e misantrópica, recrudesce-se tanto quanto a concorrência reciprocamente segregante e a violência gratuita, seja nos âmbitos da criminalidade, do ódio político e/ou pseudopolítico, racista ou étnico, bem como das relações educacionais e de gênero; a "pressão muda" exercida pelos critérios fetichistas de êxito densificam-se como a autorrepressão dos indivíduos que perseguem este último às cegas.

XI

Quais são, pois, as consequências gerais que decorrem do conceito de dominação sem sujeito? De saída, cumpre apreender a envergadura do conceito de emancipação que ora se almeja. Não se trata apenas da supressão da relação do capital enquanto tal, senão que, com ela, ao mesmo tempo, da supressão da "pré-história" em geral, isto é, da "pré-história" naquele sentido marxiano, o qual encerra em si todas as formações sociais até hoje existentes, e, portanto, também a nossa. O marxismo até então em voga decerto já tivera um pressentimento disso mediante aquele dito de Marx, mas terminou infletindo ao seu conceito subjetivo e sociologista de dominação, e, nessa medida, a formulação do problema viu-se obrigada a permanecer insatisfatória, atuando artificialmente.

A "classe dos trabalhadores" deveria suprimir não apenas a dominação da "burguesia", senão que também a dominação em geral, quer dizer, do ser humano sobre o ser humano. A autodenegação de tal programa revelou-se, por um lado, no aceite de que a supressão da pré-história deveria ocorrer ulteriormente sob a égide do "trabalho" abstrato, isto é, a partir do "ponto de vista do trabalho" e de sua generalização; um programa que ainda não ultrapassa o horizonte atinente ao sistema produtor de mercadorias. Por outro lado, no entanto, a supressão da dominação (de modo condizente com o ditame do "trabalho" abstrato em vigor) deveria ser executada precisamente mediante a "dominação da classe dos trabalhadores", o que, sob as condições da tardia modernização ao Leste e ao Sul, levaria necessariamente à ditadura de burocracia representativa sobre a classe dos trabalhadores. Nem no Ocidente nem nas outras regiões do mundo o desenvolvimento estava suficientemente maduro para a supressão da constituição fetichista, da forma da mercadoria, do "poder" e da dominação. Essa situação correspondia à abreviação teórica do conceito de dominação, bem como à adesão às ilusões do Esclarecimento.

Apenas sob as condições hodiernas de uma maturação objetiva da crise do sistema produtor de mercadorias — imediatamente convertido num sistema mundial que transformou a passagem rumo a um segundo barbarismo numa ameaça direta — o conceito de dominação sem sujeito pode (e tem de fazê-lo, sob a pena de declínio) não somente ser elaborado, senão que também cumpre colocar, pela primeira vez, sua supressão realmente na ordem do dia, e, com ela, a supressão da pré-história. Isso significa, ironicamente, a supressão do próprio marxismo, enquanto que, doravante, só os momentos da teoria marxiana denegados pelo marxismo (e ainda não desenvolvidos coerentemente pelo próprio Marx) podem tornar-se relevantes do ponto de vista prático e, por conseguinte, sob uma ótica teórica.[78]

Isso também significa, porém, que a supressão da pré-história tem de ser concretizada teoricamente. Sob tal perspectiva, algumas dificuldades advindas não somente da filosofia da história, mas também da maioria das modernas concepções teóricas podem, talvez, ser deslindadas. O problema central é, aqui, a ontologização. O momento a-histórico presente em todas as abordagens sociocientíficas, o qual se repete com enorme pertinácia e o qual, como foi indicado, precisou aparecer tanto em Rousseau e Kant quanto na psicanálise, bem como nas concepções mais recentes do estruturalismo e da teoria do sistema (e que também se acha contido na ontologia marxiana do trabalho), adquire sua relativa justificação mediante o gigantesco

[78]Com efeito, isso pode ser compreendido como uma nova "revisão" da teoria marxiana, mas, por certo, como uma revisão que se opõe exatamente àquela empreendida no início do século XX. Se, à época, o revisionismo bernsteiniano e o reformismo sindical ainda refletiam a imanência capitalista do movimento dos trabalhadores, bem como as suas tarefas, dentro de uma margem de manobra desenvolvimentista da produção de mercadorias, a crítica à forma da mercadoria tornada indefensável precisa, hoje em dia, não apenas ser formulada em termos mais concretos do que em Marx, senão que, a título de uma crítica da dominação sem sujeito, também tem de se desvincular do paradigma do "ponto de vista do trabalhador e da classe". Essas duas "revisões" refletem tanto níveis distintos de desenvolvimento do sistema produtor de mercadorias quanto a contradição e a duplicidade da teoria marxiana, a qual, fazendo jus à sua posição histórica, encerra em si mesma ambos momentos: por um lado, a imanente tarefa de modernização, e, por outro, a crise e a crítica do fim do processo de modernização.

quadro de referência histórico da "história das relações fetichistas" comum a todas as formações sociais preexistentes. Num elevado âmbito teórico de abstração, determinados problemas básicos sempre ressurgem necessariamente, os quais se relacionam, em parte, com a história humana transcorrida até hoje (e, a ser assim, em conexão com as formações pré-históricas de difícil reconstituição, as quais de modo algum podem ser igualadas aos "povos selvagens" ainda detectáveis na modernidade), e, em parte, com a história das ditas culturas superiores (que engendram um mais-produto), as quais vão do antigo reino egípcio e/ou pré-formas afins até o atual sistema capitalista mundial.

Enquanto o horizonte da pré-história no sentido marxiano não for suplantado, ainda se deixarão formular, nesse contexto do desenvolvimento humano até hoje existente, ontologias ou quase-ontologias; tal como aquela atinente à "relação sujeito--objeto" em oposição à natureza, mesmo que ela surja em graus e formulações radicalmente diferentes, com vistas ao inteiro devir humano; tal como o "trabalho", ao menos para a história das civilizações que produzem mais-produto.[79] A capacidade ontológica das categorias fundamentais da existência humana extingue-se, no entanto, quando e contanto que o horizonte da constituição fetichista for suplantado. Dito enfaticamente: se trataria de um segundo "despertar da humanidade", equiparável à diferenciação do ser humano da mera constituição biológica (animalesca). A supressão da segunda natureza tem a mesma envergadura que a supressão da primeira natureza. "Supressão" tem, aqui, evidentemente, um sentido ligado à esfera da ação e da consciência, e não à ligação fisio-biológica

[79]À diferença de uma relação sujeito-objeto invariavelmente embrionária face aos objetos da natureza, o "trabalho" não deve ser tomado, sem mais, como conceito ontológico para o inteiro processo de devir humano preexistente. Apenas nas ditas culturas superiores o "trabalho" foi diferenciado como âmbito particular (na figura, por exemplo, de uma "abstração real" que foi mantida por escravos), sendo que tão só no sistema produtor de mercadorias da modernidade essa abstração realista adquire uma capacidade objetiva de universalização, convertendo-se no momento central da constituição fetichista.

do ser humano com a natureza. Assim como a história da pré-história teve início com um decurso monstruosamente longo após a diferenciação do mundo animal, assim também se inicia com o colapso do sistema produtor de mercadorias e da diferenciação da constituição fetichista o longo decurso de uma "segunda história". Assim como o substrato animal na "primeira história" (isto é, na história da segunda natureza) simplesmente não desapareceu, e nunca desaparecerá completamente, assim também o substrato secundário da constituição fetichista não desaparece, na "segunda história", simplesmente sem quaisquer vestígios, senão que há de continuar agindo como um momento de sedimentação tal como a primeira natureza. Mas supressão significa justamente eliminação, abolição, sendo antes um "desvencilhar-se"; e, nessa medida, também a ontologia até hoje existe é suprimida. Esse pensamento tem de colocar-se como ponto de partida e início da própria supressão, constituindo, inclusive, seu pano de fundo.

Mas, antes de tudo, vale dizer: a diferenciação da segunda natureza contém uma distinção decisiva face à diferenciação da primeira natureza. Pois, ela já não pode realizar-se por detrás das costas dos seres humanos como condensação codificadora de efeitos colaterais involuntários. Em contraposição ao primeiro, o segundo ser humano não pode "nascer", senão que tem de criar-se a si mesmo conscientemente. Vê-se obrigado a adquirir consciência em relação à sua própria sociabilidade, tal como, na primeira história da constituição, ele havia adquirido uma crescente consciência em relação à primeira natureza. Trata-se, por certo, de uma consciência de ordem diferente e superior, já que consciência como autoconsciência constitui algo fundamentalmente distinto do mero controle ou da simples "dominação" face às coisas da natureza. Porque a relativa consciência em relação à primeira natureza foi comprada mediante a constituição fetichista da segunda natureza, a sua falta de consciência tornou-se atuante como uma retroação também na relação consciente do sujeito em relação à natureza-objeto.[80]

[80]No original, *Objekt-Natur*. [N. do T.]

Se agora a autorreferência social também "tem de passar pela cabeça", então isso não pode ser uma repetição mecânica do processo de constituição do sujeito em relação à primeira natureza. Assim, a autoconsciência social também irá alterar fundamentalmente a referência à natureza, no sentido de que, aqui, "cabeça" não deveria ser compreendida como antítese, por exemplo, de "barriga" ou de sentimento, mas como uma consciência na qual o âmbito sentimental é incluído.

É mesmo possível, em geral, a segunda constituição do ser humano? Na abstração histórico-filosófica, a tarefa parece monstruosa e praticamente sem solução. Mas, assim como, com toda probabilidade, a diferenciação da primeira natureza mediante os primeiros passos individuais poderia ser exibida em pequenas moedas, parecendo, talvez, algo espantosamente fácil — como, por exemplo, o jogo "macaqueador",[81] repleto de símbolos e abstrações, com os elementos comunicativos, tal como presume Lewis Mumford[82] —, assim também a diferenciação da segunda natureza tem de oferecer à exibição em passos ou em tarefas superáveis no âmbito da vida social. São as próprias potências humanas e sociais à disposição (conhecimento da natureza e da sociedade, reflexividade, rede de comunicação), sob o invólucro da derradeira e suprema constituição fetichista do sistema produtor de mercadorias, que tornam possível o passo para além da segunda natureza, motivando-o inclusive.

Esse passo não constitui, porém, uma mera possibilidade de escolha, a qual poderia ser igualmente deixada de lado. A

---

[81]No original, *äffischen*. [N. do T.]

[82]A incorporação do jogo ao ritual poderia, nesse sentido, ter exercido um papel decisório nas constituições da segunda natureza. Cf. Lewis Mumford. *Mythos der Maschine*, Frankfurt, 1977. Apesar da abordagem de Mumford ser criticável sob vários aspectos, tal pensamento é mais profícuo sob a ótica (não tematizada pelo próprio Mumford) da constituição fetichista e da segunda natureza do que a abordagem "materialista" do marxismo, fixada na ontologia do trabalho e da atividade manual, a qual (como, por exemplo, em Engels) se furta completamente ao problema do fetiche e da forma da consciência.

DOMINAÇÃO SEM SUJEITO

pressão da crise engendrada, de modo inconsciente, sob as coações da segunda natureza exerce uma força demasiadamente intensiva para que se ouse dar um pulo aparentemente arriscado. Pois, o risco de continuar a viver sob o ditame da forma consoante à segunda natureza começa a suplantar, já, sob nossos olhos, o risco do próprio salto a ser dado para além da segunda natureza. Tal é, pois, a ironia da constituição humana: o problema do segundo devir humano ainda se entrecruza, necessariamente, com as relações de opressão da primeira natureza. Mediante as consequências de sua própria forma de consciência e reprodução inconscientemente constituída, o ser humano inconsciente de si mesmo obriga-se a abrir mão e a superar a autoinconsciência. Talvez, essa constelação peculiar deva ser compreendida, antes de mais nada, como a decifração daquilo que Hegel chamou, de uma maneira ainda criptográfica, de "astúcia da razão".

Mas não existe, é claro, nenhuma garantia de que tal supressão também tenha êxito. O salto pode igualmente falhar, ocorrer tarde demais, dar-se a uma distância muito curta, ou, então, simplesmente sair pela tangente. O ser humano também pode acabar destruindo a si mesmo, sendo que, em sua força globalizada de destruição, o sistema produtor de mercadorias ou a relação do capital dispõe, hoje, de todos os meios para tanto, desenvolvendo, aliás, todas as tendências nessa direção. Atualmente, os assim chamados conservadores, aos quais pertencem mais e mais os antigos críticos sociais (presos à antiga e imanente constelação de conflito), são conservadores precisamente em referência à sociedade de consumo total, tornada insana e autodestrutiva, e, por isso mesmo, não são mais "guardiões", mas sacerdotes doentes da aniquilação. Esta última talvez não seja, necessariamente, uma aniquilação absoluta e física, tal como ainda era invocada nos apocalipses da morte atômica.[83] Também esta versão não deve, pois, ser completamente desconsiderada. Mas, algo ainda mais perverso e horripilante seria deslizar do sistema produtor de mercadorias

---

[83]No original, *Atomtod-Apokalypsen*. [N. do T.]

ROBERT KURZ

rumo à barbárie secundária, como já é possível observar, hoje, |287
em diversas manifestações.

"Barbárie" constitui, é claro, uma metáfora para um acontecimento ao qual ainda falta um conceito. O termo possui uma origem eurocêntrica, tendo sido sempre utilizado, a cada vez, no contexto da denúncia europeia de sociedades não europeias e pré-modernas. Tratava-se, no caso, do rebaixamento de outras culturas. Desta feita, no entanto, esse conceito precisa ser aplicado à própria formação do sistema produtor de mercadorias, emergente da Europa, sendo que, nesse contexto, sua aplicação pode ser justificada. A despeito de sua aparente superioridade, em seus arroubos históricos de imposição, a sociedade ocidental deu vazão a potenciais sem precedentes de barbarização; da Guerra dos Trinta Anos à história do colonialismo e da acumulação primitiva, da época das Grandes Guerras até às hodiernas destruições sociais e ecológicas, prolonga--se um rastro de barbárie ao longo da modernização, o qual é sempre compensado, ou, até mesmo, temporariamente relevado, por conquistas civilizatórias. Hoje, essa dupla face da modernidade ocidental encontra o seu fim. Os próprios momentos civilizatórios, também eles, transmudam-se em seu oposto, convertendo-se em momentos da barbárie secundária. Liberdade e igualdade, democracia e direitos humanos começam a mostrar os mesmos traços de desumanização do sistema a eles subjacente e à base do processo capitalista de valorização e seu mercado mundial.

A razão disso está na qualidade específica e originalmente pérfida da constituição secularizada do fetiche formado pela mercadoria. Com efeito, a título de forma geral da consciência, do sujeito e da reprodução, a forma da mercadoria alargou, por um lado, o espaço da subjetividade muito além de todas as demais formas pré-modernas, mas, por outro lado, justamente ao fazê-lo, introduziu em seu caráter inquebrantável, como forma fetichista inconsciente, uma desinibição cultural que, agora, com sua totalização espacial e social (global), libertou de uma vez por todas o momento monstruoso, sempre à espreita nessa constituição e temporariamente presente em seus críticos arroubos de imposição. Essa monstruosidade está na abstração, esvaziada de conteúdo, da constituição fetichista formada pela mercadoria, a qual vem à luz como completa indiferença da reprodução em relação a todo conteúdo sensível e como total indiferença dos seres humanos, abstratamente individualizados, uns em relação aos outros. No final da marcha de seu desenvolvimento e ao fim de sua história de imposição, a forma totalizante da mercadoria produz seres desumanizados e abstratizantes, os quais ameaçam regredir a um momento anterior ao do animal.

A desvinculação da primeira natureza continua a existir, mas, em seu objetivado colapso, a derradeira e elevada constituição fetichista da forma geral da mercadoria ameaça engendrar uma falta de estima pelas regras, pelo ser humano sem direção e pelo mundo. A desvinculação da segunda natureza também pode ocorrer negativamente, como desinibição cega e suicida, resultante da crescente capacidade de reprodução do sistema de regras da sociedade mercadológica. O ser duplamente liberto e desacoplado da primeira e da segunda natureza, o qual não obstante permanece cego em sua própria falta de consciência, vê-se obrigado a assumir traços perversos e asquerosos, aos quais já não serve qualquer comparação com o mundo animal. As primícias desse colapso cultural já são visíveis mundo afora, e, não por acaso, vêm à plena luz, sobretudo, como falta de interesse moral e cultural de um número cada vez maior de jovens. A consciência fetichista conservadora, incluindo aqui a assim chamada "esquerda", não deseja admitir essa potência social devastadora ínsita à sua própria forma de consciência e reprodução, malogrando em sua fraca e dissimuladora campanha ética, a qual conta manter incólume o momento central e constitutivo do processo de barbarização, o mesmo é dizer, a própria forma social da mercadoria. Assim é que, no fim da modernidade, a questão decisiva ainda permanece indefinida, mas as pressões advindas da crise e do colapso crescem desenfreadamente.

ROBERT KURZ

XII

Na sua nova e metarreflexiva figura de uma crítica da dominação sem sujeito, a crítica fundamental à dominação também aparece como sendo "radical". E isso de modo bastante acertado, na medida em que a radicalidade, como bem se sabe, exprime um procedimento que ataca "pela raiz". Contanto que não se confunda esse procedimento com uma ideologia militante ababosada (ou heroico-existencialista), a qual justamente não logra atingir a "raiz" das relações, a crítica radical tem então de ser reivindicada, com toda razão de ser, sob as premissas modificadas. Mas, essa radicalidade alterada não deve ser criticamente isolada apenas das representações preexistentes do modo "radical" de proceder, as quais se aferram, em seu conjunto, à lógica imanente, constituída mediante o fetiche, do "ponto de vista dos trabalhadores" e da "luta de classes", senão que também deve ser separada das concepções preexistentes do alvo social almejado pela crítica radical.

O alvo transcendente, tanto das concepções utópicas quanto das concepções marxistas, sempre foi a (pretensa) superação da moderna relação do capital mediante alguma outra forma geral-abstrata de reprodução social. Ou, mais precisamente: isso constituiu um axioma incontestável da crítica social, uma suposição implícita que não era sequer tematizada em termos explícitos, porque o problema fundamental da forma da constituição fetichista geral ainda não havia, em absoluto, emergido no contexto reflexivo consoante ao pensar crítico. Diversas foram as suposições afirmadas acerca da acalentada forma de uma sociedade solidária, "justa" etc. para além do capitalismo, mas, de algum modo, todas elas reproduziram a universalidade abstrata da forma da mercadoria, seja enquanto relações de troca e produção "econômico-empresariais" ou mercadológicas tidas como "naturais", seja explicitamente como produção alternativa (e/ou regulada de uma maneira alternativa) de mercadorias. O alvo de uma forma alternativa, universal-abstrata e supostamente supressora, a qual doravante deveria, em aparente contraposição à forma do capital, valer para todos os membros da sociedade e para todos os momentos da reprodução social, implicava logicamente a ameaça de uma ditadura, independentemente das fundamentações ou justificativas arroladas.[84]

Sob a égide das premissas da crítica ao fetiche e da supressão da segunda natureza, o problema precisa ser formulado de uma maneira inteiramente diferente, capaz de surpreender o pensador imanente. Pois, desta feita, não se pode mais tratar da "instalação" de uma nova forma universal-abstrata, senão que, ao contrário, da supressão da forma social abstrata de modo geral. Isso não quer dizer, é claro, que não exista mais quaisquer instituições sociais, ou, então, que a sociedade se reproduza arbitrariamente no sentido de um capricho caótico; com certeza, a consciência moderna, constituída mediante a forma, imagina a supressão da "forma em geral" de um modo espontâneo. Há que se preocupar, porém, com o seguinte: no interior da segunda natureza, "forma" significa a (respectiva) forma geral de consciência e a reprodução inconsciente de si própria, sobre a qual a aparente consciência do eu e, por conseguinte, o inteiro conjunto das instituições sociais não exercem qualquer domínio. A forma codifica, nesse sentido, todas as ações, incutindo

---

[84]O pensamento utópico sempre permaneceu compatível com a história da imposição da forma da mercadoria total, assim como com suas formas ditatoriais, embora não tenha sido por elas completamente absorvido. Com efeito, o marxismo transformou-se na ideologia de legitimação das formas de uma modernização atrasada dentro dos limites do horizonte de uma sociabilização formada mediante a mercadoria. Assim como o problema da forma universal-abstrata sempre gerou novas vestimentas para o sistema produtor de mercadorias, assim também o problema de sua implementação obrigatória gerou invariavelmente novas indiretas à ditadura, as quais aludem ao caráter impositivo da irrefletida constituição fetichista. Em contrapartida, o liberalismo e a sua crítica à dominação não aludem a outra coisa senão a uma internalização cabal dos abusos da forma da mercadoria, isto é, à dominação sem sujeito da totalitária forma da mercadoria (antecipada e hoje realizada), a qual é cegamente pressuposta como "sistema de regras do jogo" e (idealmente) já não carece de qualquer poder impositivo externo. O liberalismo representa, nessa medida, a mais pusilânime legitimação da "ditadura sobre as necessidades", a qual sempre contém, implicitamente, o momento da dominação sem sujeito, pertencendo, historicamente, ao mesmo *continuum* que o utopismo e o marxismo.

ROBERT KURZ

as cegas "regularidades" da (respectiva) segunda natureza. A 291
supressão da segunda natureza é, a ser assim, necessariamente
a supressão de tal forma, ou, para formular nos termos da
abstração teórica, a supressão da "forma (social) em geral".

Pois, se a consciência e o agir prático-social já não sucumbem a uma forma inconsciente à própria consciência e à sua
regularidade objetivada, tampouco poderá mais suceder, nesse
patamar, uma nova determinação da forma.[85] Aquilo que até
então se fiava num cego mecanismo de regras vê-se obrigado a
ser transferido à "consciência consciente" dos seres humanos, o
mesmo é dizer, à autoconsciência. Essa transformação talvez se
torne mais concebível com vistas àqueles momentos da reprodução social, que até hoje se firmaram como "economia".[86] A crise
socioecológica em chave negativa e o pensamento em rede em
chave positiva dão a entender que as intervenções na natureza
e na sociedade já não se deixam efetuar segundo um princípio
válido para todos (forma do dinheiro, "rentabilidade"), senão
que elas devem ser selecionadas em conformidade com os pontos de vista sociais e ecológicos, cada qual segundo o conteúdo
sensível da intervenção e seu respectivo raio de alcance etc.
Tal diferenciação, tornada inevitável sob pena da crescente e

[85]Foi Rosa Luxemburgo que formulou e postulou, pela primeira vez,
após Marx, com vistas à crítica da economia política, o pensamento segundo
o qual uma sociedade pós-capitalista já não poderia ter "qualquer economia
política". Por conta disso, é claro, ela foi imediatamente repreendida pelos
marxistas oficiais. Pois o marxismo sempre pensou "nas" categorias da
economia política consoante ao moderno capitalismo, e jamais "contra"
elas.

[86]A supressão da forma da mercadoria não consiste num mero procedimento operado no interior da "economia", senão que a supressão da forma
geral de consciência e reprodução. A ser assim, a concretização do pensamento de Rosa Luxemburgo também significaria que, juntamente com a
"economia política" em geral, seria suprimida a separação social entre as
esferas. Pois, só o sistema produtor de mercadorias chegou a diferenciar
totalmente a sociedade em esferas separadas e independentes entre si, ou,
então, para dizer em termos teórico-sistemáticos, em "subsistemas" (política
e economia, trabalho e tempo livre, ciência e arte etc.), os quais são agrupados mediante a totalidade da forma fetichista na figura da consciência
formada pela mercadoria.

impendente catástrofe, só pode todavia ser realizada em termos práticos quando os processos sociais de decisão se referirem diretamente ao conteúdo sensível da reprodução, e não forem mais codificados e filtrados por uma forma inconsciente. Para lograr tal processo de decisão são necessárias, é claro, instituições ("conselhos", "mesas-redondas" ou seja lá como se queira chamar), as quais se organizam qual uma rede[87] e estabelecem (ao menos na era do processo de transformação social acolá da forma da mercadoria) determinados critérios de decisão. Futuramente, apenas *cum grano salis* se poderia falar de um tipo de "contrato social", apesar do fato de que o próprio conceito de "contrato" pertence à forma do direito[88] e, com isso, ao mundo mercadológico.

Deveria ser evidente, ao final do século xx, que as condições globais de desenvolvimento simplesmente já não permitem subordinar todos os ramos de reprodução e regiões, todos contatos e intercâmbios a um único e mesmo princípio cego da forma. "Figurar"[89] e realizar socialmente de uma maneira homogênea e dogmática, conforme um único critério formal (tal como requer a constituição fetichista universal), o turismo e a produção de maças, o urbanismo e o cuidado dos doentes, o

[87]No original, *Netzwerk*. [N. do T.]

[88]A forma do direito constitui um momento deduzido da forma da mercadoria e pertence ao contexto geral das relações funcionais da constituição fetichista. Na forma do direito (e/ou em suas formas prévias e embrionárias nas sociedades pré-modernas), os seres humanos estabelecem relações diretas entre si apenas de uma maneira secundária, isto é, em relações dadas no interior de um contexto constituído de antemão pelo fetiche, as quais constituem, então, meras relações de negociação e conflito cegamente articuladas a partir de "máscaras de personagens" (Marx). As leis individuais, os decretos etc. decerto são "produzidos" por sujeitos humanos (instituições), mas não a forma do direito como tal, a qual se institui inevitavelmente como um momento da forma da mercadoria, colocando-se, como Kant já sabia, "para além" da "vontade livre" por ela mesma constituída. Eis o que, já de si, basta para explicar o fato de que a palavra de ordem dos "direitos humanos" já não contém nada de libertador, porque serve apenas para tornar mais nebuloso o problema propriamente dito (acerca da própria constituição fetichista).

[89]No original, *darzustellen*. [N. do T.]

ROBERT KURZ

tratamento do lixo e a autoestima pessoal, a pintura de quadros e o jogo de futebol é uma notória insensatez. No lugar da forma geral de consciência e de reprodução, válida para todos e a partir da qual o ser humano é socialmente "engendrado", a qual, no entanto, acha-se fora de sua consciência e, com isso, de seu domínio, é preciso que entre em cena uma "assessoria" consciente e uma ação organizada, tratadas em conformidade com as necessidades sensível-materiais do turismo, da produção de maçãs, do cuidado dos doentes etc. Já não há, pois, nenhum "princípio" geral (rentabilidade, "capacidade de exibição" na forma fetichista do dinheiro) apto a guiar, independentemente da consciência, a utilização social dos recursos.

Pode-se dizer, em linhas gerais, que aquilo que até o momento constituiu uma forma inconsciente da sociabilidade precisará ser dissolvido e substituído, numa forma variegadamente mais organizada e interconectada, pela comunicação humana direta. No lugar da "forma" inconscientemente codificadora surge o "agir comunicativo" (Habermas) dos seres humanos, os quais refletem e, por conseguinte, organizam conscientemente sua própria sociabilidade e suas cadeias de ações sociais.[90] Se lançarmos mão, uma vez mais, da analogia referente à primeira e à segunda natureza, a transformação seria, assim, idêntica à supressão do "instinto" na esfera que designa a segunda natureza. Na "pré-história" ainda em vigor, a desvinculação da economia instintual dos animais foi comprada mediante a formação de uma economia instintual secundária, não menos inconsciente, acima dos códigos simbólicos da segunda natureza. Assim, o agir social não é algo primariamente comunicativo, senão que segue os quase-instintos fabricados pela constituição fetichista.

[90] Aqui, de certa maneira, a abordagem de Habermas tem sua razão de ser. O problema, em Habermas, consiste no fato de que ele mesmo não problematiza a consciência em relação à forma do fetiche, e, por conseguinte, limita-se a ver as soluções comunicativas do problema exatamente no universalismo abstrato consoante ao sistema produtor de mercadorias, isto é, na forma moderna e ocidental do fetiche, ou, então, tomando a forma universal da mercadoria como um pressuposto insuperável da sociabilidade. Seu próprio princípio do "agir comunicativo" rompe-se ao resvalar nessa barreira não tematizada da constituição fetichista.

Mas, em oposição à primeira natureza, mediante o controle ulterior dos quase-instintos por parte da segunda natureza, a subjetividade engendrou, entrementes, potências que ameaçam impelir a humanidade rumo ao conhecido destino dos lemingues. A "auto*poiesis*" do sistema produtor de mercadorias constitui o programa de morte da humanidade globalizada. Aquilo que aparece como suicídio coletivo não é outra coisa que o cego efeito perdurante dos instintos codificadores, os quais, sob condições contextuais modificadas, levam à ruína.

As concepções, compreensões, ideias e modos de proceder, que vão do sistema de transporte à eliminação do lixo, e que, nos ramos sociais e particulares de produção, levam em conta os requisitos sensível-materiais do atual grau de socialização e desenvolvimento das forças produtivas, há muito que se acham à disposição. Mas, de uma maneira aparentemente ininteligível, as compreensões partilhadas praticamente por qualquer pessoa não podem ser transformadas em ação, porque, ao incutir a "auto*poiesis*" do sistema, a forma universal e como sempre inconsciente prorroga a sua vida individual e fantasmagórica, impedindo os seres humanos de agir em conformidade com suas compreensões. A própria forma de consciência termina por incorrer em contradição em relação aos conteúdos da consciência.

Mas a unidade da constituição fetichista não é, de modo nenhum, uma unidade absoluta. Os conteúdos e compreensões de todos os âmbitos do pensar e do agir estão muito perto dos limites da falta de consciência formal para que a oposição entre forma e conteúdo da consciência pudesse permanecer apagada para a consciência mesma. Isso não se mostra apenas na consciência socioecológica emergente da crise. Também no que se refere às "províncias psíquicas" freudianas se deu uma mudança. Os mecanismos do inconsciente, bem como de sua reflexão (como, por exemplo, os conceitos de "repressão" e de "projeção"), terminam por penetrar, a partir da ciência, na consciência geral, mesmo que, não raro, sob uma forma aguada e vulgarizada. O ser humano médio hodierno não pode mais, como ocorria há algumas poucas gerações, comportar-se em

ROBERT KURZ

relação a si mesmo de uma maneira tão ingênua e imediata. | 295
Mas, com isso, desenha-se uma perspectiva na qual o "inconsciente" é paulatinamente derretido (ainda que de um modo contraditório e, ainda hoje, instrumentalístico), iniciando um processo em que as "províncias" psíquicas ainda veladas do id são, em pleno cotidiano, trazidas à luz da consciência fenomênica. Inversamente, o superego começa igualmente a perder uma parte de sua autonomia. Também para a consciência diária, a cega orientação a partir de modelos concebidos de antemão e apregoados desde a infância é algo cada vez menos aceitável. As normas morais, políticas e culturais precisam colocar-se à prova e submeter-se à análise em sua capacidade e plausibilidade. Tendencialmente, o antigo superego automático desaparece.[91] Mesmo a linguagem, como sistema codificador, já não está imune à reflexividade. A crítica feminista da linguagem e a implementação consciente de novas regulamentações linguísticas, mediante as quais as codificações "masculinas" são postas fora de ação, não é, em absoluto, algo tão idiota quanto tratariam de pressupor, de bom grado, certos monopolistas (masculinos) da linguagem e da teoria. Tal procedimento assinala, antes do mais, o início de um processo no qual "o ser humano não é mais falado", senão que os próprios seres humanos passam a exercer uma influência consciente sobre o seu desenvolvimento linguístico (aptos não apenas a consentir, no melhor dos casos, de uma maneira inconsciente, com as mudanças levadas a cabo). De modo análogo, o mesmo vale

[91] Esse desenvolvimento torna-se, por certo, perigosamente inflamável na crise da sociedade mercadológica não superada, ameaçando, inclusive, converter-se num momento de barbarização. Pois, enquanto a paulatina dissolução do superego preexistente não for acompanhada pela simultânea construção de uma estrutura comunicativa de ação e reprodução, que não seja formada pela mercadoria, ela contribuirá somente com o desenfreio do sujeito da mercadoria e com a libertação dos potenciais de destruição. Essa tendência observável já ocasionou uma crítica epocal conservadora, a qual espera reviver (e, a bem dizer, pela última vez) os "valores" conservadores da velha burguesia (do "amor à pátria mãe" e da "obediência aos pais e professores", chegando até à ética do trabalho) e, com isso, a antiga estrutura do superego; um esforço tão fútil quanto disparatado e reacionário.

para a crítica das outras regulamentações linguísticas (como, por exemplo, as racistas).

Mas, por mais próxima que a reflexividade esteja da constituição fetichista, a transformação necessária, mediante a qual a segunda natureza é superada, ainda não encontrou nenhum enfoque verdadeiramente decisivo. A questão acerca de um "movimento de supressão" ainda permanece indefinida, já que as forças sociais necessárias para tanto ainda não se formaram; os vieses de solução são sempre procurados, em vez disso, dentro da forma da mercadoria (do sistema mercadológico-estatal), e, a ser assim, na trilha dos lemingues. Na velha constelação, esse problema teria lançado a pergunta pelo "sujeito revolucionário". Mas, agora, a pergunta não pode mais ser empreendida dessa maneira. A crítica ao caráter esclarecido e apriorístico do sujeito é irredutível. Porque não existe nenhum sujeito (social) *a priori* da forma social do fetiche e já que a essência da segunda natureza consiste precisamente em sua constituição privada de sujeito, a supressão dessa constituição tampouco pode ser conduzida por um sujeito apriorístico socialmente definível, quer dizer, no estilo do antigo construto subjetivo das "classes dos trabalhadores". Enquanto tais, todos os sujeitos sociais pertencentes ao sistema produtor de mercadorias constituem "máscaras de personagens" da forma do fetiche (Marx). Um momento de supressão não pode, por isso, inflamar-se apenas a partir de um mau "interesse" constituído mediante a forma, perniciosamente imanente e *a priori*, senão que, para tanto, carece sobretudo de uma crítica à forma cega e preconcebida do interesse. Isso vale para "todos", de sorte que, em princípio, "todos" podem constituir e portar esse movimento de supressão. Este último não sucede ao longo de linhas de conflito imanentemente pré-formadas, mas ao longo de fissuras do sistema produtor de mercadorias, bem como na resistência contra o processo de barbarização. Seus portadores não podem apelar a um apriorismo ontológico (como, por exemplo, ao "trabalho"), senão que apenas à execução de compreensões parciais, mas inevitáveis, nas quais a consciência explode seu próprio calabouço formal.

Com isso, porém, o conflito social não desaparece em absoluto, senão que é reformulado num patamar mais elevado. Pois, agora, já não se trata de uma contraposição cegamente pré-constituída, na qual todo membro da sociedade recebe a sua parte pré-fixada pela constituição fetichista antes mesmo de poder decidir-se sobre algo; mas se trata, antes do mais, de uma oposição na qual a crítica prática à forma do fetiche, de um lado, e o tolo aferro à sua "regularidade" absurda, de outro, ou seja, na qual a consciência social mais elevada, de um lado, e a consciência codificada do lemingue, de outro, ficam cara a cara.

Grande é a tentação de denominar "sujeito" do movimento aqueles portadores, conscientemente constituídos, de um futuro movimento de supressão, ainda que já não se possa falar de um sujeito apriorístico, o qual seria, "em si", preexistente e prepotente em relação à sua tarefa. Tratar-se-ia, pois, de um sujeito não apriorístico e apto a constituir-se a si mesmo sobre aquele patamar que, até então, era ocupado pela forma privada de sujeito e de consciência. Todavia, o sujeito apriorístico (isto é, constituído sob uma ótica inconsciente) a ser rejeitado é o sujeito de modo geral. Se o sujeito acha-se desmascarado enquanto um ator inconsciente de sua própria forma, o qual se vê obrigado a converter o mundo exterior num objeto, objetivando-se a si próprio e determinando-se estruturalmente como "masculino" e "branco", então a consciência da ação e da percepção que atua para além da segunda natureza já não pode assumir a forma da subjetividade no sentido até hoje em voga, a qual perde sua conotação positiva e enfática. A metaconsciência a ser lograda além da segunda natureza já não constitui, pois, nenhuma "subjetividade". Para a consciência imanente, paradoxal e provocativamente, a tarefa histórica deixa-se condensar, pois, na seguinte fórmula: a revolução contra a constituição fetichista é idêntica à supressão emancipatória do sujeito.

Edição _	Felipe Corrêa Pedro e Jorge Sallum
Coedição _	Bruno Costa e Iuri Pereira
Capa e projeto gráfico _	Júlio Dui e Renan Costa Lima
Programação em LaTeX _	Marcelo Freitas
Revisão _	Felipe Corrêa Pedro e Ana Lima Cecílio
Assistência editorial _	Bruno Oliveira
Colofão _	Adverte-se aos curiosos que se imprimiu esta obra em nossas oficinas em 5 de novembro de 2010, em papel off-set 90 gramas, composta em tipologia Minion Pro, em GNU/Linux (Gentoo, Sabayon e Ubuntu), com os softwares livres LaTeX, DeTeX, vim, Evince, Pdftk, Aspell, svn e TRAC.